极简世界史

[印度]
罗森·达拉尔
—著—

陈会颖
—译—

世界图书出版公司
北京·广州·上海·西安

图书在版编目（CIP）数据

极简世界史 /（印）罗森·达拉尔著；陈会颖译. —北京：世界图书出版有限公司北京分公司，2021.6

ISBN 978-7-5192-7906-6

Ⅰ. ①极… Ⅱ. ①罗… ②陈… Ⅲ. ①世界史－通俗读物 Ⅳ. ① K109

中国版本图书馆 CIP 数据核字（2020）第 185134 号

The History of the World by Roshen Dalal

Originally published in English under the title The History of the World © Worth Press Ltd, Bath, England, 2018.

书　　名	极简世界史 JIJIAN SHIJIE SHI
著　　者	［印度］罗森·达拉尔
译　　者	陈会颖
责任编辑	赵　茜
封面设计	棱角视觉
出版发行	世界图书出版有限公司北京分公司
地　　址	北京市东城区朝内大街 137 号
邮　　编	100010
电　　话	010-64038355（发行）　64033507（总编室）
网　　址	http://www.wpcbj.com.cn
邮　　箱	wpcbjst@vip.163.com
销　　售	新华书店
印　　刷	北京雅昌艺术印刷有限公司
开　　本	710mm×1000mm　1/16
印　　张	16.25
字　　数	338 千字
版　　次	2021 年 6 月第 1 版
印　　次	2021 年 6 月第 1 次印刷
版权登记	01-2019-2282
国际书号	ISBN 978-7-5192-7906-6
定　　价	98.00 元

目　录

位于吉萨的胡夫金字塔

随着地球、气候和植被的不断变化，人类已经进化了数百万年。根据目前的知识，在800万—700万年前，人类和黑猩猩的祖先分离，两条腿走路的原始人类开始进化。250万年前，能人——最先制造工具的原始人，在非洲发展起来，而在100万年前，更先进的直立人在亚洲和欧洲的许多地方出现。

人类进化论

查尔斯·达尔文（1809—1882）的自然选择进化论是今天进化论研究的基础，尽管它已经获得很大的发展。1937年，多勃赞斯基（1900—1975）揭示了新物种是如何通过突变、遗传变异和分离而产生的。1981年，琳·马古利斯（1938—2011）提出了内共生理论，阐释了不同谱系的生物可以结合在一起创造出新的生物。史蒂芬·古尔德（1941—2002）指出了影响发育的调控基因的变化，这可以解释进化的变异。1972年，史蒂芬·古尔德和尼尔斯·艾崔奇提出了偶尔变化而非逐渐变化的理论。随机突变、DNA研究、遗传相似性、遗传漂变和遗传瓶颈等理论也被纳入进化论。一般来说，尽管所有科学家都接受了进化的发生，但是提炼和解释进化理论是一个持续的过程。

19世纪70年代漫画《达尔文》，讽刺进化理论

至100万年前

46亿年前　地球形成。

35亿年前　生命开始：细菌和藻类。

1.45亿—6500万年前　今天的大陆开始形成。

800万—700万年前　原始人类进化。

720万—690万年前　乍得沙赫人出现（2001年发现于乍得）。

650万—590万年前　图根原人出现（2000年发现于肯尼亚）。

580万—520万年前　地猿出现（1992年发现于埃塞俄比亚）。

530万—1.17万年前　南方古猿出现。

智人

现代人类的祖先智人可能起源于非洲，然后逐渐分布至欧洲和亚洲。另一种理论认为，平行进化发生在世界各地。晚期智人，即现代人类的最早证据来自非洲（埃塞俄比亚），其历史可追溯到大约19万年前。到公元前40000年左右，他们遍布欧亚大陆，甚至出现在澳大利亚。

尼安德特人

尼安德特人，有时被称为尼安德特智人，以最初发现其遗体化石的德国尼安德特山谷命名。他们在大约25万到2.8万年前生活在欧洲和西亚。尼安德特人的大脑比当今人类的大，他们直立行走，会使用工具。在俄罗斯南部发现的毛皮刮刀证明，约公元前33000年，他们穿的是用兽皮制成的衣服。另外，还发现了尼安德特人的墓葬。其中一个在乌兹别克斯坦的撒马尔罕，墓穴中有一个孩子，身边围了一圈兽角，可能表明某种对来世的信仰。尼安德特人也许已有一种社会支持体系，因为考古人员发

火的使用

火的使用是人类进化的一个重要阶段。火的使用有三个早期阶段：自发使用自然或意外的火，控制或自觉使用自然引发的火，学会随意生火。不能说火最初是故意使用的，但有证据表明用火的时间可以追溯到100万年前（在南非的伍德沃克洞中发现的灰烬和骨碎片）和100万—150万年前（在非洲德兰士瓦的斯瓦特克拉斯洞发现烧焦的动物骨头）。有效的灭火方法可能在公元前10000年后才获得。

正如2012年国际考古队所发现的那样，人类祖先在南非北部开普省库鲁曼山的一座巨大洞穴——伍德沃克洞中生活了200万年。他们发现了似乎是100万年前的篝火灰烬。据称这一发现是迄今为止人类控制火的最古老证据。考古发掘还证明，人类祖先直立人可能是最早用火制作熟食的。

390万—290万年前　阿法南方古猿出现（绰号“露西”的南方古猿，1974年发现于埃塞俄比亚）。

300万—200万年前　早期人类出现。

260万—220万年前　南方古猿埃塞尔比亚种出现（1985年发现于肯尼亚）。

250万年前　能人出现（1962年发现于坦桑尼亚）。

- 在肯尼亚库彼福勒发现的石斧，是最早的石器。

240万—150万年前　能人居住在撒哈拉以南非洲的部分地区。

200万—150万年前　直立人进化。

100万年前　早期人类开始使用火。

现了一副没有右臂的尼安德特人骨架，而这只右臂应该是死者去世前很久就已经失去了的，这表明生前他必须依靠他人的帮助才能存活下来。虽然洞穴和天然避难所是最常见的，但在某些地区已经开始建造简易的居所。尼安德特人在大约3万年前消失了。

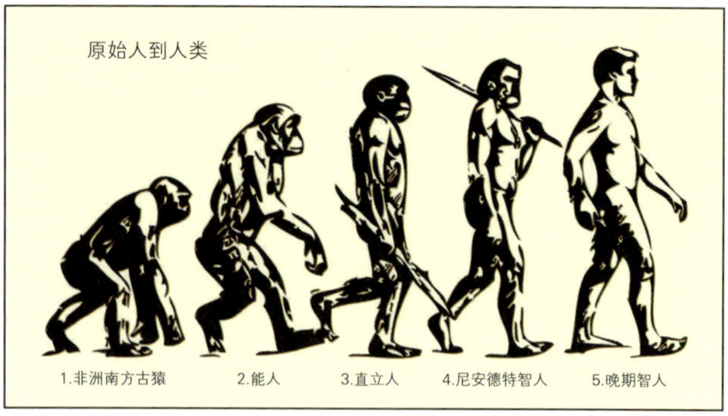

直立人

直立人，智人的祖先，很可能起源于非洲，但也可能起源于欧亚大陆。大约190万年前，他们向非洲热带地区、欧洲、南亚和东南亚等地扩散开来，证据就是在这些地方发现了许多保存完好的直立人化石遗址。

直立人，顾名思义是直立行走的人。他们的脑壳低，前额后倾，鼻子、下巴和上颚都很宽。与现代人类相比，他们的大脑更小，牙齿更大。有趣的是，为了烹饪食物，直立人最先开始用火。直到约20万年前，在智人出现之前，这个物种似乎一直在繁衍生息。

能人

人类最古老的代表人种能人的发现是古人类学的一个突破，因为之前已知的最古老的人类化石是直立人的化石。能人约240万—150万年前居住在撒哈拉以南非洲的部分地区。在坦桑尼亚北部的奥杜威峡谷发现了第一批能人化石。随着在库彼福勒等地挖掘出更多标本，人们发现这些化石与南方古猿和更高级的人种不同。

根据增加的脑容量、相对较小的后臼齿和前臼齿，以及类似人类的足部化石，该物种被赋予了一个特殊的名字。他们有手骨，可以有效地操纵物体，因此被称为能人或巧人。

至7万年前

190万年前　最早的建筑证据：坦桑尼亚奥杜威峡谷的石墙。

190万—100万年前　直立人从非洲扩散到亚洲和欧洲。

150万—20万年前　阿舍利石器文化出现，制造石器的标准方法，特别是手斧在非洲、欧洲和亚洲的几处遗址都有发现。

南方古猿

南方古猿是一群早于人属进化的原始人类。他们被认为是人属的直接祖先或者祖先的近亲。

南方古猿生活于约530万—1.17万年前，分布在非洲东部、中部和南部，兼有人类和猿类特征。南方古猿可分为许多种类，有阿法南方古猿、非洲南方古猿、湖畔南方古猿、惊奇南方古猿、源泉南方古猿等，他们都是双足行走，并且像猿类一样有较小的大脑。

南方古猿属著名的发现之一，是1925年在南非汤恩石灰岩开采地发现的头骨标本。人类学家雷蒙德·达特将其命名为非洲南方古猿，意为“非洲南部类人猿”。在此后的不断发掘中，发现了更多的非洲南方古猿标本。

可以说，最著名的南方古猿标本是“露西”，一具来自埃塞俄比亚的骨骼化石，可追溯到320万年前。

人类大脑的进化

由于不同环境的挑战、体型的增加以及其他各种原因，人类大脑的体积有了增加——阿法南方古猿平均脑容量为435克（惊奇南方古猿445克、非洲南方古猿450克），能人600克，智人1350克。一个较大而复杂的大脑意味着能够处理更多信息，这在气候变化剧烈的时期是一个很大的优势。

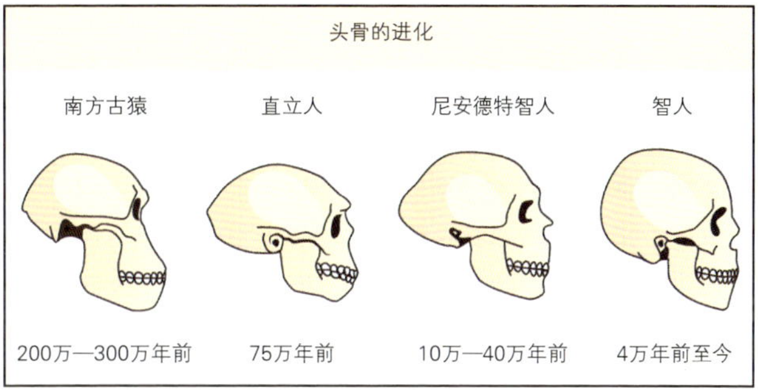

人类进化的不同阶段，头骨在增大

50万年前　早期智人、晚期智人的祖先，以及现代人类出现并发展。

50万—20万年前　一系列原始人种出现，如“北京人”、尼安德特人和斯旺斯柯姆人。

19万—4万年前　晚期智人、现代人类出现并发展。

10万—5万年前　法国多尔多涅省的洞穴有人类居住。

7万年前　尼安德特人开始使用火。

新石器时代的石器工具

智人经长途跋涉或海上旅行开始遍布世界各地，直到占据我们今天所知的世界大部分地区。尼安德特人大约在公元前30000年消失，很快就只有晚期智人或现代人类生活于冰河时代的最后和最冷阶段。公元前20000年，全世界可能有1000万人居住。

人类的大脑逐渐开始发展推理和思考的能力，人类开始了解并适应周围环境。其重要变化是具备了直立行走、携带物品、制造工具和使用武器进行自我保护的能力。

石器时代

石器时代，指所有工具都是由石头制成的时期。这个术语很方便但是有争议，因为一种文化不能仅仅用人们使用的工具来表征。下面这些时间仅供参考，因为它们在世界不同地区有所不同。例如，在新几内亚等地区，旧石器时代一直延续到信史时期。

石器时代分期：

旧石器时代

早期 250万—12万年前

中期 12万年前—3.5万年

晚期 公元前35000—前8000年

中石器时代

公元前12000—前4000年

新石器时代

公元前10000—约前2000年

铜石并用时代

公元前1800—前1000年

旧石器时代或史前时代

旧石器时代也被称为史前时代，因为没有历史记载。人类便起源于旧石器时代的地球，这一时期的人类几乎每做一件事都要使用石头。旧石器时代的人们生活艰辛而疲惫。他们是狩猎者和采集者，吃水果、树根、坚果、动物的肉，甚至昆虫。

2015年，在肯尼亚一个湖附近的干涸河床中发现了原始石器，其历史可以追溯到330万年前。已知最古老的人属标本有220万年历史，这意味着工具的起源可追溯到与南方古猿相

公元前60000—前30000年

公元前60000—前40000年　原住民祖先通过海路抵达澳大利亚。

公元前50000年　人类开始创作艺术、建造墓穴，伊拉克北部的山尼达洞是一处重要墓葬地。

公元前40000年　现代人类开始进化。

公元前40000—前6000年　澳大利亚乌比尔岩画出现。

公元前35000年　南非狒狒骨制成的计数装置出现。

公元前35000年　欧洲第一代早期现代人类克罗马农人出现。

同的时代。最早的工具，被认为是奥杜威文化制造出来的，主要是锤石和斧头。后来又有手斧这样的大型片状工具被制造出来。在非洲、中东和亚洲的阿舍利石器文化中发现了更精致的斧子和其他切割工具。

群居生活

旧石器时代的人类开始意识到生活在群体中的必要性，因为这使得狩猎变得更加容易。他们没有固定住所，像游牧民一样四处流浪。他们用兽皮或树叶、树皮遮盖身体。

群居生活

生活方式

人类越来越多地开始建造自己的住所，过上更加安定的生活。虽然食物仍然需要通过狩猎和采集获得，但生活方式开始变得愈发复杂多样。最新的证据表明，野生谷物早在公元前26000年就被加工和食用了。

石制工具也变得更加复杂，除了燧石和黑曜石等普通石头外，人类开始使用更广泛的材料，如木材、骨头、鹿角和象牙。小燧石可能用来附着在长矛、箭和鱼叉等武器上。有些群体埋葬或火化死者以示尊敬。人们把美丽的图画刻画在黑暗的洞穴中。

语言

人类进化的一个重要方面，是在100万年前就已形成简单的语言形式。尽管一些科学家提出早期口语的出现要晚得多，也许在公元前30000年。

公元前34000年　非洲的莱索托和赞比亚有人类居住。

公元前34000—前32000年　德国福格尔赫德出现用猛犸象牙雕刻而成的马雕像。

公元前33000年　其他类型的艺术，如彩饰物品，以及由石头、骨头、陶土或黏土制成的小雕像出现。

公元前30000年　奥地利加尔根贝格出现蛇形女性雕像。

公元前13000—前9500年印在赭石上的手的轮廓图，发现于阿根廷巴塔哥尼亚的库埃瓦·德拉斯马诺斯

艺术

新的研究表明，人类手绘的第一幅画是人手的轮廓，不是在西班牙或法国创作的，而是在印度尼西亚。60年前，一群考古学家在印度尼西亚的苏拉威西岛上发现了一系列画作。这些图画以人类的手和行动中的长腿动物的轮廓为特色，与已经在西班牙和法国发现的著名洞穴壁画非常类似。

旧石器时代的艺术涵盖了广泛的形式和材料。在黑暗的洞穴中，动物、人物和狩猎场景都是用天然材料绘制的，也许是一种"感应巫术"，一种成功捕猎的可视化。另一种理论则暗示与萨满教有关。由于洞穴里需要人造光源，因此一定使用了某种火炬。在法国、西班牙、非洲、印度和其他地方发现了可追溯到公元前28000年的洞穴壁画。

从大约公元前33000年开始，各种类型的艺术包括彩饰物品，甚至是用骨头和象牙制成的武器，以及由石头、骨头、陶土或黏土制成的小雕像大量出现。

肖维岩洞

欧洲发现的最早的洞穴壁画，在法国南部1300英尺（译者注：1英尺=0.3048米）深的肖维岩洞中。该壁画描绘了很多种类的动物：狮子、猛犸象、犀牛、洞穴熊、马、野牛、北山羊、驯鹿、马鹿、野牛、巨角型鹿、麝牛、黑豹和猫头鹰等。放射性碳年代测定揭示了其两个活动时期：公元前30000—前28000年和公元前25000—前23000年。此外，洞穴中还有动物的化石残骸。地面上，留存着人类和动物的足迹。

早期的猎人使用带有飞禽羽毛和燧石箭头的箭

公元前 30000—前 18000 年

公元前30000—前15000年　人类发明弓箭。

公元前30000—前13000年　人类从白令海峡或经海上迁徙到美洲。

公元前28000年　法国布兰查德出现克罗马农人的骨雕，可能代表月相。

• 在法国、西班牙、非洲、印度等国家和地区出现大概最早的洞穴壁画、人手图像。

公元前26000年　野生谷物被加工和食用。

公元前20000年　弓箭被创新。

中石器时代

中石器时代处于旧石器时代与新石器时代之间，是两者的过渡时期。在中石器时代，早期人类最关心的问题是狩猎、捕鱼和食物采集。

工具

在此期间，人类逐渐学会制造复杂的武器。中石器时代的工具更小更精致。人类还利用悬崖和焦油坑来捕杀动物。大约公元前20000年，弓箭的发明使狩猎变得相对容易和安全。还有一些其他常见的武器：

- 手斧：人类历史上使用时间最长的工具。这是一种由燧石制成的工具，具有锋利的切削刃，可用于切割。
- 火石：一种坚硬的细粒石，在摩擦时会产生火花。主要用于生火。
- 矛：通常是由木头制成杆，一端带有尖锐的矛头。矛通常比手斧更长更轻。

手斧

打火石

矛头

以上列出的这些工具，在今天看来，它们的设计似乎很粗陋，但它们是有史以来该种类武器中的第一批，并且实质性地影响和彻底改变了现有武器。

植物种植和动物驯化

在中石器时代，食物的主要来源是狩猎、捕鱼和采集。直到很久以后人们才发现，如果适当地给予水和养料，种子可以长成植物。驯养牛、绵羊和山羊等动物不仅能获取肉、奶、皮革，还可用于农耕和运输。狗是被驯化的第一种动物，它帮助人类狩猎。

公元前25000—前24000年　非洲纳米比亚出现阿波罗遗址洞穴壁画。

公元前24000年　澳大利亚出现火葬。

•欧洲出现有黏土屋顶的房屋。

公元前24000—前22000年　在奥地利沃尔道夫村出现有“沃尔道夫的维纳斯”之称的女性雕像。

公元前21000年　波兰出现狩猎用的象牙飞旋镖。

公元前18000—前11000年　塔斯马尼亚南部的库提基纳洞穴被石制工具使用者居住。

墓葬

尽管一些考古学家认为尼安德特人也可能将死者和随葬品埋葬在浅墓穴中，但最早的且无可争议的人类墓葬出现在大约10万年前的以色列卡夫扎。在石器时代晚期，人们通常会埋葬或火化死者以示尊重。有时两个人被葬在一个墓穴中。死者偶尔会有随葬品，其中包括大块的肉、磨石，以及由石头、骨头和鹿角制成的饰物。

新石器时代

中石器时代之后是新石器时代，狩猎采集在这一时期过渡到了粮食生产，这被认为是新石器时代的革命。希腊文中的“新石器时代”意为“新石头”。虽然有新的石制工具被制造，但新石器时代的真正变化是从狩猎采集到系统农业的转变。历史学家有时将新石器时代的这种定居农业称为第一次农业革命。

农牧业

农业给人类社会带来了巨大的变化。然而，从狩猎采集到粮食生产的这种转变并没有很快发生。人类是逐渐开始适应并改善环境的。他们从食物采集者变成食物生产者，开始种植小麦、大麦和稻谷。他们放弃了游牧生活，开始定居下来种植庄稼。他们定居在有水的地方——主要是河流和湖泊沿岸。狗帮助人们狩猎，山羊为人们提供奶，绵羊提供肉和羊毛。

公元前17000—前11000年

公元前17000—前15000年　上埃及出现旧石器时代晚期遗址库邦尼亚。

公元前16000—前10000年　欧洲住宅由猛犸骨建造。

公元前15000—前10000年　法国拉斯科出现洞穴壁画。

公元前14000—前12000年　西班牙阿尔塔米拉出现洞穴壁画。

公元前13000年　印度宾贝特卡出现洞穴壁画。

•阿尔及利亚出现陶俑。

公元前12000年　狗被驯化。

磨制工具

新石器时代的人类开始使用由玄武岩制成的工具，这种工具特别坚硬，并且可以在磨石的帮助下成型和抛光。在新石器时代，人类拥有了比以前更多种类的石制工具，通常还带有固定的手柄。骨头也被用来制成针、刀片和其他工具。

陶器

在中国发现的最古老的陶罐可以追溯到约公元前20000年。甚至在此之前，旧石器时代的欧洲人在公元前29000—前25000年制造出了小型陶俑。新石器时代的农民非常需要容器，例如用来储存谷物和牛奶。起初，篮子是用野草编织而成的，然后涂上湿黏土。但这些容器不能储存液体。后来，人类学会了用火烤陶壶，以便其可以防水。新石器时代的陶器通常制作精良，装饰性强。

轮子的发明

新石器时代伟大的发明之一是轮子，可能是人类观察发现原木容易滚动的结果。在雪橇和推车上安装轮子，使得旅行更快捷更舒适。除此之外，轮子还用于制作陶器、纺纱和编织。

铜石并用时代或铜器时代

在铜石并用时代或铜器时代人类偶然发现了金属。他们使用熔炉烘烤陶器。炉子的高温熔化了附近土壤中的金属，这可能就是铜被发现的方式，尽管我们并不确切地知道是在何时何地发现的。铜是第一种被捶打成各种工具、武器和装饰品的金属。继铜之后是锌和锡，这为制造新工具和新武器提供了可能。

公元前12000—前4000年　人类逐渐学会制造复杂的武器。

- 主要食物来源是狩猎、捕鱼和采集。
- 第一次人类殖民。

公元前11000年　在南美的智利，发现有人类居住。

- 日本福井出现窑洞。
- 美索不达米亚北部开始种植小麦。

虽然地质变化仍在发生，但到公元前9000年，地球的地形相对稳定。公元前13000—前10000年，随着最后的冰河时代逐渐远去，大量的水被释放出来，地球表面发生了变化，气候变暖了。在一些地区，定期的降雨使土地更加肥沃。虽然狩猎采集群落继续存在，但世界上更多的区域开始种植庄稼并饲养家畜。西亚在公元前9000年左右出现了第一次重大发展，随着农作物的种植，人们开始储存粮食，村庄出现了。到公元前6000年，村庄在西亚地区已广泛存在，少数还发展成了城镇。其中的杰里科和恰塔尔休于，都位于水源附近。

亚洲其他地区，以及欧洲、非洲和美洲的小型农业群落发展出了独特的建筑风格和工艺生产。人们种植的作物和驯化的动物因气候和地区而异。水渠灌溉始于西亚的美索不达米亚地区。一些地区出土了彩陶和其他手工艺品，如赤陶俑。工具是用骨头、象牙及石头制成的，到该时期末期，人们开始使用铜制工具。当时还没有文字，但在几处遗址发现了岩画，可能是文字的前身。

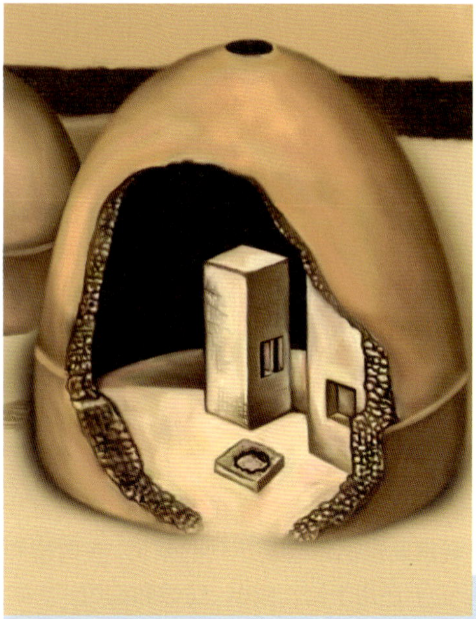

艺术家重绘的塞浦路斯乔伊鲁科蒂亚的新石器时代小屋

乔伊鲁科蒂亚遗址

公元前7000年左右，塞浦路斯岛开始出现村落，其中最早的一个是靠近南部海岸的乔伊鲁科蒂亚。它被防御墙环绕，有圆形房屋，屋顶通常是圆的。房屋的墙壁通常是用石头砌成的，还有架子、长凳和窗户。死者被埋在房子的地板下。人们种植谷类作物，采摘野果，驯养绵羊、山羊和猪。但在这里发现的鹿骨表明他们仍在狩猎。塞浦路斯各地至少发现了20个类似的村落遗址。乔伊鲁科蒂亚在公元前6000年左右被遗弃。

杰里科古城

公元前 10000—前 8000 年

公元前10000年　半永久性农业定居点在世界多地出现。

公元前10000—前8200年　纳吐夫人在地中海东部建立定居点，建造房屋，埋葬死者，驯养狗。

公元前10000—前6000年　洞穴艺术在澳大利亚继续发展。

公元前10000—前2000年　中国出现新石器时代的定居点。

公元前10000—前300年　绳文文化在日本蓬勃发展。

公元前9500—前3000年　北美布莱克沃特德罗出现克洛维斯文化。

上：日本重建的绳文村落（公元前10000—前300）
左：土耳其恰塔尔休于的新石器时代女神坐像

恰塔尔休于

土耳其的恰塔尔休于，在公元前8000—前6000年，估计有5000~10000人居住在泥砖和灰泥房子中。房子没有门，入口穿过屋顶。人们种植谷物，养牛，制造石头武器和陶器。他们还交易货物，并为死者举行仪式。这里发现有许多女性雕像，以及献给所谓母亲女神的神龛。除此之外，还有动物雕像、骨头工具、木碗、编织的篮子和陶器。

贾湖文化

贾湖位于中国的黄河边，属于公元前7000—前5700年的新石器时代文化。整个遗址占地55000平方米，周围环绕着护城河。在这里发现了房屋遗迹、陶器、绿松石雕刻品以及骨制、石制工具。从中期开始，龟壳和骨头上就刻有了斑纹，有些与后来中国的汉字相似。在遗址中发现的一些骨笛即使在今天也可以吹响。人们种植水稻和谷子，用发酵的大米混合蜂蜜和山楂酿制美酒。

公元前9000年　牛奶成为人类饮食的一部分。

公元前9000—前3000年　印度中部洞穴中出现岩画。

公元前9000—前2000年　北美科奇斯文化时期。

公元前8200年　南非的伍德沃克洞穴出现石刻。

公元前8000年　美索不达米亚使用黏土代币。

- 伊朗的阿里·库什驯化了绵羊、山羊。
- 欧洲沿海地区食用贝类。

汉穆拉比法典石碑的上半部分

农耕和驯养动物（如牛、猪、骆驼和狗）开始普及。人们开始使用先进的石器、铜和青铜工具以及陶工的轮子。艺术和建筑进一步发展，城市中心不断涌现。美索不达米亚、埃及、印度、巴基斯坦以及地中海地区都出现了城市文明。

美索不达米亚

美索不达米亚，广泛地说是指现代伊拉克地区，位于底格里斯河和幼发拉底河的山谷之间。它的第一批城市约于公元前5000年建立在苏美尔。苏美尔是美索不达米亚南部的名城，并发展成为控制周围地区的城邦。公元前2500年左右苏美尔文化达到高峰，从扎格罗斯延伸到金牛座山脉，从波斯湾延伸到地中海，工艺也很发达。人们利用从河流引入到村庄和城市的渠水，灌溉大麦、小麦、谷子和芝麻。还发明了文字，先是象形文字，然后是楔形文字，这可以在该地区发现的众多石板和黏土片上看到。苏美尔人崇拜众多神灵，公元前2200—前500年，他们建造了著名的阶梯塔式神庙。传说中的巴别塔可能是巴比伦马尔杜克神庙的金字形神塔。

大约在公元前2334年，阿卡德的萨尔贡一世征服了苏美尔地区。阿卡德是美索不达米亚中部、苏美尔北部一个不为人知的城市。之后该地区出现的混合文化，被称为阿卡德文化。后来，巴比伦国王汉穆拉比（公元前1792—前1750）征服了苏美尔和阿卡德，建立了一个强大的帝国。他把法律法规刻在石柱和黏土碑上，成为至今人类发现的最古老的法律。赫梯人，一个说印欧语的民族，在公元前1900年左右定居于小亚细亚，公元前1590年征服了巴比伦。

《吉尔伽美什史诗》

《吉尔伽美什史诗》也许是世界上最古老的史诗（最早的版本完成于公元前2100年后），描述了一位据说在公元前2700—前2650年统治美索不达米亚乌鲁克城邦的国王。后来的版本包括大洪水和建造方舟的故事，方舟使一个家庭幸存下来。

公元前8000—前5900年

公元前8000—前6000年　杰里科出现了纺织品、黏土和石膏雕像。

公元前7000年　欧洲新石器时代开始；最早的农耕群落出现。

• 撒哈拉地区出现捕鱼群落。

公元前7000—前5700年　中国黄河流域贾湖文化时期。

公元前7000—前4500年　埃及新石器时代。

公元前7000—前4000年　西班牙的洞穴壁画描绘了行进中的战士。

公元前6750年　伊拉克的耶莫开始驯养猪。

汉穆拉比

在一根8英尺高的石柱上雕刻着所有现存的早期法律，这些法律是由巴比伦帝国最伟大的统治者汉穆拉比编纂的。他还引导臣民记录法律和习俗。法典一开始就提到，汉穆拉比被上帝赋予王权，以保护弱者免受强者的压迫。其中载有282条关于生活各方面的法律条款。法典集中体现了报应法则，这种法则的通俗说法是“以眼还眼，以牙还牙”。法典也确保了对女性的公平待遇。

亚述

公元前2000年，亚述人在阿苏尔建立了他们的首都，并在底格里斯河流域定居下来。公元前1000—前612年，富有侵略性的亚述人正处于鼎盛时期，他们征服了整个美索不达米亚。然而，在公元前612年，周边各族联合起来，击败了一度可怕的亚述军队。一位冷酷的国王尼布甲尼撒复兴了巴比伦的力量，他的帝国最终从波斯湾延伸到地中海。

古代美索不达米亚的成就

巴比伦人坚定地相信占星术。占星家对研究恒星和行星特别感兴趣，他们认为恒星和行星对地球上的所有事件都有很大影响。因此，巴比伦人学会了识别行星、预测日食，记录了后来被证明对天文学至关重要的数据。

用泥砖砌成的乌尔大金字塔（在今伊拉克）

公元前6500年　安纳托利亚开始制造铜制品。

公元前6000年　粮食作物在世界多地种植。

- 美索不达米亚采用渠灌。
- 摩拉维亚开始使用鼓。
- 希腊和克里特岛开始驯化牛。

公元前6000—前5500年　叙利亚美索不达米亚北部的哈拉夫彩陶农耕文化时期。

公元前6000—前3000年　非洲努比亚南部出现喀土穆中石器时代和新石器时代。

公元前5900年　苏美尔和巴比伦开始酿造啤酒。

巴比伦人最早以60计数，他们将1小时分为60分钟，1分钟分为60秒。以60划分的计数方法仍然用于今天的时钟，圆圈被分成360度。他们研究了恒星和行星的位置，将天空划分为12星座，并使用金字塔作为天文台。

印度河流域文明

另一伟大的文明出现在印度次大陆肥沃的印度河平原上。在公元前2600—前1800年的鼎盛时期，该文明主要由印度河流域的哈拉帕和摩亨佐达罗、古吉拉特邦的洛塔尔和朵拉维拉，以及拉贾斯坦邦的卡里班甘等大城市所主导。这些城市里有烧制的砖结构建筑和复杂的排水系统，还有用石头、金属、象牙、陶土等各种材料制成的物品，以及红色陶器和石头印章。

来自印度理工学院（IIT）和印度考古调查委员会(ASI)的研究人员最近声称，已经发现证据表明印度河流域文明至少有8000年的历史，而不是之前所认为的5500年。这一发现可以追溯到比埃及和美索不达米亚文明更早的时期，从而使其成为世界上最古老的文明。

右：印度河流域文明的滑石印章
下：印度洛塔尔的砖结构建筑

洛塔尔：贸易港

作为印度河流域文明的一个主要中心，洛塔尔位于印度古吉拉特邦的海岸边，主要从事对外贸易。除了通常的房屋、街道和排水沟外，洛塔尔还有一个大型仓库和一座似乎是船舶码头的砖结构建筑。码头的面积约为700英尺×118英尺，在涨潮时，船只可以通过40英尺的间隙驶入。整座城市被一圈巨大的防御墙环绕，以抵御洪水。

公元前 5500—前 4500 年

公元前5500—前3500年　温查铜文化在巴尔干地区的塞尔维亚、罗马尼亚、保加利亚、马其顿出现。

公元前5200—前4000年　非洲出现新石器时代农耕文化。

公元前5000年　欧洲出现最早的铜制品和金制品。

- 在北美，科奇斯文化仍在继续。
- 西亚苏美尔出现最早的城市。
- 埃及开始饲养及驯化动物。
- 美索不达米亚开始使用铜制品。

朵拉维拉

朵拉维拉位于印度古吉拉特邦，它规划精致、建筑美观，还有不朽的建筑物和令人惊叹的水资源管理系统。目前已发现有16个大小不一的水库，其中5个已被广泛挖掘。有证据表明，整个城市都在集水，可能是用于灌溉。

大浴场

摩亨佐达罗最引人注目的就是大浴场，它用烧制的砖砌成，砖上面还涂有天然焦油。结构基本上就像一个游泳池，中心有台阶通向两侧。浴池有39英尺长，23英尺宽，8英尺深。清洗浴池的水可以从一个管道排出，然后通过另一个管道重新注水。大浴场周围环绕着漂亮的更衣室。浴池周围也设有画廊和房间以供举行沐浴仪式。大浴场代表了那个时代最好的工程技术水平。

大粮仓

在摩亨佐达罗，一座最初被认为是粮仓的大型建筑可能只是一座公共建筑。除此之外，有专门用于储藏小麦、大麦和芝麻等谷物的大粮仓。在粮仓的南部有一排排圆形砖平台，据考古学家称，这些可能是用于脱粒谷物的工作地台。

这些谷物很可能是从农民手中收集的，然后储藏在粮仓中。为了便于运输，粮仓就建在河岸边。

摩亨佐达罗的大粮仓

• 中国和印度出现乡村文化。

公元前5000—前4000年　罗马尼亚、保加利亚和色雷斯出现古梅尔尼查-卡拉诺沃文化。

公元前5000—前3500年　中美洲种植玉米。

公元前5000—前3000年　新石器时代文化在欧洲多地出现。

公元前5000—前2800年　欧洲多地出现巨石文化，最早出现在葡萄牙的埃武拉。

公元前4500—前2000年　巨石文化和竖石文化在法国卡纳克出现。

城市规划

印度河流域的居民擅长城市规划，从精心设计的排水系统、精心规划的街道布局和有效的水资源管理等方面可以明显看出这一特点。城内几乎每座房子都有明确划分的洗浴区域和排水系统。从遗址中还可以发现，街道上有照明设施，甚至还有保持道路清洁的垃圾箱。

印度河流域文明的城镇规划

职业

印度河流域的居民从事多种职业，其中以农业为主。犁和镰刀是常用的农具。主要农作物是小麦、大麦、棉花、玉米和谷子。大量纺锤的发现表明，棉花被广泛种植。另一种主要职业是编织和纺纱。在不同地点发现的针和纽扣，表明当时的人们已经会缝制衣服。

这里还发现了许多工具，这表明已有熟练的金属制造工匠存在。铜和青铜被广泛用于制造工具和武器，并且青铜铸造艺术已为人们所熟知，因为从一个跳舞女孩的雕像便可看出。女孩右臂放在腰部，戴着大量镯子的左臂垂膝，从中还能得知那个时代的女性喜欢装饰品和精致的发型。

铜制的跳舞女孩

公元前 4000—前 3100 年

公元前4000年　非洲撒哈拉地区出现农业。

- 不列颠群岛开始种植粮食作物。
- 中东开始种植葡萄。
- 马被驯化。

公元前4000—前3200年　在欧洲东南部，切尔纳沃德文化取代了古梅尔尼查文化。

公元前4000—前3000年　欧洲出现漏斗颈陶文化。

约公元前3600年　中国开始养蚕和织丝。

陶器

除了农业和金属铸造，制陶是最热门的职业。人们不仅熟悉而且能熟练使用陶轮。红褐色的黏土被广泛使用，它被烘烤、上釉和装饰各种图案。这从挖掘出的带有动物和几何图案的器皿中可以看出。

哈拉帕人的陶器

印章

在印度河流域的不同地点发现了2000多件由赤陶土和滑石（一种柔软的石头）制成的印章。这些印章大多是矩形的，但也有圆形的。有些印章的背面有一个把手，把手上有一个孔。据推测，商人使用这些印章在货物上盖章。印章的一面刻有图画，另一面刻有铭文，显示了当时社会的宗教、习俗和经济活动。

有一枚印章，刻着一位以瑜伽姿势坐着的男性神，他的右边是一头犀牛和一头水牛，左边是一头大象和一只老虎，这就是著名的帕苏帕提印章。动物是印章的常见主题，包括长有一只角的“独角兽”。也有几何图案的印章。

除上文所述的职业外，还有首饰制作。考古发现哈拉帕人了解并喜爱装饰品，他们使用各种金属和动物骨头制作饰品。

印度河流域文明的印章

印度文字

印度河流域的人们使用一种类似图画符号的象形文字。然而，这些文字尚未被解读。

公元前3500年　美索不达米亚的乌尔城建立。

• 中美洲开始种植豆类作物。

• 美洲驼在秘鲁开始用于运输。

公元前3200年　美索不达米亚开始使用楔形文字。

• 埃及开始使用象形文字。

• 爱尔兰出现纽格莱奇墓。

公元前3100年　美尼斯统一了上埃及和下埃及，建立王国。

• 英格兰巨石阵的第一阶段出现。

• 埃及开始使用有帆的船只。

• 比布鲁斯城在地中海沿岸建立。

埃及文明

公元前4000年后的一段时期，尼罗河沿岸的村庄分属于上埃及和下埃及两个王国。公元前3100年左右，美尼斯国王统一了这两个王国。据说，从美尼斯时代到公元前332年亚历山大征服埃及，共经历了30个朝代，主要分为旧王国、中王国和新王国时期，中间有一些过渡阶段。埃及文明包括：先进的政府体制，水利工程，宏伟的建筑，以天文学、数学和医学为代表的科学，周期365天的日历，刻写在纪念碑上的象形文字和更简单的僧侣文字，还有纸莎草纸的发明。

旧王国时期建造了大金字塔，实际上就是精心设计的坟墓。死者被制成木乃伊埋葬在里面。大型寺庙建筑群，紧邻着金字塔。

尼罗河肥沃的平原可以种植水果、蔬菜和豆类作物。古埃及人沉迷葡萄酒和啤酒。

奥西里斯是冥王神，他和伊西斯、奈芙蒂斯和塞特都属于埃及赫里奥波里斯九柱神

埃及金字塔

在多地发现了大约80座金字塔，其中三座最宏大的金字塔是在吉萨建造的：胡夫（公元前2547—前2524在位）金字塔、哈夫拉（公元前2516—前2493在位）金字塔和门卡尔（公元前2493—前2475在位）金字塔。其中胡夫金字塔是埃及最大的金字塔，其每个底边都是761英尺长，花了20年时间，据说征用了10万人建造。

位于吉萨的胡夫金字塔

公元前 3000—前 2400 年

公元前3000年　车轮开始在美索不达米亚使用。

•拱形竖琴在埃及和苏美尔出现。

公元前3000—前2000年　欧洲烧杯文化时期。

公元前3000—前1450年　米诺斯文明时期。

公元前2925—前2575年　埃及早王国时期（第1至第3朝代）。

公元前2700年　茶在中国广为人知。

公元前2600—前1800年　印度西北部和巴基斯坦的印度河流域文明处于鼎盛时期。

宗教

太阳神拉

埃及人崇拜多神，包括重要的太阳神拉。在埃及的自然主义艺术中，墓葬和庙宇墙壁都以装饰神灵的形象为特色。主要的神灵有：

拉：在埃及，拉是太阳神，是主神，因为他是生命的赐予者。通常被描绘成一个有着鹰头和太阳盘头饰的男人。后来也被称为阿蒙·拉。

伊西斯：保护神。埃及人的母亲神，她会帮助需要帮助的人。

奥西里斯：冥王神，是伊西斯的丈夫和荷鲁斯的父亲。奥西里斯被认为是一个戴着羽毛头饰的木乃伊。

荷鲁斯：天空之神，是伊西斯和奥西里斯的儿子。荷鲁斯的形象是一个长着鹰头的男人。法老，即埃及的统治者，被视为现世的荷鲁斯。

托特：智慧之神。他用医学知识和数学知识启发了埃及人。他常被描述为长有鹭鸶头的人形。

建筑

狮身人面像

埃及人是伟大的建筑师，他们建造了金字塔和神庙。象征着神圣山峰的四面石建筑，被称为金字塔。这些奇妙的金字塔使埃及闻名遐迩，被认为是世界上伟大的建筑奇迹之一。到目前为止，还没有找到可靠证据来证明金字塔是如何建造的。

埃及建筑的一个非凡特征是使用带有水平门楣的巨大柱子代替拱门。

狮身人面像是一座伟大的雕塑作品，它是由一块岩石雕刻而成的。这是一个独特的雕像，有狮子的身体和人的头颅。吉萨的狮身人面像被认为与法老哈夫拉很像。

公元前2575—前2130年　埃及古王国时期（第4至第8朝代）。

公元前2547—前2475年　建造埃及吉萨的大金字塔。

约公元前2543年　拉加什王朝的第一任国王乌尔南什开始统治美索不达米亚。

公元前2500年　马铃薯开始在秘鲁种植。

约公元前2400年　埃及人使用纸莎草制作书写材料。

• 建于非洲东北部的科玛城，后来成为著名的库什王国的首都。

木乃伊

由于埃及人认为人死后会复活，他们发明了一个保存尸体的方法，并用薄薄的亚麻条将尸体紧紧包裹起来。这些被制作成“木乃伊”的尸体就这样保存了多年。木乃伊被放在棺材里，然后再放进坟墓里。坟墓里不仅装有珍宝，还装有保存尸体所需要的物品。古代埃及的木乃伊至今保存完好，这也证明了埃及人对人体、血液循环和外科手术的了解之深。

对尸体进行防腐处理

文字

纸莎草纸在古埃及被用作书写材料，尖头芦苇当作笔，树脂与烟灰混合制成油墨。埃及人使用各种图形来表示的文字，被称为象形文字。这种文字主要用于庙宇墙壁和墓碑上的铭文或碑文。书写文字的人被称为文士。

象形文字

妇女

埃及社会中妇女的生活质量取决于她们所属家庭的财富。换句话说，富裕家庭的女性生活得更好。她们很清楚自己外表和美貌的重要性，经常用化妆品来修饰容貌。

公元前2334—前1900年

公元前2334年　阿卡德王国萨尔贡一世征服苏美尔地区。

约公元前2200—前1700年　中亚出现巴克特里亚·马尔吉阿纳文化时期。

约公元前2200—前1600年　东欧库尔干墓葬文化时期。

公元前2130—前1938年　埃及第一中间期（第9至第11朝代）。

约公元前2112年　美索不达米亚的乌尔第三王朝开始。

公元前2100年　乌尔开始建造庙塔。

米诺斯文明

米诺斯文明存在于欧洲的克里特岛，时间约为公元前3000—前1450年。靠海上贸易致富的米诺斯人建造了克诺索斯王宫等宏伟宫殿。他们制造了陶器、黄金和青铜制品，并发明出几种书写文字。

克里特岛的克诺索斯王宫

欧洲的农耕群落

西欧引进青铜技术，开始建造巨大的石墓，还有巨大立石，如英格兰的巨石阵等。欧洲东南部的新石器时代文化包括房屋、墓地、礼器和铜的使用。

古梅尔尼查-卡拉诺沃文化

罗马尼亚的古梅尔尼查和保加利亚的卡拉诺沃是典型的铜器农业文化，可追溯到公元前4500—前4000年，其区域从东部的黑海延伸到西部的保加利亚中部，从北部的多瑙河延伸至南部的色雷斯。在该地区发现的许多物品中有女性俑。

斯卡拉布雷

这座保存完好的新石器时代村庄位于苏格兰的奥克尼，可追溯至公元前3100—前2500年。岛上的树木很少，房屋和家具都是用石头砌成的，包括床、架子、桌子和壁炉，还有一个与溪流相连的室内厕所。

苏格兰奥克尼的新石器时代斯卡拉布雷遗址

公元前2000年　亚述人在亚述城建都。

约公元前2000年　讲印欧语系的族群在欧洲和亚洲迁移。

• 因纽特人在北极定居。

约公元前2000—前1900年　克里特岛的克诺索斯王宫建成。

公元前1938—前1630年　埃及中王国时期（第12至第13朝代）。

约公元前1900—前1350年　以青铜器闻名的二里头文化在中国蓬勃发展。

城市、文字、金属制器和大型纪念碑等文明开始扩展到新的区域。人们开始使用货币，铸造硬币。社会变得更加复杂，出现新的哲学和宗教、货币体系和精心制作的工艺品。与此同时，随着帝国的兴起和衰落，战争和征服也不断发生。

埃及：新王国时期

新王国时期是埃及最繁荣的时期，因其不朽的建筑和伟大的艺术而闻名。雅赫摩斯一世在公元前1540—前1539年奠定了第18王朝的基础。另一位著名的法老阿蒙霍特普四世（埃赫那吞）在底比斯附近创建新的太阳神（阿吞）教，并建造新城市埃赫塔吞（阿玛尔纳城）。最著名的法老也许是埃赫那吞的儿子图坦卡蒙，他在公元前1323年去世时只有19岁。新王国时期，卡纳克和卢克索（底比斯）建造了许多宏伟的建筑。在卢克索附近的国王谷，许多法老包括图坦卡蒙，都被深深地埋葬在坟墓里。由于利比亚人和海上部落的不断入侵，拉美西斯三世（公元前1187—前1156在位）之后王国开始走向衰落。

图坦卡蒙的纯金面具，被放在木乃伊的头部和肩膀上，显然是按照法老的面部特征制作的；眉毛上方的秃鹫和眼镜蛇的头象征着对上、下埃及的主权

腓尼基人

从事海上贸易的腓尼基人，于公元前1200—前800年在地中海东部沿海地区发展起来。他们的港口城市包括提尔、西顿，以及贝罗特（今贝鲁特）、比布鲁斯和迦太基。

腓尼基的硬币

特洛伊

特洛伊，曾经被认为是一个希腊人营救斯巴达王后海伦的传说，因为海伦被特洛伊战士帕里斯诱拐。考古学家现在认为特洛伊就是土耳其的西沙里克城堡（公元前3000—前1260）遗址，在特洛伊战争中被希腊人烧毁。

公元前1750—前1500年

约公元前1750年　墨西哥索科努斯科地区的等级乡村社会开始发展。

公元前1700年　赫梯帝国在叙利亚和黑海之间扩张。

公元前1700—前1500年　下尼罗河地区的库什王国强大起来。

公元前1630—前1540年　埃及第二中间期。

公元前1600—前1046年　中国商朝时期。

公元前1590年　赫梯人征服巴比伦。

商朝

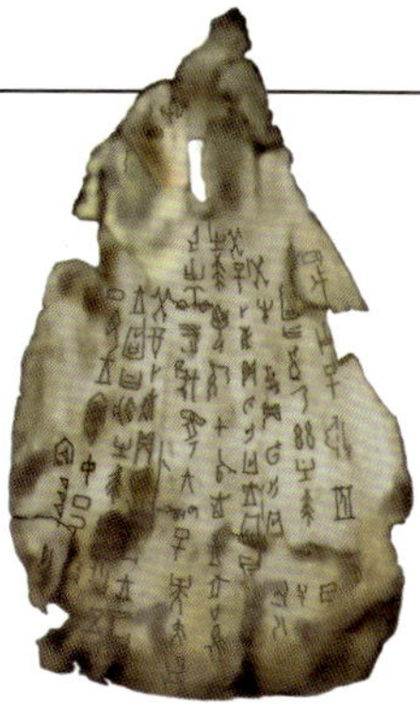

商朝的甲骨文

在中国，华夏民族在黄河流域繁衍生息。商朝以其先进的青铜制造工艺而闻名。商统治者崇拜祖先，经常占卜，死后被葬在巨大的陵墓中。

商朝的开国之君商汤，致力于改善百姓生活，而不是追求奢靡淫乐，成为继任者的榜样。商朝奠定了中国文化和文明的基础。商汤及其继任者意识到自己的社会责任，并为贫民建立救济制度。他们在饥荒期间提供专门的款项，使贫民得以赎回为求生存而被迫卖掉的孩子。

公元前1046年，商朝被周朝（公元前1046—前256）的创建者周武王推翻。

社会

中国社会分为不同的阶层，皇帝居于顶端，奴隶居于底层。家族制度非常普遍，几代人共同生活在一起。最年长的男性成员被认为是这个家庭的首领。

土耳其的西沙里克城堡遗址

宗教

中国人崇拜大自然的力量，相信来世，并崇拜祖先。特别是早期的商王和贵族对祖先的崇拜尤为坚定。人们认为，祖先被赋予了可以对人类实施奖惩的超自然力量，因此他们提供食物和酒等祭品来取悦祖先。

公元前1540年 希克索斯入侵者被雅赫摩斯一世驱逐出埃及。

公元前1540—前1075年 埃及新王国时期（18—20世纪）。

公元前1500年 商朝时期中国文化蓬勃发展。

•小亚细亚开始使用楔形文字。

•玛雅文明在中美洲出现。

公元前1500—前1200年 琐罗亚斯德教的创始人、先知琐罗亚斯德可能生活在伊朗。

甲骨文

公元前1500—前950年，最早可识别的汉字刻在牛肩胛骨和龟壳上，被称为“甲骨文”。汉字是表意文字，每幅图代表一个词或一个意思。

这一时期，用龟甲占卜推测未来的做法很盛行。最初祭司常常在骨头上刻上问题来预测未来。后来发展成用热针刺穿骨头，然后通过骨头上产生的裂纹来进行推测分析。

商朝的统治者们每天都要占卜，他们几乎对所有事情都极其迷信，包括健康、天气、庄稼收成和财富等。

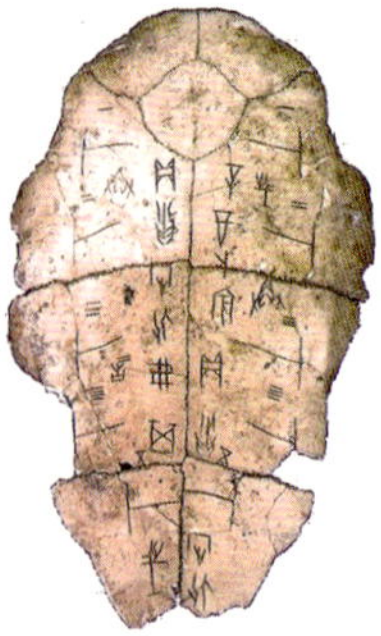

甲骨文

建筑

中国建筑最典型的代表是长城。长城始建于公元前5世纪，公元前3世纪由秦始皇将原来分段修筑的长城连接起来，并且继续修建，后来不同的朝代在不同的地区进行了增建，以保护其领土边界。长城至少有5500英里（译者注：1英里=1.609344千米）长、22英尺高、20英尺宽。每隔100英尺建立瞭望塔，以便士兵能够观察敌情。统治者还建立了道路网和运河网，以发展贸易。

中国长城

公元前1500—前1250年

公元前1500—前1000年　吠陀早期。

公元前1500—前950年　中国出现甲骨文。

公元前1500—前300年　奥尔梅克人在墨西哥定居。

公元前1493—约前1482年　埃及法老图特摩斯一世最先建造地下墓穴。

经济

中国古代的器皿

随着人们越来越多地捕捞淡水鱼，渔业在中国成为一项产业。中国也是最早种植茶叶的国家。茶叶最初被作为药用，但最终发展成为一种广受欢迎的饮料。

除了种茶外，中国人还通过养蚕发明了丝绸。丝绸让人们逐渐放弃了用动物皮和树叶制作衣服。丝绸等纺织品设计精良，质量上乘，这可以从商朝墓葬中精心保存的葬主服饰得知。

商朝的青铜文化蓬勃发展。匠人制作出了华丽的青铜杯子和花瓶。除此之外，他们在石制品，尤其是玉石方面的专业知识也不逊色。

木材的大量供应使其广泛应用于宫殿建筑中。中国人擅长木工，并用象牙做镶嵌。中国是最早生产纸张的国家。

中国也是最早制作精美瓷器的国家。匠人在陶器表面上釉，使其有光泽，并绘有图案。

瓷器

贸易

中国与埃及、美索不达米亚、伊朗、印度都有贸易往来。出口的主要商品有丝绸、瓷器、茶叶和纸张。古代中国拥有非常有效的灌溉系统，农业发达。

中国古代的四大发明——指南针、火药、活字印刷术和造纸术，不仅改变了世界，也加速了世界历史的演变。

约公元前1343—前1333年　来自底比斯的图坦卡蒙统治埃及时期。

公元前1300年　在东地中海航行的船只能够运载200多个铜锭。

约公元前1260—前1240年　特洛伊城在特洛伊战争中被毁。

公元前1250年　迈锡尼建造狮子门；精致的狮子守卫着城堡的外门。

吠陀时期的人们

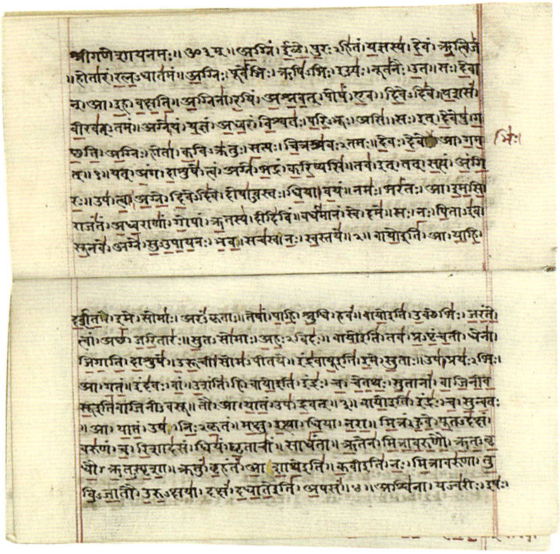
《梨俱吠陀》手稿

一部早期的梵文典籍《梨俱吠陀》，提供了一些印度西北部在公元前1500—前1000年的生活信息。据说该典籍是由自称“高贵”的雅利安人编写的。不过，雅利安人的起源仍然存在争议：一些学者认为他们起源于印度，另一些学者认为他们是从里海地区迁移来的说印欧语的族群。

其后，又有几部吠陀经典以及《奥义书》完成，《奥义书》包含了深刻的哲学思想。

在迁移到印度的过程中，雅利安人与原住民发生了暴力冲突。这些原住民被称为“达萨”（意为“敌人”）。雅利安人征服并占领了他们的土地。雅利安人的第一个定居点在印度河流域。渐渐地，他们占领了印度的整个北部和西部，直达维达希亚山脉。有学者认为，“巴拉塔”可能是雅利安部落的第一位国王，他之后的印度被称为“巴拉特”（其官方梵语名称）。

吠陀时期的生活

吠陀时期分为早期（公元前1500—前1000）和后期（公元前1000—前600）。

吠陀早期也被称为梨俱吠陀时期，因为《梨俱吠陀》是在这一时期编写完成的。“吠陀”意为知识。《梨俱吠陀》是最古老的吠陀，收集了1028首赞美诗，分为10卷本。几百年来，吠陀歌曲和史诗都是口头讲述、传颂和吟唱的。几个世纪后，才以书面形式记录下来。

公元前1225—前1075年

约公元前1225年　亚述人占领了美索不达米亚南部和巴比伦。

约公元前1200年　希伯来人离开埃及返回迦南。

约公元前1200年　玛雅人在伯利兹定居。

公元前1200—前800年　腓尼基人的繁荣时期。

公元前1200—前300年　秘鲁的查文文化时期。

公元前1000年左右，在吠陀后期，三部吠陀经典即《娑摩吠陀》《耶柔吠陀》《阿闼婆吠陀》，均编写完成。在此期间，史诗《罗摩衍那》和《摩诃婆罗多》也被创作完成。梵语源于吠陀时期的雅利安人。正是根据这些文学典籍和各地的考古发现，历史学家才能够告诉我们当时人们的政治、社会、经济和宗教生活是什么样的。

不同部落的定居点基本上是雅利安部落的各个分支，它们组成的小王国被称为“邦”。在吠陀后期，许多邦组成大的王国。到公元前6世纪，形成了16个王国。

在吠陀后期，国王成为绝对的统治者，他的权力取决于其王国的大小。他征服的土地越多，权力就越大，那时的国王被称为“王中王”。

吠陀时代的战车

阿斯瓦利达即马祭，是吠陀时期重要的祭祀之一。在祭祀仪式中，任由一匹最优秀的马自由驰骋，国王命士兵紧随其后，在指定的时期内，马跑过的所有领土都将归这位国王所有，然后杀此马祭神。如果马在途中被捕获，那么战争就会一触即发。

早期的雅利安人主要从事农业和养牛业，他们开始使用木犁和牛耕种土地。主要农作物有大麦、小麦、稻谷、水果和蔬菜。雅利安人还驯养了牛、马、狗、绵羊、山羊等动物。

到吠陀后期，从事农业生产不仅是雅利安人的主要职业，还是其主要收入来源。其他职业，如狩猎、制陶、纺纱、编织、木工、冶金（铜和青铜）和皮革制造也很普遍。由于铁的发现，农具和武器被制造出来。随着贸易的繁荣，村庄逐渐发展成城镇。

约公元前1120年 迈锡尼文明在希腊多利安人入侵后消失。

公元前1100—前1000年 塞浦路斯的铁制武器，很快传播到爱琴海地区。

公元前1075年 埃及新王国时期结束，之后进入动荡时期。

吠陀后期，雅利安人的经济状况发生了显著变化。货物被送往塔克西拉、中亚和欧洲国家。虽然贸易主要通过以货易货的形式完成，但被称为“尼什卡”的金银币已开始充当交易媒介。

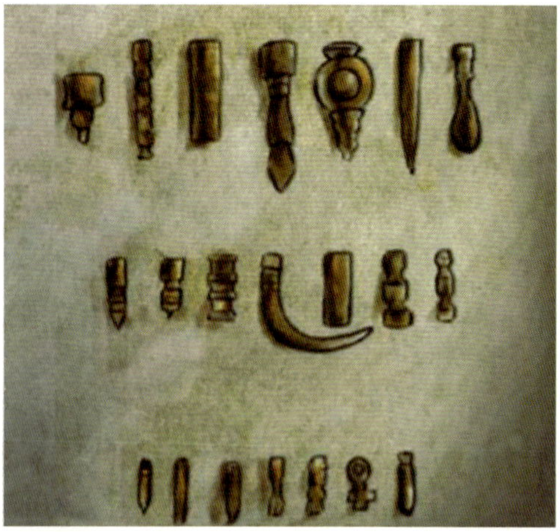
铜币

库拉家族，本质上是父权制，也就是说，最年长的男性成员（通常是祖父或父亲）是家族的首领，所有重大决定都由他做出。

吠陀早期，妇女受到尊重，可以与丈夫一起参加献祭。妇女还享有通过特殊仪式选择丈夫的权利。没有童婚，允许寡妇再婚。

然而，到了吠陀后期，女性地位开始下降。她们的主要职责是照顾丈夫和孩子，不允许她们阅读吠陀典籍。一夫多妻制在王室、上层社会和富人中普遍存在。当时的人们认为生儿子比生女儿好。

吠陀时期的人们非常喜欢舞蹈和音乐，他们演奏乐器如长笛、竖琴、钹和鼓，跳舞，看戏。战车赛和赌博也是受人欢迎的消遣方式，但妇女不允许赌博。

雅利安人穿棉花、羊毛和动物皮制成的衣服。贵族的服装配有金饰。无论男人还是女人都喜欢佩戴由黄金和宝石制成的首饰。

种姓制度和宗教

雅利安社会根据职业分为不同群体，这些群体被称为瓦尔纳，也就是后来的种姓。然而，在吠陀后期，种姓制度变得异常严格。

- 婆罗门，居于最高等级，他们是主持宗教仪式的祭司和老师。婆罗门拥有很高的社会地位，因为他们博学，并且在治疗各种疾病的草药和药用植物方面有卓越的见识。

公元前 1046—前 1000 年

公元前1046年　商朝被周武王推翻。

约公元前1000年　大卫王占领耶路撒冷并实现统一。

•欧洲和亚洲开始使用铁器。

• 刹帝利，是以其高贵、力量和勇气而闻名的战士。他们负责管理国家，成为国王和统治者。

• 吠舍，最初是农民，后来延伸到从事贸易、商业、养牛等职业的人。他们负责人们的物质需求。

• 首陀罗，属于最低等级，从事体力劳动。

婆罗门在献祭

雅利安人没有庙宇，不崇拜偶像。他们在公开场合敬拜、祈祷，赞颂土、火、水、气和天空。

早期吠陀人崇拜自然。他们惧怕自然力量，向雷神因陀罗、水神瓦鲁纳、众神之母普里特维、黎明女神乌莎、夜之灵拉特里和森林女神阿拉尼亚尼祈求雨、风或土地等。

在吠陀后期，人们开始建造庙宇。他们不再崇拜大自然，而是开始崇拜像创造神梵天、保护神毗湿奴和毁灭神湿婆等偶像。

梵天、毗湿奴和湿婆三位一体

业力的概念是在吠陀后期发展起来的。人们认为一个人在当前生活中的身份、地位、舒适度是由他前世的行为所决定的。一个人无论犯了什么错误，都要通过来生过另一种生活而“付出代价”。人类将不断重生，直到他们在生活中不再犯任何错误。然后他们将从重生的循环中被解放出来，获得解脱或自由。

公元前1000年　三大吠陀经典《娑摩吠陀》《耶柔吠陀》《阿闼婆吠陀》完成。

公元前1000年　《罗摩衍那》和《摩诃婆罗多》完成。

公元前1000—前600年　吠陀后期。

公元前1000—前600年　新石器和巨石文化在印度南部盛行。

• 印度北部吠陀时期的人们撰写更多的典籍，向新的地区扩张。

教育与文学

雅利安人实行古鲁古尔教育制度。学生住在古鲁（大师）家中，需要做各种家务来侍奉古鲁。师生关系被认为是神圣的。古鲁以口头传授的形式，教授学生包括宗教和世俗的吠陀文学。

吠陀后期，三部吠陀经典《娑摩吠陀》《耶柔吠陀》《阿闼婆吠陀》完成。《娑摩吠陀》主要是颂；《耶柔吠陀》着重于礼拜及牲礼等宗教仪式；《阿闼婆吠陀》包括约760首赞歌，分为20卷，这些赞歌涉及抵御邪灵和治疗疾病的方法。《奥义书》是吠陀经的最后一部分，被称为“吠檀多”。

其他贡献

从吠陀早期开始，雅利安人就对建筑有了深刻的认识。梵文咒语保留了口头传统，蕴含着建筑智慧的精髓，后来被记录和编辑为《瓦士图·沙史塔》，这可能是当今世界已知的最古老的建筑专著。著名建筑大师玛耶被认为是它的作者。如今，该著作越来越多地被新时代力求创造健康和繁荣生活的设计师和建筑师所提及。它主张将气、水、火、土、空这五种不同元素结合在一起，实现人与自然环境的和谐平衡发展。

吠陀早期是青铜时代文化，而到了吠陀后期则是铁器时代文化，因为雅利安人已经学会了使用铁器，这是印度铁器时代的开始。铁制的镰刀、犁头和锄头，帮助雅利安人清除了恒河流域的茂密森林，使土地更适合耕种。铁制的剑和盾牌可用于作战。铁匠生产的工具也促进了其他工艺的发展，如木工和皮革制造，因为这些工艺需要结实有力的专门工具。

公元前 1000—前 800 年

约公元前1000—前450年　城邦在阿拉伯南部发展，其中萨巴是最强大的。

约公元前1000—前400年　南美洲秘鲁的帕拉卡斯文化蓬勃发展。

约公元前970—前935年　犹太王国所罗门统治时期。

约公元前950年　印度俱卢之野战役。

约公元前928年　希伯来王国分裂成以色列王国和犹大王国。

凯尔特人

“凯尔特人”泛指某支讲印欧语的族群，或是来自德国北部和荷兰、拥有瓮棺文化（公元前1200—前800）的族群及其后裔，即公元前800—前500年创造哈尔施塔特文化的族群，他们因使用铁器包括犁铧和战车轮而闻名。到公元前500年，凯尔特文化已经传播到伊比利亚、爱尔兰和不列颠。神秘的德鲁伊德——精通魔法和仪式的祭司，在凯尔特社会中扮演着重要的角色。

凯尔特人的号角和武器

在欧洲中部和北部，凯尔特人势力最为强大。他们包括很多部落群体，语言非常相似。“凯尔特”这个词来自希腊语，意为野蛮人。

凯尔特人戴着有角的青铜头盔，上面有图案雕饰。这使他们看起来比原来更高。还有一些人用铁链制成的胸甲来保护自己。他们会用古怪的、不和谐的号角配合低沉而刺耳的呐喊声，并有节奏地用剑击打盾牌。

西北欧被三支主要的凯尔特人所控制：高卢人、不列颠人和盖尔人。随着时间的推移，他们开始分化，每一支的语言也有了微小差别。宽泛地说，其中一支选择了意大利东北部的威尼斯地区定居，另一支向南进驻意大利半岛，剩余的一支向西进驻法国、西班牙和葡萄牙。

公元前900年　纳帕塔成为苏丹库什王国的首都。

约公元前850—前480年　希腊人发明字母表。

公元前814年　腓尼基人建立迦太基。

约公元前800年　奥尔梅克人在拉本塔建造金字塔。

•伊特鲁里亚人在意大利建立城邦。

•奥地利的哈尔施塔特文化时期。

武器和武士

据信，大量的凯尔特人在没有任何盔甲保护的情况下，甚至赤身裸体进行战斗。另外，女战士也与男人并肩作战。椭圆形盾牌、铁制匕首、长矛和剑是凯尔特战士常用的武器。

凯尔特战士最擅长使用长剑，他们用剑以致命的精确度击倒敌人。战场上，盾牌也是非常有用的防护装备，由橡木制成，中间镶有铁条。

凯尔特战士及其武器

住房

凯尔特人的住宅是以茅草覆盖屋顶为特色的圆形房屋。这些房屋的另一特点是没有窗户。

凯尔特人在房子中间点燃火炉用来做饭和取暖，屋顶上留有一个洞，以便炊烟飘出。

农民常种植小麦和大麦，还饲养山羊、猪和牛。这些农牧业生产就在分散的农舍之间进行。农舍周围通常有壕沟环绕，以防范野生动物和入侵者的侵害。

凯尔特人的圆形房屋

公元前800—前563年

约公元前800—前700年　希腊诗人荷马创作完成《伊利亚特》和《奥德赛》。

公元前776年　第一届奥运会在希腊举行。

约公元前700年　希腊诗人赫西俄德创作完成《神谱》和《工作与时日》。

公元前668—前627年　亚述国王亚述巴尼拔统治时期；他在尼尼微建立图书馆。

约公元前650年　希腊艺术古典时代的开始：关注人体结构；对史诗的场景描写。

宗教

凯尔特十字架

凯尔特人是一个很迷信的民族，他们的祭司，被称为德鲁伊德，据说他能把超自然世界与人类联结在一起。凯尔特人认为祭司了解未来，并拥有解释自然、预测未来的非凡能力。

他们还相信祭司知道如何阅读和写作，并且精通数学、医学，以及恒星和行星的相关知识。

至于神灵，凯尔特人信仰和崇拜的是天神，还有雨神，以及其他四百多位神。

节日

凯尔特人根据阴历的月份，每年过四个节日，组织四次庆祝活动。与我们不同的是，凯尔特人的一天不是从午夜算起，而是从日落时分开始，他们的庆祝活动也是从日落开始。

来世

由于凯尔特人坚定地相信人有来世，他们会给死者随葬许多他们认为来世必需的物品。基于此，头盔、剑和盾也与死去的战士一起被埋葬。

凯尔特公主墓出土的黄金和琥珀制品

公元前612年　尼布甲尼撒重振巴比伦。

公元前612年　尼尼微被巴比伦人和米底人侵入，亚述帝国结束。

约公元前610—前580年　希腊女诗人萨福的生平。

约公元前605—前561年　尼布甲尼撒二世统治巴比伦。

公元前597年　犹太人从犹大王国被驱逐到巴比伦。

约公元前563—前483年　佛教的创始人佛陀的生平。

希伯来人

大卫被先知撒母耳膏选定为王（来自叙利亚杜拉犹太教堂的木板）

西亚最杰出的族群是赫梯人和亚述人，但另外一个重要的族群是希伯来人。正如《圣经》中所述，他们在首领亚伯拉罕的带领下定居在迦南（巴勒斯坦）。

公元前1500年左右，希伯来人，后来也被称为犹太人，因饥荒离开迦南前往埃及，但他们在埃及遭到奴役，在法老拉美西斯二世时逃离埃及并返回迦南。公元前11世纪左右，大卫王朝建立。公元前950年，大卫的儿子所罗门在耶路撒冷修建第一圣殿。但所罗门去世后，王国一分为二：北方的以色列和南方的犹大。北方王国在公元前721年被亚述人摧毁，之后几个希伯来部落流散各地成为“消失的以色列部落”。南方王国一直延续到公元前587—前586年，新巴比伦王国的尼布甲尼撒二世摧毁圣殿，并将大部分居民驱逐到巴比伦。

库什

库什王国是非洲努比亚的一部分，但它受到埃及的影响，并在公元前770—前671年，实际上统治了埃及，直到被亚述人推翻。

迈锡尼人和希腊城邦

来自希腊半岛的迈锡尼人大约从公元前1500年开始影响克里特岛的米诺斯文明。希腊城邦大约从公元前800年开始出现，每个城邦都有自己的管理机构、军队和信奉的神灵。

犹太教

犹太教，犹太人的宗教，伴随着希伯来人或犹太人一起发展。它的主要教义是信仰一个至高无上的神耶和华和“十条诫命”。这些诫命是公元前13世纪左右摩西带领希伯来人离开埃及回归迦南时接受的启示。

公元前 559—前 492 年

公元前559年　居鲁士二世建立波斯帝国。

约公元前540年　耆那教的摩诃毗罗诞生，他是耆那教的第24个也是最后一个圣者。

公元前539年　居鲁士二世占领巴比伦，允许犹太人返回耶路撒冷并重建圣殿。

公元前521—前486年　大流士一世统治波斯。

约公元前500年　墨西哥瓦哈卡奥尔班山的萨波特克文化，有了自己的文字和日历体系。

罗慕路斯与雷穆斯

根据神话传说，战神的双生子罗慕路斯和雷穆斯出生后就被遗弃，但被一只母狼救起并喂养，后来又被一位牧羊人收养。罗慕路斯长大后在公元前753年建立了罗马城，而雷穆斯在与罗慕路斯的一次争吵后被其杀害。

罗慕路斯、雷穆斯与母狼雕塑

伊特鲁里亚人

伊特鲁里亚人的起源尚不清楚，可能在公元前1200—前700年居住在意大利部分地区，并与已经占领罗马的人有着密切的关系，尽管罗马共和国在公元前509年才成立。

奥尔梅克人

墨西哥和中美洲晚期的奥尔梅克文明以其巨大的玄武岩头雕和精致的玉石雕像而闻名，它的中心位于拉本塔城。拉本塔城遗址，有几座房屋和围绕一座高大金字塔而建的神庙群。

奥尔梅克石制头雕

查文文化

南美洲的查文文化以秘鲁安第斯山脉的查文为中心。遗址包括一座石头神庙和一些描绘神灵、人类和动物的浅浮雕。

• 北美俄亥俄的阿蒂娜文化达到了顶峰。
• 尼日利亚的诺克文化时期。

公元前500—前300年　摩揭陀国控制整个恒河平原。

公元前500—前200年　印度教经文《薄伽梵歌》创作完成。

公元前496—前406年　希腊剧作家索福克勒斯的生平。

公元前492—前449年　希波战争。

这是一个充满战争和征服的时代，庞大的帝国应运而生，与此同时带来相对的和平时期，从而促进了艺术、文化和哲学的蓬勃发展。

大流士一世的帝国

波斯的大流士一世（公元前521—前486在位）将他的帝国扩展到印度西北部、色雷斯和马其顿。这个庞大的帝国被重新划分为20个省，每个省由一位总督统治。大流士一世在对希腊人的马拉松战役（公元前490）中战败，导致帝国走向衰落。最后，大流士三世在高加米拉战役（公元前331）中败给了亚历山大大帝。

大流士三世在意大利庞贝城与亚历山大作战

琐罗亚斯德教

琐罗亚斯德教是由波斯（今伊朗）的先知琐罗亚斯德创建的，只信仰一个神，即阿胡拉·马兹达。因此，作为波斯人的国教，琐罗亚斯德教是最早的一神教，它影响着犹太教、基督教和伊斯兰教，它以善恶二元对立的方式看待世界。

犹太王国

在被罗马接管之前，犹太王国先后被波斯人、亚历山大大帝、叙利亚的塞琉古希腊人和犹太哈斯蒙尼王朝统治。公元前37年，希律成为犹太国王。大约公元前5年，基督教的创始人耶稣诞生。

公元前 485—前 384 年

约公元前485—前221年　中国战国时期，周朝分裂为多个小国。

公元前484—前430年　希腊历史学家希罗多德的生平。

约公元前480年　迦太基的舰队司令汉诺沿着西非海岸航行。

约公元前478年　雅典变得强大；希腊城邦的提洛同盟形成。

公元前460年　赫拉神庙，建于意大利的帕埃斯图姆。

约公元前451—前450年　罗马《十二铜表法》制定。

约公元前5世纪的希腊帕特农神庙

希腊城邦

主要的希腊城邦有雅典（提洛同盟的领导者）、斯巴达（伯罗奔尼撒联盟的领导者）、奥林匹亚、科林斯和阿尔戈斯。在希波战争之后，雅典强大起来。随着民主制度的建立，纪念性建筑包括帕特农神庙的建造，以及艺术、科学和哲学的蓬勃发展，希腊文化在雅典达到了顶峰。埃斯库罗斯、索福克勒斯和欧里庇得斯都是古希腊著名剧作家，伟大的雕塑家包括菲迪亚斯、普拉克西莱斯和斯科帕斯。在斯巴达和雅典之间的战争结束之后，希腊文明开始衰落。公元前338年，马其顿的菲利普二世控制了希腊城邦。他的儿子亚历山大在公元前336年成为国王。

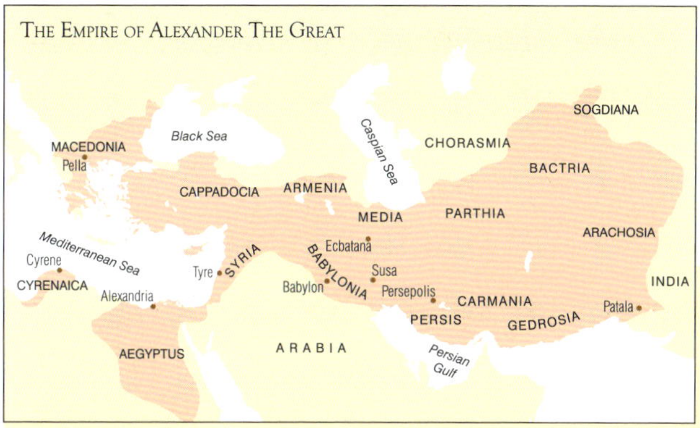

亚历山大大帝

亚历山大扩大了对希腊的控制，他击败波斯人，然后征服叙利亚、提尔、加沙和埃及。接下来，他占领巴比伦、苏萨和波斯波利斯，并侵入印度西北部。他的军队拒绝再继续前进，迫使他不得不返回。作为一名伟大的将军，亚历山大也很重视学习，他曾是亚里士多德的学生。

公元前431—前421年　伯罗奔尼撒战争，在雅典和斯巴达之间展开，最后以签订《尼西亚斯和约》而结束。

公元前430年　希腊雕塑家菲迪亚斯在奥林匹亚雕刻宙斯雕像。

公元前415—前405年　伯罗奔尼撒战争继续，雅典向斯巴达投降。

公元前405年　雅典娜神庙在希腊雅典卫城建造。

约公元前400年　玻利维亚的喀喀湖附近的蒂亚瓦纳科出现农业定居点。

•墨西哥奥尔梅克人的拉本塔城衰落。

公元前384—前322年　希腊哲人亚里士多德的生平。

旃陀罗笈多·孔雀

孔雀帝国的创立者是旃陀罗笈多·孔雀。他在稳固了摩揭陀王国的统治地位后，决定征服整个印度北部来扩大他的帝国领土。他凭借雄厚的财力，维持了一支强大的军队。

公元前305年，他击败了塞琉古，后者在亚历山大大帝去世后成为希腊最强大的将军。塞琉古的失败使印度西北部摆脱了希腊的控制。塞琉古迫使阿富汗和俾路支斯坦投降，并安排自己的女儿嫁给了旃陀罗笈多。旃陀罗笈多反过来向塞琉古赠送了500头战象。塞琉古派遣麦加斯忒尼作为使节前往旃陀罗笈多宫廷。在担任使节的五年时间里，麦加斯忒尼走遍了孔雀帝国并撰写了一部游记《印度》。旃陀罗笈多建立了印度第一个皇权，首都是华氏城，即今天比哈尔邦的巴特那。他统治了24年，然后将王位传给儿子宾头沙罗，自己退位成为一名耆那教苦行者。根据耆那教典籍，旃陀罗笈多为了达到涅槃，绝食而死。宾头沙罗通过占领印度中部和南部的部分地区扩大了帝国，他去世时，只有羯陵伽王国尚未被征服。宾头沙罗的儿子阿育王在公元前273年继位。

阿育王

阿育王（公元前269—前232在位），印度孔雀王朝的国王，定都华氏城。看到自己的征服战争所带来的苦难后，他皈依佛教，并发展出一套佛法哲学（或称“正确的活法”），其中包括一些戒律，例如尊重所有阶层和不同信仰的人。他把自己的思想刻在印度各地的柱子和岩石上。

公元前371—前300年

公元前371年　斯巴达被底比斯击败。

公元前350年　希腊雕塑家普拉克西特利斯（公元前370—前330）完成雕塑《赫耳墨斯和小酒神》。

公元前337年　马其顿的菲利普二世击败雅典并组建科林斯同盟。

公元前336年　亚历山大成为马其顿国王，公元前332年征服埃及，公元前331年击败波斯，公元前327—前326年侵入印度，公元前323年死于巴比伦。

公元前326年　罗马建造大竞技场，后又重建和扩建。

阿育王被认为是印度最伟大的国王。一位名叫詹姆斯·普林塞普的英国学者破译了在印度许多地方发现的柱子和岩石上的铭文。这些铭文是用婆罗米文书写的，为历史学家提供了有关阿育王的统治思想及其帝国的宝贵信息。今印度采用阿育王脉轮作为国家象征，可以在其国旗上看到。阿育王庞大的帝国北起尼泊尔和克什米尔延，南至迈索尔，西北至阿富汗，东至雅鲁藏布江。帝国西部领土覆盖了朱纳格尔和索拉什特拉。

孔雀帝国银币

阿育王的统治以几次重要战役为标志，羯陵伽之战是一个转折点。羯陵伽是一个独立的王国，尽管孔雀帝国向四面八方扩张，但它一直未被征服。这个王国位于戈达瓦里和马哈纳迪两条河流之间的肥沃土地上。阿育王渴望占领这片土地。随后爆发了一场激烈的战斗，造成大量人员伤亡，大量财产损失。

羯陵伽最终战败投降。在印度历史上第一次，除了最南端，几乎整个印度次大陆都属于一个统治者。尽管赢得了战斗，死亡和破坏深深影响着阿育王。可怕的大屠杀和死伤者的悲惨景象使阿育王深感懊悔。他信奉了佛教，发誓再也不发动战争。羯陵伽之战改变了他的人生哲学。他在后半生一直致力于传播佛法。

德里的阿育王石柱

阿育王开始遵循佛教的原则和价值观——正义、慈悲、向善。他禁止祭祀，禁止杀害动物。法以佛经为基础，“法”这个词来自梵文，意为宗教义务。他通过在全国各地所立的石柱上刻上法令规范，来传播他的佛教思想。这些法令规范是用帕拉克里语写的，除了少数阿富汗的石柱用的是希腊文。法令规范的目的是宣传并让人们了解阿育王的改革，鼓励大家要慷慨和仁慈。他向穷人、奴隶和仆人宣扬和平、和谐和宽容。

公元前306年 希腊哲学家伊壁鸠鲁（公元前341—前271）在雅典成立花园学派。

公元前305年 托勒密在埃及建立新王朝。

公元前301年 马其顿将领们在伊普苏斯战役中争夺亚历山大帝国的控制权，瓜分帝国。

约公元前300年 墨西哥奎奎尔科的重要性在增长，建有大型建筑物和圆形金字塔。

•库什王国在非洲扩张。

•秘鲁的莫切文明开始发展。

阿育王成了虔诚的佛教徒。他将佛教传播到埃及、叙利亚和马其顿等遥远的地方。他还派儿子马亨德拉和女儿桑哈米特拉前往斯里兰卡传教。

阿育王建造有许多宫殿、佛塔、修道院和石柱。最令人印象深刻的石柱在鹿野苑。他还建造供僧侣学习和生活的毗诃罗，开凿岩洞作为僧侣冥想的场所。他建造大量的佛塔，其中藏有佛陀的遗物。所有这些都表明孔雀帝国的工匠在建筑工程方面已经达到很高的水平。阿育王还重视发展农业，以及与南亚发达国家的贸易往来。

桑吉佛塔

阿育王的统治

信仰改变后的阿育王十分关注臣民们的福祉。在一段时间内，孔雀帝国建立了非常完善的统治体系，主要分四级管辖：中央、省、区和村。根据该制度，国王拥有最高权力，各省都由王室王子领导，王子代表国王并得到总督的协助，各省分区，每个区又有很多村。孔雀帝国的整个管理体系与考提利耶在《政事论》中所描述的一致。

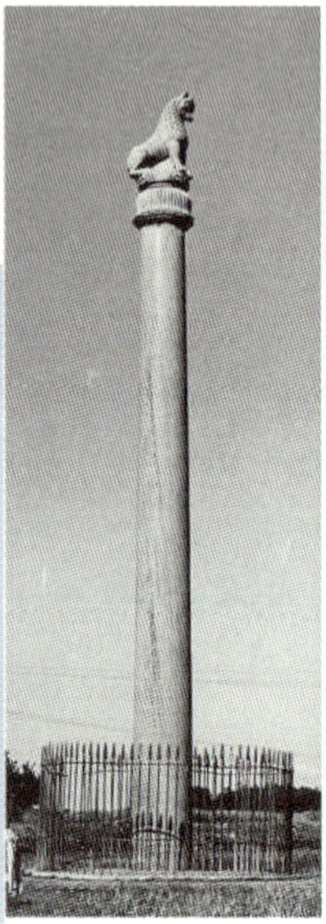

鹿野苑的石柱和四面石狮像

公元前300—前206年

约公元前300—公元250年　日本弥生文化时期。

约公元前294—前284年　建筑师卡雷斯建造罗得岛巨像——一座105英尺高的太阳神赫利俄斯铜像，以纪念战胜马其顿入侵者。

公元前290年　托勒密在埃及亚历山大里亚建立图书馆。

公元前264—前241年　第一次布匿战争在罗马和迦太基之间展开，罗马获胜。

秦汉时期

战国时期，群雄纷争，直到公元前221年秦灭六国，建立统一的大秦帝国。秦王嬴政自称“始皇帝”，公元前210年秦始皇逝世。接下来，刘邦（公元前206—前195在位）称帝，建立汉朝。秦汉建立的帝制，以儒家思想作为国家意识形态，实质上影响了之后长达2000年的中国社会。

秦始皇兵马俑

著名的秦始皇兵马俑是超过7000名战士以及战车、马匹的真人实物大小的陶俑，它只是秦始皇在其统治时期为自己建造的宏伟陵墓的一部分。在位于西安市附近的秦始皇陵地宫里还发现了人和马的骨架。

秦始皇兵马俑

罗马

罗马起初是一个王国，公元前509年的一次民众起义后建立共和国，并逐渐成为西方世界的主导国家。该共和国一直持续到公元前27年。取代国王实行统治的是两名执政官，由公民选出并要尊重元老院的意见。共和国末期爆发了一系列国内冲突，政治军事统帅恺撒成为终身独裁官，但遭到元老院反对，恺撒最终被龙努斯、布鲁图斯等元老谋杀。经过一段过渡时期后，屋大维在公元前27年成为罗马的第一位皇帝。

公元前250年　罗马贵族开始收藏艺术品。
•阿萨息斯在波斯东部建立帕提亚王国。

公元前247—前183年　迦太基汉尼拔的生平。

公元前221年　安条克三世成为叙利亚帝国的统治者。

公元前221—前210年　秦始皇是中国秦朝的第一位皇帝，他修筑长城。

公元前218—前201年　第二次布匿战争，罗马获胜。

公元前206年　刘邦在中国建立汉朝。

罗马人最终建立了一个庞大的帝国，其疆域包括叙利亚、马其顿、希腊、西班牙、法国、小亚细亚的帕加马，以及北非、德国和英国的部分地区。罗马摧毁了北非的迦太基国，尽管迦太基将军汉尼拔穿越了阿尔卑斯山，用大象攻击罗马。征服希腊后，罗马吸收了希腊文化，将其变为自身文化的基础。

罗马帝国一直持续到公元450年，其文明标志有宏大建筑、罗马大道、产品丰富的市场、公共浴池、竞技运动，以及伟大的文学、艺术和文化。诗人维吉尔（公元前70—前19）创作了《埃涅阿斯纪》，贺拉斯（公元前65—前8）的作品成为拉丁文经典，而元老西塞罗（公元前106—前43）则被认为是罗马最伟大的演说家。

恺撒大帝像

希腊哲学

希腊思想家在公元前600—前200年奠定了后来所有西方哲学思想的基础。苏格拉底（公元前470—前399）和他的弟子柏拉图，以及柏拉图的学生亚里士多德，是最具有影响力的希腊哲学家。苏格拉底通过辩论寻求真理。他提出了这样一种观点，即善或美德是生命的一个固有方面，与自我认识有关。苏格拉底自己没有撰写任何作品，他的对话是由他人记录整理的。柏拉图将苏格拉底哲学系统化，并定义了哲学家的目标，即认识和理解永恒的形式，并以此真理指导他人。柏拉图的著作《理想国》描述了一个完美的理想国度。亚里士多德撰写了很多关于逻辑、自然界、形而上学和伦理学的著作，他的思想一直影响到现代。

库什王国

在非洲的苏丹地区，库什王国受埃及影响很大，其都城麦罗埃是非洲北部、中东和欧洲的贸易中心。库什文明在公元1世纪开始衰落。

坐落在沙丘中的麦罗埃金字塔

公元前200—前149年

约公元前200—前50年　印度在沿西部加特山一带开凿岩石，建造佛教石窟寺庙。

公元前189年　罗马人击败安条克三世。

- 普希亚密特拉·巽伽在印度北部建立了一个新的王朝。

公元前171年　米特拉达梯一世成为帕提亚国王。

约公元前166年　罗马剧作家泰伦斯编写他的第一部喜剧《安德罗斯妇人》；他的喜剧情节构思影响了后来的欧洲作家。

希腊还有很多其他伟大的哲学家。泰勒斯、阿那克西曼德和赫拉克利特都对物质做出了解释。毕达哥拉斯（公元前582—前500）用数学来理解自然界。阿那克萨哥拉提出“智识”的概念——安排万物秩序的思想——物质是由微小的粒子或原子组成的。公元前5世纪，像普罗泰戈拉这样的智者学派专注于物质上的成功，因为他们认为理解终极真理是不可能的。愤世嫉俗者、享乐主义者、怀疑论者和斯多葛学派是古希腊哲学家的又一些群体。总的来说，希腊思想也影响了后世的政治和美学。

亚里士多德

拉斐尔在梵蒂冈西斯廷教堂的壁画《雅典学院》

公元前165年　犹大·马卡比在耶路撒冷击败塞琉古人，重建犹太圣殿。

约公元前160年　巴克特里亚的希腊人开始统治印度西北部。

约公元前150年　希腊著名雕像《米罗的维纳斯》创作完成。

•墨西哥的希特尔火山爆发。

公元前149—前146年　第三次布匿战争，罗马扩大了对北非的控制。

印度哲学

古印度产生了经典的六派哲学：胜论派、正理派、数论派、瑜伽派、弥曼差派、吠檀多派。它们为印度哲学的未来发展奠定了基础。与此同时，新的宗教——佛教和耆那教也开始传播。

宗教礼拜需要精心设计的仪式，使得宗教活动成本变得非常昂贵，也使主持仪式的祭司变得非常富有。普通民众几乎没有宗教活动，因为他们已经承受不起这些仪式的费用。这就促使民间的思想家通过冥想寻求知识和启示，他们放弃了世俗的游历，隐退到深林中冥想。如此，诞生了两位伟大的思想家——乔答摩和摩诃毗罗，他们不接受某些普遍的社会规则和习俗，他们为社会带来了新的平衡。

公元5世纪印度鹿野苑的讲道佛像

佛教

悉达多·乔答摩创立了佛教，他被称为佛陀。乔答摩是出生在尼泊尔的贵族，在29岁时，受苦难景象的触动，成为一位苦行者，他徘徊、冥想，直到觉悟。他的基本教义是“四圣谛”和“八正道”。四圣谛将痛苦归于欲望，八正道引导人们超越物质痛苦达到涅槃。

公元前146—前73年

公元前146年　罗马人侵入希腊。

公元前141年　中国汉武帝把汉朝的统治扩展到整个东亚。

公元前138—前78年　罗马内战，并最终以独裁统治结束内战。

约公元前112年　中国至地中海的丝绸之路开通。

公元前106—前43年　罗马学者、演说家西塞罗的生平。

《奥义书》

“奥义书”广义的意思是坐在智者旁边。根据《韦达经》，《奥义书》是老师向坐在脚边的学生传授知识的过程。老师主要以问答形式来教导学生。《奥义书》共计108部，构成了印度哲学非常重要的一部分。在《奥义书》中，仪式活动并没有受到太多重视，相反，它却提出了终极力量是梵天——宇宙的灵魂这一理论。吠陀的信仰是，当一个人死亡时，他的灵魂会在另一个生命实体中重生，死亡和出生成为一个循环。《奥义书》进一步指出，当灵魂最终与梵天合一时，人就获得了解脱（从生死循环中获得自由）。一个人要获得解脱，就必须做到对梵天的完全理解。

虽然大多数情况下参与这种哲学讨论的是博学的婆罗门，但在记述中也有女性和低级种姓的人参与的例子。比如加尔吉，一个学识渊博的聪明女人；还有萨特亚卡玛·贾巴拉，他是一个名叫贾巴拉的贫穷女性的儿子。

在这个时代，一个上层种姓的人生分为四个阶段：戒律生活、家庭生活、森林生活（到森林冥想）和弃绝生活（放弃一切）。

耆那教

耆那教（名字源自梵语，意思是“胜者的信徒”）的基本信条是不杀生、不撒谎、不偷窃。筏陀摩那，弟子尊称其为摩诃毗罗（即大雄），是耆那教的创始人，人类历史上第24个也是耆那教最后一个蒂尔丹嘉拉（圣者）。他与佛陀是同时代人，在公元前6世纪传教。

摩诃毗罗出生在比哈尔邦的贡得村。在30岁时，摩诃毗罗抛弃了他所有的家庭羁绊，开始寻找精神真理。12年的严格苦修和冥想使他达悟。他被称为凯瓦亚，意思是“全知者”。

约公元前99—前55年 罗马哲学家、诗人卢克莱修的生平；他创作了六卷本《物性论》。

约公元前90—前20年 罗马建筑工程师维特鲁威的生平；他撰写了10卷本《建筑书》。

约公元前73—前71年 罗马角斗士在奴隶斯巴达克斯的领导下起义；起义者最终全部被杀害。

摩诃毗罗像

摩诃毗罗走遍了恒河平原、今天的比哈尔地区和北方邦东部的部分地区。他的第一次布道在王舍城附近的山上进行。经过大约30年的游历和传教，摩诃毗罗72岁时在比哈尔邦拉查基尔附近的巴瓦涅槃。

摩诃毗罗的教导很简单，他要求人们过纯粹而简单的生活，练习自我控制或控制自己的感官。摩诃毗罗的“五戒”是不杀生、不妄语、不偷盗、不奸淫和不蓄私财。摩诃毗罗否认神的存在，他相信每个人的灵魂都控制着自己的命运。耆那教徒相信灵魂是不朽的，是不断进化的。灵魂目前的状况是基于过去的业力或行为。只有善行才能使灵魂从出生、死亡和重生的循环中获得自由。

耆那教完全反对种姓制度。耆那教是一种基于对所有生物的爱和尊重的哲学。耆那教徒遵循摩诃毗罗的教导，崇尚非暴力，并且不会伤害任何生物，包括昆虫。摩诃毗罗提倡获得灵魂解脱必须有三宝——正信（正确的信仰）、正智（正确的知识）和正行（正确的行为）。

拉贾斯坦邦的迪瓦拉神殿

公元前63—前5年

约公元前63年　罗马人占领巴勒斯坦。

公元前59年　恺撒当选罗马总督。

公元前58—前49年　恺撒征服高卢并入侵不列颠。

公元前51年　克利奥帕特拉七世成为埃及女王。

公元前46年　恺撒以独裁者身份统治罗马。

公元前44年　恺撒被谋杀。

公元前43年　政治家兼将军的安东尼和恺撒的侄子屋大维在罗马掌权。

耆那教逐渐向四面八方传播，从东部的比哈尔邦到西部的古吉拉特邦，再到南部的迈索尔，以及西北部的拉贾斯坦邦。摩诃毗罗用来布道的语言是帕拉克里语，这是那个时代普通人能够理解和交流的语言。耆那教的圣典是《支》。在第一届耆那教公会后，耆那教分裂为两派——白衣派和天衣派。

玄奘像

玄奘

公元7世纪，伟大的旅行家、学者和翻译家，中国僧人玄奘出使佛陀的诞生地印度寻求佛法，玄奘在那烂陀寺待了很长时间，其间他学习印度哲学、梵语、语法和逻辑，并参加了宗教讨论。之后，他带回大量佛教典籍，其中600多本用梵文写成，后来都被他翻译成了汉文。

孔子画像

中国哲学

孔子（公元前551—前479）生活在中国周朝的衰落时期。为了重建一个理想的国家，他主张复兴古代先贤的道德原则，实行德治，忠君爱民。孔子的哲学思想被广泛采用，《论语》中阐述的他的思想至今仍然很受欢迎。几乎在同一时间，道教哲学也得以发展。“道”是理解世界和自我的自由法则，不受教条约束。

公元前37年　埃及哈索尔神庙建成。
约公元前37—前4年　希律成为犹太国王。
公元前31年　屋大维在亚克兴战役中击败安东尼和克利奥巴特拉，成为埃及法老。
公元前27年　屋大维（奥古斯都）成为第一位罗马皇帝。
公元前5—前4年　耶稣基督出生于犹太的伯利恒。

位于中国山东省的孔子墓

孔子，本名孔丘，字仲尼，公元前551年出生在鲁国曲阜，于公元前479年去世。他是中国最著名的学者、哲学家和政治理论家，他对东亚文明产生了巨大的影响。

孔子倡导一种没有戏剧性变化的简单生活，主张人性不是揭示真理，而是注重自我修养，从而证明人生是自己努力的结果。即使是普通人也有可能成为令人敬畏的圣贤和有价值的人，这种信念深深植根于儒家传统。通过个人和集体的努力，人是可教导、可改进和可完善的，这是典型的儒家思想。

孔子因在中国大力开展教育而闻名。在他之前，家庭教师大多是由有贵族背景的人聘请的。他通过教导人们正确的生活方式来促进社会的变革。他认为学习不仅仅是知识的获得，也是人格的建构。对孔子而言，教育的主要功能是培养君子，强调个人修身、自我提升和持续的社会互动。

孔子强调学而为己，即学习是为了自我认识和自我实现。他认为参与公共服务也是教育的一部分。他积极参与政治，希望通过政府渠道将人文主义思想付诸实践。

公元 1—43 年

公元1—300年　朱罗王朝统治印度南部的部分地区；用泰米尔语创作桑伽姆文学。

公元1—5年　提比略根据奥古斯都的命令镇压日耳曼尼亚的反罗马起义。

公元8年　西方世界采用朱利安历法，一直沿用到1582年。

公元23年　希腊历史学家斯特拉博完成17卷的地理学著作。

道家的基本理念

与古代农业相关的某些宗教理念在哲学学派形成之前一直影响着中国思想，直到20世纪初第一次彻底突破传统和推翻王朝统治。这些理念中最具有代表性的是：天人合一；道法自然；万物归一；对祖先的崇拜，对天的崇拜，以及对君权的崇拜。

道家认为任何事物发展到极致都将不可避免走向反面，即“反者道之动”（老子）。一切问题都来自道，并最终回归到它本身；无差别的统一在道的运动中变得多样化。生与死是一种持续的转化，从无到有，再回到无，而不会失去原初的根本。

对社会而言，任何改革都意味着对遥远过去的回归。对个人而言，智慧是天人合一、人与宇宙的节奏相应。然而，道家神秘主义者不仅在仪式和生理上适应了自然的变化，而且在自身内部创造了一个空间，使他们能够回归自然的起源。老子通过思考不可避免的回归，逃离了生与死的节奏——“致虚极，守静笃，万物并作，吾以观其复”。

道家思想的创立者老子

道家更喜欢用寓言和比喻来形象地表达他们的见解，利用阴阳二元观点来分析事物，但更倾向阴，“贵食母”，并从自身找到了永不枯竭的源泉。道教保存了许多古代中国神话，并借此来阐述他们的观点。比如，“龙乘风云上九天”，是得道和梦想与现实统一的暗喻。

公元23—79年　罗马《自然史》的作者老普林尼的生平。

公元30年　犹太王希律拘禁施洗者约翰。

约公元33年　耶稣基督被钉在十字架上。

公元43年　罗马皇帝克劳迪乌斯入侵不列颠。

佛教

悉达多·乔答摩是迦毗罗卫国（今尼泊尔境内）净饭王的儿子，净饭王也是释迦族的酋长。公元前563年，乔答摩出生于蓝毗尼。出生后一个星期母亲去世，由慈爱的姨母波阇波提抚养长大。乔答摩是释迦族，也被称为释迦牟尼。

根据佛教的传说，先知预言年轻的王子乔答摩将成为一位伟大的领袖，他将带领世界走上正义的道路。他的父亲试图通过让他与美丽的表妹耶输陀罗早婚，来约束他过上传统王室生活，但没有奏效。他育有一子，名叫罗睺罗。

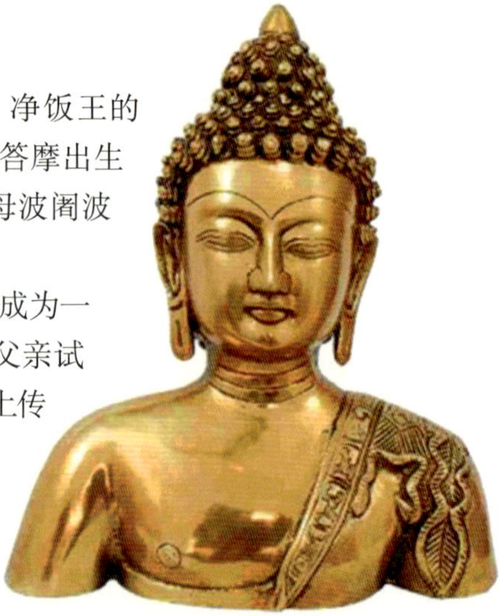

乔答摩佛

出家

由于宫中的祭司和学者对他提出的问题都无果而终，不能给予满意的答复，乔答摩决定放弃宫廷安定的生活，去探寻生命中更大的奥秘。

有一天，乔答摩与他的车夫阿难一同去城里，近距离地观察生活。他看到了一个病人、一具尸骸和一位苦行者。病人和死人极大地触动了他，因为他在此之前从未体验过痛苦。他开始意识到没有人可以逃脱痛苦——每个人都

乔答摩看到了一个病人、一具尸骸和一位苦行者

公元 46—118 年

公元46年　希腊学者普鲁塔克出生于喀罗尼亚。

公元54—68年　尼禄任罗马皇帝。

约公元56—约120年　罗马官员塔西佗的生平；他曾用拉丁语、日耳曼语撰写历史作品，以《编年史》著称。

公元64年　罗马城大片地区被大火烧毁。

公元79年　意大利的罗马城市庞贝和赫库兰尼姆被维苏威火山爆发摧毁。

会变老、生病、死亡。当他看到一个平静而安详的圣者时，乔答摩想知道在这充满苦难的世界里保持平和的秘密。

乔答摩感受到了结束人生苦难的冲动。在29岁时，他离开舒适的家，开始苦行者的生活。历经6年的苦修，他的身体骨瘦如柴。他逐渐意识到通过惩罚肉体并不能受到启迪。在佛教文献中，这被称为出家。

乔答摩坐在菩提伽耶的一棵菩提树下冥想了49天，在最后时刻终于觉悟。从此，他被称为佛陀（即觉者）。乔答摩在整个蒂莱地区（在今印度、尼泊尔边境地区）传教45年，传播他的佛法（关于永恒幸福的思想）。佛陀80岁时在今北方邦的拘尸那迦涅槃。

主要教义

佛陀在鹿野苑的鹿园里为一直追随他的五个人第一次布道，他们成了他的第一批门徒。

佛陀在40多年的游历中传播他的佛法，以普通人的语言巴利语写成的佛经，被称为《大藏经》。佛陀向众人宣讲“四圣谛”和“八正道”。

佛陀在向弟子五尊者传教

公元79—81年　提图斯任罗马皇帝。

•肥皂开始用作清洁剂。

约公元100年　罗马图拉真皇帝建造北非的萨穆加迪市。

约公元100—170年　天文学家、数学家和地理学家托勒密的生平；他生活在埃及。

约公元105年　中国发明造纸术。

公元118年　罗马重建万神殿。

佛陀教导的八正道

“四圣谛”内容如下：

苦谛：世间充满痛苦。

集谛：苦的原因是我们永远不满足。

灭谛：要解脱、克服痛苦，必须放弃欲望。

道谛：必须遵循八正道。

佛陀提出的“八正道”，意谓通过这八种途径或方法来过上美好而纯洁的生活，摆脱生死的循环，获得涅槃或拯救。佛陀所提之道通常被认为是中间道路，因为他反对享乐和苦修两个极端。八正道包括八种生活方式：正见、正思维、正语、正业、正命、正精进、正定、正念。

杀害人和动物、偷窃和撒谎都违背了佛陀的教义。佛陀提倡过纯粹而简单的生活，以达到涅槃。他不曾提及上帝。他认为，没有人天生就是弃儿。

公元 120—206 年

约公元120年　贵霜王朝伽腻色迦一世开始统治中亚、阿富汗和印度北部。

公元122—138年　罗马建造哈德良城墙，以保卫不列颠行省。

公元129—约216年　帕加马（今土耳其境内）盖伦的生平；他综合了希腊和罗马医学。

公元132—135年　巴尔·科赫巴领导犹太人反抗罗马统治，但被击败。

僧伽

佛陀和摩诃毗罗所建立的组织被称为僧伽。加入僧伽的都是为了得到启迪而放弃世俗生活的人。佛教僧侣被称为比丘，他们在施舍中幸存下来。僧伽是按民主方式组织的。最初，只接纳男性成员（比丘）。后来，即使是女性（比丘尼）也被允许加入专门为女性而建的僧伽。佛陀组织他的追随者加入僧伽或寺院传播他的教义。

僧伽的生活简单、贞洁、严肃，僧人过着独身生活。他们在分配给他们的地区化缘并传播教义。

当时的僧伽还派僧人前往今天的缅甸和斯里兰卡等地传教。不是僧伽成员的佛教徒被称为优婆塞（在家信佛的男子）。佛陀去世后，相继举行了四次圣典结集，目的是整理佛法和正确传播教义。

约公元150年　占婆王国在越南建立。

公元198—217年　罗马皇帝卡拉卡拉统治时期；罗马公民权适用于所有自由民。

约公元200年　班图人迁入非洲中部和南部，种植谷物，在约公元300年开始饲养牛。

约公元200—650年　印度阿旃陀石窟的岩画得以制作完成。

公元206年　罗马建造卡拉卡拉浴场（包括冷热房间）。

印度马图拉的一尊公元2世纪菩萨像

大乘佛教

大乘佛教和小乘佛教是佛教的两个派别。大乘（意为“大的车乘”）佛教中，佛陀被尊为神，其教徒崇拜佛像和菩萨像。菩萨是发誓帮助所有人并承担他人痛苦的佛。每个踏上大乘道路的人都被认为是菩萨。

大多数佛教文献是用梵文写的。大乘佛教主要流传于日本、中国和韩国等远东国家。远在阿富汗的巴米扬也发现了佛教艺术和寺庙。

小乘（意为“小的车乘”）佛教遵循原始的佛教哲学，不相信偶像崇拜，他们认为佛陀是自己的导师。小乘佛教用一对脚印或莲花等这样的符号来代表佛陀。小乘佛教的特点是把冥想和朝圣作为自我完善的方式。小乘佛教主要流传于斯里兰卡、缅甸等国。

通常来说，这两派佛教之间的根本区别在于，大乘佛教把佛陀当作神实行偶像崇拜，而小乘佛教不崇拜偶像。

大学的作用

佛教僧侣创立了那烂陀大学，其基本目的是创造一个适合冥想的地方。据信，佛陀曾多次在那烂陀寺停驻，因此那里建立了各种教育中心，以便为僧侣提供有益的学习和冥想环境。

教育是佛教带来的另一个重要的变革领域。种姓制度是佛教徒不能接受的，与此同时，他们反对不让某些种姓接受教育的做法。他们把寺庙发展为教育中心，鼓励进行各个领域的研究。

公元 240—312 年

约公元240年　摩尼在伊朗创建摩尼教，后来传播到其他地区。

公元251—266年　瘟疫在罗马帝国蔓延。

公元271—276年　奥雷利亚城墙在罗马周围建造。

公元284—305年　戴克里先任罗马皇帝，他通过改革带来和平与秩序；公元294年帝国分裂。

那烂陀和塔克西拉等大学吸引了来自世界各地，以及各种宗教的学生和教师。在那烂陀的鼎盛时期，它接待了大约10000名学生和1500名世界知名教师。

入学相当困难，教育水平很高。中国西行求法的和尚义净曾详细描述了那烂陀僧侣的生活。佛教通过这些在印度的大学和其他佛教教育中心学习的外国留学生传播开来。

不杀生与武术

佛教僧侣和耆那教徒被要求远行修行，这意味着他们必须穿越丛林和其他危险的地方。他们经常遭到小偷和野兽的袭击。

他们的寺庙也因地处偏远而时有被攻击的危险。为了解决这些问题，僧侣们发明了一套徒手格斗术，遵守不杀生的戒律，但又能击败对手。这些就是今天的功夫、柔道和空手道。

藏传佛教莲花生大士像

莲花生

据信，佛教思想在公元2世纪时就已传到了西藏，但在公元7、8世纪，尤其是通过莲花生大士的努力，才成为当地的主流宗教。通过传教、辩论和神奇变相，莲花生大士说服信奉当地流行的苯教信徒改信佛教。后来藏传佛教的各种流派发展起来，有些还融入了神灵。

约公元300年　亚美尼亚的梯里达底三世将基督教定为国教，亚美尼亚成为第一个基督教国家。

- 大和民族扩大对日本的控制。
- 早期的东波利尼西亚文化开始。

公元305年　克罗地亚斯普利特的罗马皇宫是戴克里先为退休而建的。

公元312年　康斯坦丁成为西罗马帝国的皇帝。

佛教演变

佛教在公元594年成为日本的国教。中国和日本都出现了新的教派。在印度，约公元前1世纪出现的大乘佛教，在公元7世纪和公元8世纪左右衰落，而新形式的佛教密宗却得以盛行。密宗结合了大乘佛教的几个方面，如对佛教神灵的崇拜，以及融合了印度宗教哲学坦陀罗的元素。佛教在西藏不断发展，在莲花生大士（约公元8世纪）的努力下，密宗（藏传佛教）在该地区稳固地建立起来。

毗湿奴，印度教的主神之一

印度教

印度教包括渊深哲学和大众实践，在印度最为盛行，并随着时间的推移而发展。印度教没有单一的创始人或经典。其特征之一是对神灵的信仰，神灵代表着至高无上的存在。它还强调正行、因果报应、转世化身、种姓分立（按出生和职业）。

在公元1—500年形成的印度教与今天的形式差不多：偶像，寺庙，崇拜神灵毗湿奴及其化身，以及吉祥天女、湿婆、雪山神女、象头神和卡尔凯蒂耶神等。他们的神话和故事在《往世书》中定型，《往世书》是用梵文写成的一系列宗教经文。其他典籍，包括《法沙拉斯》（即“伟大的律书”），都是用来描述和解释习惯法的。与此同时，哲学继续发展。

公元324—345年

公元324年　康斯坦丁成为东西罗马帝国的唯一皇帝。

公元319年　亚历山大里亚的阿里乌斯提出阿里乌斯教信条，区分上帝和基督。

公元320—550年　笈多王朝在印度北部实行统治。

公元325年　第一次尼西亚会议，就耶稣基督的神性确立了尼西亚信条。

萨珊人

伊朗的浅浮雕作品，展现阿尔达希尔一世的授权仪式

在伊朗，阿尔达希尔一世在公元224年前后击败了帕提亚人，建立了萨珊王朝。萨珊王朝很快从幼发拉底河延伸到印度西北部。伊朗逐渐成为西方世界和东方世界之间贸易和商业的门户，这不仅反映在它的财富上，还反映在品类繁多的奢侈品上，如银盘、灰泥面板、玻璃器皿、丝绸和羊毛织品等。雕刻精美的宝石和石印被压印在黏土上用来密封文件。岩石峭壁上刻着皇室狩猎和战斗等场面的巨大浮雕。琐罗亚斯德教成为国教。

萨珊帝国在公元7世纪被阿拉伯帝国灭亡。

沙摩陀罗·笈多金币

贵霜帝国与笈多帝国

在孔雀帝国衰落之后，印度出现的两个最强大的王国是统治德干的萨达瓦哈那王朝和统治北方的贵霜王朝。中亚贵霜王朝逐渐占领了大片领土，延伸至中国西北部的塔里木盆地，并通过阿富汗延伸至印度北部。公元3世纪时，阿富汗的贵霜帝国被伊朗的萨珊王朝征服，在印度北部的领土由笈多王朝继承。最伟大的笈多国王沙摩陀罗·笈多（约公元335—380在位）建立了笈多帝国。笈多艺术和文化蓬勃发展，美丽精致的雕塑开始大量生产，特别是在鹿野苑和马图拉。金币开始流通，伟大的文学作品层出不穷。迦梨陀娑，伟大的梵语作家，就生活在这一时期。其他小王国因相互之间不断的争斗而瓦解。笈多王朝一建立就统一了印度，建立了一个强大的帝国。

约公元326—356年　第一座圣彼得大教堂在罗马建造。

约公元329—379年　圣巴西尔的生平；他创立了修道制度。

约公元330年　君士坦丁堡新城在拜占庭遗址上建立。

约公元345—405年　中国艺术家顾恺之的生平。

贵霜帝国

迦腻色伽一世是贵霜帝国最伟大的统治者，其庞大的帝国包括阿富汗、白沙瓦、瓦拉纳西、戈勒克布尔、马图拉和中亚的一些地区。都城在今白沙瓦，即古城富楼沙。他受佛教的影响很大，大力推广大乘佛教，建造大量寺庙，并在公共场所建造佛像。

笈多王朝

在孔雀帝国灭亡之后，一个新的王朝笈多王朝在恒河流域崛起。其统治范围包括今印度北部、中部和孟加拉国。第一位笈多皇帝旃陀罗·笈多一世（公元320—330在位），是笈多王朝的奠基者室利笈多的孙子，他于公元335年去世后，王位由他杰出的儿子沙摩陀罗·笈多继任。沙摩陀罗·笈多被认为是印度历史上黄金时代一位“理想国王”的典范。他是一位伟大的征服者，他的战绩被刻在阿拉哈巴德堡的阿育王柱上。

库杜布塔中的铁柱

沙摩陀罗·笈多发动了多次战争，被称为“印度拿破仑”，因为他统一了印度并将其置于自己的权力之下。沙摩陀罗·笈多的领土从北部的喜马拉雅山延伸到南部的纳尔默达河，从东部的布拉马普特拉河延伸到西部的亚穆纳河。他是一位多才多艺的音乐家，会演奏竖琴。他还会写诗。沙摩陀罗·笈多更是一名出色的战士、一位才能卓越的统治者。

公元 350—400 年

约公元350年　《五卷书》完成，这是一部用印度梵语创作的寓言故事书。

公元360年　中亚的匈奴人侵入欧洲。

公元372年　匈奴人将乌克兰的东哥特人和西哥特人赶走。

公元378年　西哥特人在阿德里安堡击败罗马人。

约公元378年　玛雅城邦蒂卡尔占领了敌对的乌夏克吞。

笈多帝国由他的儿子旃陀罗·笈多二世继承。旃陀罗·笈多二世也被称为“超日王”，是笈多帝国最强大的统治者。位于德里库杜布塔中的铁柱由98%锻铁制成，已经存在了1600多年，也没有生锈腐烂。其上的铭文表明它是为纪念印度教神毗湿奴而建立的，同时也是为了纪念超日王对斯基泰人的胜利。除了发行金币，超日王是第一个发行银币和铜币的统治者。超日王热爱学习，他的宫廷拥有“九宝”，其中有天文学家彘日和梵语诗人兼剧作家迦梨陀娑。

笈多统治体系

为了显示权力，这一时期的统治者都给自己冠以夸张的头衔，并且通过特殊仪式展现他们的力量。强权的国王根据《土地法》（记载在圣典中）来统治，实行采邑制度。

所有这些圣典法规都是由博学的婆罗门编纂的。帝国行政体系的划分如下表所示：

帝国	国王
省	总督
县	县长
村	村长

司法根据《摩奴法典》执行，惩罚通常是温和的。笈多帝国拥有一支庞大的军队，包括50万步兵、5万骑兵、2万辆战车和1万头大象。战车排在后面，骑兵列在前面。步兵弓箭手在军事中的作用也变得十分突出，并崛起为这一时期最领先的军事战术。弓是军队的主要武器。除此之外，笈多军队还使用先进的攻城术、弹射器和其他复杂的军事机械。

约公元387年　希波的奥古斯丁开始创作音乐美学作品《论音乐》。

公元391年　埃及亚历山大图书馆被火烧毁。

公元399—414年　中国佛教僧人法显在印度旅行并记录他所观察到的事物。

约公元400年　东非开始广泛使用铁器。

笈多帝国还拥有一支强大的海军，有1200多艘船只，控制着这一地区的水域。旃陀罗·笈多二世控制了整个印度次大陆，在其统治期间，笈多帝国被认为是世界上最强大的帝国。

社会与宗教

这一时期人们的生活可从迦梨陀娑的文学作品、贝塔拉·巴塔的诗集，以及玄奘等外国游历者的叙述中得知。

法显在《法显传》中记载了笈多王朝时期的社会。他提到种姓制度当时很盛行，贱民制度也很猖獗，另外还有童婚和萨蒂制（寡妇殉葬）。

笈多王朝大多数人信仰湿婆教，崇拜毗湿奴、湿婆神。统治者常举行烦琐的祭祀，包括马祭。在这一时期，不注重仪式的信神观念也出现了。笈多统治者继续宽容佛教和耆那教的传播。

贸易

在笈多王朝时期，内部和外部贸易都蓬勃发展。东部的主要港口是耽摩栗底，负责处理与缅甸和爪哇岛等东南亚国家，以及与阿富汗、阿拉伯和伊朗等西亚国家的贸易。贸易发达的同时也促进了文化的交流。例如，即使今天在一些东南亚国家还可以看到笈多梵语、建筑和宗教对其产生过的重大影响。

笈多王朝主要出口货物有香料、宝石、纺织品、檀香、靛蓝、草药和象牙，而主要进口的是黄金。多种行业如纺织、木工、冶金和制陶发展势头良好。

公元406—450年

公元406年　日耳曼部落汪达尔人、阿兰人等越过莱茵河；罗马统治崩溃。

公元410年　西哥特人抢劫罗马；匈奴迫使罗马交付贡金。

公元428年　盖塞里克成为汪达尔人之王。

公元429年　汪达尔人征服迦太基，之后又相继征服科西嘉岛、撒丁岛和西西里岛。

文学、艺术与建筑

笈多王朝的统治者本身就是有造诣的学者，宫廷里更是遍布才华横溢的学者和艺术家。梵语是笈多王朝的宫廷语言。迦梨陀娑是旃陀罗·笈多二世时期宫廷中的“九宝”之一，曾写过著名的戏剧《摩罗维迦与火友王》和史诗《云使》。

在此期间，涌现出大量优秀作品。有潘迪特维什努·沙玛撰写的寓言故事集《五卷书》，有史诗《罗摩衍那》和《摩诃婆罗多》，还有《薄伽梵歌》编撰完成，《往世书》面世。伟大的梵语语法作品帕尼尼的《文法书》也完成于这一时期。戏剧、诗歌和散文都在笈多王朝时期达到了顶峰。

印度北方邦的毗湿奴神庙入口

伟大的艺术中心位于马图拉、瓦拉纳西和华氏城。位于代奥格尔的毗湿奴神庙和位于北方邦的砖砌神庙，都是鹿野苑艺术学派的代表。

绘画艺术也在该时期达到了辉煌的顶峰，这一点可从位于马哈拉施特拉邦的阿旃陀石窟的壁画得到证明。

科学与教育

在笈多王朝时期，数学、天文学和医学均取得了巨大发展。阿耶波多是一位天文学家和数学家，他经过研究得出结论：地球围绕太阳旋转，并绕着自己的轴旋转。可到16世纪，西方人仍然相信地球是宇宙的中心。阿耶波多还解释了日食和月食的科学成因。

阿耶波多

约公元430年　圣帕特里克抵达爱尔兰传播基督教。

公元434—453年　阿提拉是匈奴人的领袖；他们袭击欧洲，击败西哥特人、东哥特人和阿兰人。

公元451年　阿提拉被罗马人击败。

约公元450年　根据上座部佛教的教义，印度的觉音汇编《清净道论》。

阿耶波多创造了从1到9九个数字符号及符号“0”，后为阿拉伯人传到欧洲，欧洲人采用了这套数字体系。这就是这些数字被称为印度-阿拉伯数字的原因。印度人也开始使用十进制。

笈多王朝时期的医学也很发达。阿育吠陀体系使用草药研发治疗各种疾病的药物。

玛雅人

玛雅文明可能是南美洲最精彩的文明，至少可追溯到公元前1500年。玛雅人占地面积辽阔，包括墨西哥的部分地区、尤卡坦半岛和中美洲北部。其文明大约在公元250—900年达到鼎盛时期，此时的玛雅人约有80个城邦，每个城邦都有自己清晰的王系。这些城邦实行大规模的农业生产，拥有城市、宗教中心、宫殿、金字塔和寺庙。蒂卡尔、卡拉科尔、双柱城和卡拉克穆尔等都是重要的城邦。

玛雅历法图版

玛雅人以其建筑、艺术、陶瓷、文字、历法、数学，以及天文学知识而闻名。他们实行活人献祭，并且大多数城市都有一个举行宗教仪式的球场。玛雅历法始于公元前3114年，并预测在2012年将发生巨大变化。

东汉

在中国，汉朝统治者战胜了起义军，在公元25年建立政权，史称东汉，以洛阳为新都。这一时期贸易蓬勃发展，新发明包括纸张、水钟、天文仪器和地震仪等。约公元220年汉朝衰落，中国进入三国时期。

约公元1世纪的东汉陶俑

公元 455—496 年

公元455年　罗马被汪达尔人劫掠。

公元475—476年　罗穆卢斯·奥古斯都成为罗马帝国最后一位皇帝，后被日耳曼入侵者奥多亚克驱逐。

约公元476—550年　印度天文学家、数学家阿耶波多生平；他用梵文撰写了《阿耶波多历算书》。

公元477—484年　胡默里克成为北非的汪达尔国王。

特奥蒂瓦坎

特奥蒂瓦坎是墨西哥中部最重要的前阿兹特克城市，大约在公元前400年被占领，公元500年左右其发展达到了顶峰。此时该城市占地7.7平方英里，约有10万~20万人口（种族起源至今未知），有2000座房屋、广场、寺庙、宫殿和金字塔。但该城市的中心区域在公元750年左右被烧毁，从此逐步走向衰落。

罗马帝国

罗马帝国在公元1—2世纪达到鼎盛时期，成为当时世界上最伟大的帝国。它在欧洲、亚洲和非洲的各行省也一度和平繁荣，该局面大约持续到公元180年。罗马以其艺术、建筑、文学，以及充满活力的社交生活而闻名。公元285年，为了便于统治，戴克里先皇帝将帝国分为西帝国和东帝国。之后帝国曾有两次短暂的统一，但在公元395年还是永久分裂了，东罗马帝国首都在君士坦丁堡（拜占庭）。公元5世纪，罗马的大陆行省被西哥特人、匈奴人和汪达尔人入侵，西罗马帝国衰落。与此同时，东罗马帝国，也就是拜占庭帝国，仍然存在。

公元481年　克洛维一世成为法兰克国王，创立了墨洛温王朝。

公元486年　克洛维一世占领高卢北部。

公元496年　克洛维一世皈依基督教。

公元493年　东哥特人首领狄奥多里克从奥多亚克手中夺取意大利。

约公元496年　中国创建少林寺。

罗马宗教

罗马人信奉多神教。例如朱庇特、马尔斯，起源于早期的伊特鲁里亚和拉丁传统；其他神如狄安娜、密涅瓦、赫拉克勒斯和维纳斯，来自希腊和伊朗；密特拉或密特拉斯，最初是印度-伊朗神。

皇帝是最高祭司，即罗马国教的领袖和古罗马教的守护者。在公元1世纪，塔尔苏斯人保罗（约公元10—67）开始传播基督教，但罗马帝国对之的反应是恐惧和迫害，直到君士坦丁大帝皈依基督教，并在帝国的部分地区强制推行基督教。早期的神灵和密特拉教逐渐衰落。

君士坦丁大帝

罗马城市

位于意大利罗马市的罗马广场遗址

在帝国的许多城市中，罗马本身就是最伟大的城市。罗马最具有代表性的是罗马广场，最初只是一个公共广场，后来逐渐成为大型建筑物、神殿和拱门的所在地。罗马广场始建于公元前600年，后经多位皇帝增建，成为人们公共活动的中心。政治辩论、胜利游行、祭祀、敬神仪式、游戏、娱乐和戏剧表演都在这里举行。罗马广场下午4点之前禁止轮式车辆通行。广场周围有大型的市场中心。后来，法律、行政事务，以及市场都有了专门的单独场所。

公元 499—531 年

约公元499年　盎格鲁人和撒克逊人征服不列颠的部分地区。

约公元500年　塔勒人占领阿拉斯加。

- 波利尼西亚人定居在夏威夷群岛和复活节岛上。

公元508年　墨洛温王朝的克洛维一世占领法国和比利时的大部分地区；巴黎成为首都。

公元510年　匈奴人入侵印度。

约公元520年　印度僧侣菩提达摩到达中国；他被认为是禅宗佛教的创始人。

一个典型的罗马家庭

帝国的每个城市都有公共建筑、广场、剧院、圆形剧场、桥梁、渡槽、拱门和雕像，尽管不同地区的建筑风格各不相同，但所有这些都以罗马城为模本。另一个共同特征是，男人们常常聚集在公共浴场讨论各种问题。

阿克苏姆

这一时期，非洲存在着许多不同发展水平的社会。北部的沿海地区属于罗马帝国。库什王国的首都麦罗埃正在衰落，约公元300年被阿克苏姆国接管。公元4世纪，阿克苏姆成为一个基督教国家，并在公元7世纪随着伊斯兰教在非洲的传播而最终衰落。

土耳其圣索菲亚博物馆13世纪的耶稣基督马赛克

耶稣，一名犹太人，出生于犹太王国的伯利恒，是基督教的创始人。大约30岁时，他召集了12名门徒（也称为使徒），并开始教导人们学会爱、宽恕和同情。据说他还创造了奇迹。他后来被称为“基督”，意思是“弥赛亚”，他的追随者后来被称为基督徒。耶稣的声望不断增长，令犹太神职人员倍感不安，他们给罗马当局施压，当局宣判把耶稣钉在十字架上处死。教皇的职位可以追溯到使徒领袖圣彼得。最初教皇是整个基督教会的领袖，后来专门领导天主教会。

约公元523年　罗马哲学家、政治家波爱修斯（约公元484—524），创作《哲学的慰藉》。

公元525年　阿克苏的凯勒布征服也门，建立教会。

公元529年　圣本笃在意大利努西亚建立蒙特卡西诺修道院。

公元531—579年　萨珊王朝的侯赛尔一世拓展波斯帝国。

基督教的基本经典是《圣经》，由《旧约》和《新约》组成。《新约》的四篇福音书——马太福音、马可福音、路加福音和约翰福音，记录了耶稣的生平和教义，在公元1世纪成书。其中关于登山宝训、爱和宽恕的教导是耶稣教义的精髓。约公元380年，基督教成为罗马帝国的宗教，同时也传播到了北非、亚美尼亚、波斯、印度和其他一些地区。

犹太教的发展

公元前63年，犹太王国被罗马人占领。公元70年，犹太人的圣殿被罗马人摧毁，许多犹太人被迫离开自己的家园，散居在世界各地。在公元1世纪，犹太教徒按照拉比沙马伊或希勒尔的思想分为两个阵营。在公元1世纪末，族长统一了犹太社区，并允许对犹太律法进行宽松的解释。犹太历法是标准化的。到公元136年，犹太人已经放弃抵抗罗马人，转而在拉比们的领导下，开始发展他们自己的经典。这包括关于各种犹太律法的《密西拿经》和《塔木德》，以及对《密西拿经》的阐释。在基督教成为罗马帝国的官方宗教之后，犹太人被允许保留信仰自由，但同时也受到了一些限制，例如对犹太人征税或限制其建造犹太教堂。犹太族长的职位在约公元425年被废除。

希勒尔拉比

犹太教最神圣的地方圣殿山

公元 534—563 年

公元534年　拜占庭军事指挥官巴利阿里斯在北非击败汪达尔人。

公元541年　瘟疫横扫欧洲。

约公元550年　大卫将基督教传到威尔士。

•卡拉布拉人，一支来源不明的族群，击败了印度南部的国王们。

•中国智顗创立佛教天台宗。

公元550—600年　苏丹的努比亚人成为基督徒。

印度王朝

那烂陀寺遗址

王国不断兴衰更替。笈多王朝在遭受匈奴人袭击之后衰落，而普什亚布蒂王朝的戒日王（约公元606—647在位）则控制了印度北部的大部分地区。在南部，遮卢迦、潘德亚和帕纳瓦斯是三个最强大的王朝。其时，伟大的佛教寺庙那烂陀寺兴旺发达，有10000名僧侣聚集于此。

隋唐时期

虽然中国隋朝的统治时间不长（公元581—618），但开凿了世界上最长的大运河，并重修了长城。之后的唐朝（公元618—907）是个盛世王朝，城市中心区域增加，贸易增长，同时文学和艺术繁荣，还发明了雕版印刷，编制了医学典籍。

推古天皇

推古天皇是日本第一位女天皇，她是敏达天皇（公元572—585在位）的妻子、钦明天皇的女儿。推古登上皇位，是日本历史上的一个里程碑，因为尽管日本曾有过多位女性统治者，但在那个时期，皇位继承权一直为男性所把持，她在皇位争夺中打败了她的兄弟。

日本佛教的发展

推古天皇（公元593—628在位）把大和省的飞鸟地区定为首都。她的侄子即摄政王圣德太子，主持政治改革，起草了第一部日本宪法《十七条宪法》，其中包括17项管理国家的道德守则。圣德太子还在整个日本推广佛教，在奈良西南建造了包括41座建筑的佛教寺庙群——法隆寺。奈良在公元710年成为日本首都。

约公元550—1190年　遮娄其王朝统治印度西部和中部。

公元553年　查士丁尼一世主持召开第二次君士坦丁堡公会。

公元560—636年　西班牙塞维利亚大主教圣依西多禄的生平；他撰写了一部百科全书《词源》。

公元563年　圣哥伦布开始将苏格兰的皮克特人转变为基督徒。

美洲：霍霍坎文化和瓦里文化

在北美的几种美洲原住民文化中，霍霍坎文化于公元前300年到1400年之间在亚利桑那中部和南部繁荣发展。公元500—900年，霍霍坎人居住在有坑屋的村庄，并建有深水渠来灌溉玉米和棉花。他们发明了几种陶器，主要是浅黄底器皿，上面绘有铁红色装饰。

南美有许多文明，其中包括莫切文化、纳斯卡文化、瓦里文化，以及蒂亚瓦纳卡文化。在今海拔600~1000米的秘鲁高地，有一处城市遗址可能是瓦里帝国的中心。在那里发现了大型石头结构、带有自然主义风格雕塑的寺庙，以及金属制品，包括黄金面具。“门神”，一个长着长方形的脸和带有光线头饰的形象，经常被描绘在当地人的陶器上。瓦里的艺术风格与玻利维亚喀喀湖附近的蒂亚瓦纳卡文化有着密切联系，也影响了后来的纳斯卡文化。

秘鲁沙漠中的纳斯卡线

纳斯卡线

秘鲁的纳斯卡文明（公元200—700）在纳斯卡沙漠中绘制了神秘的线条，创造了鸟类、植物、蜥蜴和几何图形的巨幅图画，其中一些长达400英尺。这些线条是通过去除地表岩层，从而露出下面的浅色岩层而实现的，但其目的尚未可知。尽管有些人把这些线条看作是外星人的着陆点，但是人类学家认为它们与古老的水仪相关，这些线条可能是用来标记地下含水层的。

日本奈良东大寺的转害门

公元 570—605 年

约公元570—632年　先知穆罕默德的生平。

公元581—617年　杨坚统一中国，建立隋朝，被称为隋文帝。

公元584年　麦西亚王国在英格兰成立。

公元590年　大格列高利（格列高利一世）当选教皇。

公元595年　印度数学家使用十进制。

墨洛温王朝和加洛林王朝

西罗马帝国衰落后，新的统治者和王国在这一地区出现。墨洛温王朝的法兰克国王克洛维一世统治高卢到公元511年。然而，在他去世后，他的四个儿子瓜分了帝国，后来又频频引发战争。墨洛温王朝时期，僧侣和传教士把基督教带给了法兰克人。

加洛林王朝在墨洛温王朝之后，丕平于公元751年正式掌权。加洛林王朝最伟大的国王是查理大帝，他于公元768—814年在位。他统一了西欧的大部分地区，公元800年被教皇利奥三世加冕为“罗马人的皇帝”。这个头衔基于基督徒的帝国概念，希望重振西罗马帝国的辉煌，并在意大利建立教皇主权。查理大帝的帝国领土包括法国、意大利北部、西班牙和丹麦的部分地区。在他统治期间及其之后出现的文学、教育、艺术和建筑的繁荣景象，被称为“加洛林文艺复兴”。

查理大帝

中世纪

从公元5世纪开始，一直持续到文艺复兴时期，欧洲中世纪见证了西罗马帝国先进文化的衰落。政治和经济发展在很大程度上是地方性的，虽然一些地区封建社会的发展是有限的、停滞的，但也逐渐演变为文艺复兴的活力。

查理大帝的金银棺

公元597年　罗马的圣奥古斯丁来到英格兰，使盎格鲁·撒克逊人皈依基督教，并成为第一位坎特伯雷大主教。

约公元600—700年　威尔士吟游诗人安奈林撰写《高多汀》。

约公元602年　斯拉夫人开始在巴尔干地区定居。

约公元605—610年　中国开凿连接长江与都城长安的大运河。

《林迪斯芳福音书》的其中一页

英格兰的盎格鲁·撒克逊人

不断的入侵和内战是这一时期的重要特征。公元600年左右，来自日耳曼地区的盎格鲁人和撒克逊人占据了英格兰的大部分地区。根据12世纪的一份文献，英格兰当时有肯特、苏塞克斯、威塞克斯、麦西亚、东安格利亚、埃塞克斯和诺桑比亚等7个独立的王国。研究表明这些王国出现的时间不同，权力大小不一，而且还有其他王国存在。盎格鲁·撒克逊人的国王和首领有时被葬在船上，然后再把船拖到陆地上。萨顿胡就有这样的船墓，里面装满了精美的装饰品和其他贵重物品。这一时期的宗教艺术蓬勃发展，公元8世纪的《林迪斯芳福音书》，用皮革装饰，镶嵌有金石珠宝，就是一个很好的例证。

查士丁尼一世和拜占庭帝国

与此同时，东罗马帝国或拜占庭帝国因拥有贸易发达的君士坦丁堡而繁荣昌盛。在查士丁尼一世（公元527—565在位）时期，帝国扩大到包括西班牙、意大利、巴尔干半岛、小亚细亚和巴勒斯坦的部分地区，以及埃及和北非的一些地区。查士丁尼因其法典而闻名，圣索菲亚大教堂（圣智教堂）也是在他统治期间建造的。

加纳帝国

加纳帝国是非洲众多王国之一，位于撒哈拉沙漠以南（今加纳附近）。它建于公元8世纪，大约公元700年由索宁克人统治，首都昆比撒勒城是一个重要的贸易中心。帝国最初被称为瓦加督或欧卡尔，后为加纳——该国统治者的称号之一。黄金是这个强国最有价值的产物。

公元608—641年

公元608—642年　印度遮娄其王朝补罗稽舍二世统治时期。

公元617—686年　朝鲜三国时代新罗僧人元晓大师的生平。

公元618年　唐朝在李渊的领导下开始统一中国；公元628年唐朝开始接受佛教。

公元629年　墨洛温王朝的克洛维一世统一法兰克人的土地。

基督教的发展

公元6世纪，基督教传到威尔士和苏格兰，并在接下来的两个世纪传遍整个英格兰。教皇格列高利一世（公元590—604在位）改革了教会体系和管理部门。公元500—800年，举行了三次宗教会议，主教们讨论决定基督教教义和传教问题。

基督教的出现

基督教的产生、传播以及被接受为罗马帝国的官方宗教，是历史上引人注目的事件之一。基督教是耶稣传布的。耶稣是犹太人，耶稣基督被基督徒视为弥赛亚和上帝之子，他在30岁时开始传教。根据福音书所记，耶稣可以用他的医治能力创造奇迹。

银星标志着耶稣在教堂降生的地点

约公元632年　善德女王开始统治新罗王国。

公元632年　杀死诺桑比亚国王埃德温后，麦西亚国王彭达控制不列颠北部。

公元636—713年　中国禅宗最重要的人物六祖慧能的生平。

公元640—641年　阿拉伯哈里发奥马尔征服埃及。

公元641年　萨珊王朝最后一位国王伊嗣俟三世被阿拉伯人击败。

耶稣基督的布道

《旧约》是犹太圣经（称为希伯来圣经）的简化和概括，是耶稣教义的基础。耶稣教导说：“我们应该对上帝无条件地爱，善良应该战胜邪恶。”耶稣认为慈悲、勇气和温柔的美德非常重要。他拥有自己所提倡的美德。他鄙视伪装和虚伪，过着简朴的生活。他认为，所有人都是平等的。

耶稣基督

耶稣基督受难

在犹太当权者的怂恿下，耶稣被罗马统治当局以煽动叛乱之名逮捕，因为当局认为他对他们的权威和权力是一个威胁。公元30年，耶稣被钉死在十字架上。

到公元300年，由于圣保罗和其他使徒的努力，基督教传遍整个罗马帝国，甚至到达帝国以外的波斯和亚美尼亚等地。

基督教的传播

由于罗马皇帝君士坦丁对基督教的宽容态度，到了公元4世纪，基督教成为整个罗马帝国的官方宗教。“十字架”一词的希腊首字母成为君士坦丁皇帝盾牌和旗帜上的标识。公元5世纪，罗马帝国沦陷。基督教会是当时唯一有组织的机构，它承担了政府的许多职能。

公元646—700年

公元646—700年　日本实行政治和社会改革。

约公元650—888年　印度南部的帕拉瓦王朝在玛玛拉普兰建造寺庙。

公元650—1150年　苏门答腊岛的室利佛逝王国统治马来地区。

约公元651年　阿拉伯商人把伊斯兰教传到中国。

公元661—750年　倭马亚王朝统治阿拉伯帝国；在西班牙继续统治至1031年。

约公元675年　来自俄罗斯大草原的保加利亚人在多瑙河以南定居。

约公元690—691年　圆顶清真寺（现存最早

历史悠久的利默里克天主教堂（建于1915年），位于美国爱达荷州格伦斯·费里西亚瑟街113号，被列入美国国家历史名胜名录

在中世纪，公元500—1500年，最著名和最重要的文化机构是基督教会。天主教会总部设在罗马，其首脑教皇被认为是西部教会的总负责人。教皇得到了当时国王们的支持，并与他们保持着友好关系。

修道院

到公元5世纪，基督教堂几乎遍布整个西欧。宗教仪式由居住在附近的神父主持。一些人选择作为修道者在修道院中生活，他们被称为修士。一些被称为修女的女性放弃世俗生活，生活在女修道院中。修士和修女过着与斯巴达人一样的生活，舍弃奢侈、舒适，以及婚姻制度。

教会是中世纪唯一的教育机构。修士和修女照顾病人和穷苦人。许多修士都是杰出的学者。16世纪后期，基督教出现了分裂，主要分支为新教和东正教。

俄罗斯莫斯科的基督救世主大教堂，是世界上最高的东正教教堂

的伊斯兰纪念性建筑）建于穆斯林和犹太人的圣地耶路撒冷。

公元697—698年　阿拉伯人建立突尼斯市。

公元699—759年　中国诗人、画家王维生平；他开创了文人画的山水画风。

约公元700年　波利尼西亚人定居在库克群岛。

• 唐都长安是当时世界上最大、最富庶的城市。

伊斯兰教诞生

穆罕默德是伊斯兰教的创始人，公元570年他出生于麦加（今沙特阿拉伯境内）。公元610年，穆罕默德开始通过天使吉卜利勒接收来自安拉的启示，他开始传播主命。但面对麦加的敌意，公元622年他离开麦加前往麦地那。这次离开被称为希吉拉，这一年是伊斯兰教教历元年。

穆罕默德的影响力不断扩大，他于公元630年重新进入麦加，建立克尔白（又称天房）作为穆斯林朝圣的中心。这个立方体状的神殿最初置有一些异教偶像，穆罕默德为了推崇对安拉的一神崇拜而摧毁了这些偶像。到公元632年他去世时，大多数阿拉伯人在伊斯兰教旗帜下实现统一。

哈里发

穆罕默德的继承者哈里发，也是阿拉伯帝国的政治领袖。

早期的哈里发有：

阿布·伯克尔（公元632—634在位）

欧麦尔·本·哈塔卜（公元634—644在位）

奥斯曼（公元644—656在位）

阿里（公元656—661在位）

倭马亚王朝（公元661—750）

阿拔斯王朝（公元750—1258）

《古兰经》

安拉传达给穆罕默德的启示，经整理成为伊斯兰教的圣典——《古兰经》。《古兰经》由114章组成，定义了安拉的本质，并阐述了信仰、宗教义务和正确的行为。

逊尼派和什叶派

穆罕默德去世后，他的部分追随者推举阿布·伯克尔为哈里发，后者是穆罕默德忠实的门徒，也是阿以莎——穆罕默德最喜欢的妻子的父亲。支持阿布·伯克尔的一派后来被称为逊尼派（意为“圣训遵循者”）；而另一些人认为穆罕默德曾希望他的堂弟、女婿阿里成为继任者，这些人被称为阿里的什叶派（意为“坚定支持者”）。

卡尔巴拉战役

公元661年，阿里的儿子哈桑被选为继任者，但遭到倭马亚王朝建立者、叙利亚总督穆阿维叶的反对。穆阿维叶的儿子叶齐德的继承权又遭到哈桑的弟弟侯赛因的反对。这导致了公元680年在伊拉克卡尔巴拉的战役。侯赛因最终被杀，他的追随者被叶齐德的军队击败。

公元700—729年

约公元700—792年　中国佛教壁画画家吴道子的生平。

约公元700—900年　北美亚利桑那的普韦布洛人在地面上建造房屋。

公元710—770年　中国诗人杜甫的生平。

公元712年　阿拉伯人穆罕默德·本·卡西姆征服信德（今巴基斯坦境内）。

公元715年　穆斯林军队征服西班牙的大部分地区。

哈里发的统治

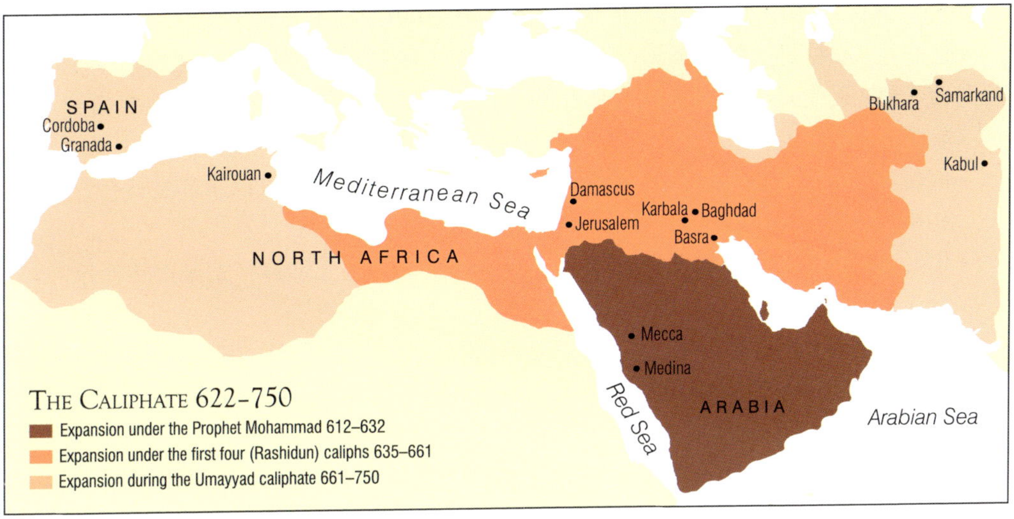

在亚洲，阿拉伯国家的倭马亚王朝被推翻，阿拔斯王朝建立，并将首都迁到了巴格达，但哈里发的政治和宗教权威在公元850年后开始下降。公元800—1000年，阿拉伯国家以科学、技术、医学、哲学、教育和文化的发展而闻名。在哈里发中，哈伦·拉希德哈里发（公元786—809在位）鼓励艺术、文化和学术研究，在《一千零一夜》中有对其宫廷生活的美化。另一位著名的哈里发是哈伦·拉希德的儿子马蒙（公元813—833在位），他建立了学术机构“智慧宫”。在这里，来自世界各地的作品被翻译成阿拉伯语。

阿拉伯世界被认为是不同文化和思想的大熔炉。像阿尔·肯迪、阿尔·法拉比和伊本·西纳等哲学家，用希腊哲学激发伊斯兰思想。此外，阿拉伯人传播代数、阿拉伯数字和来自世界其他地方的知识，如来自中国的造纸术和火药的制造方法。

然而，在政治上，其他王朝开始崛起。早期倭马亚王朝的一个分支在西班牙确立了独立统治。西班牙科尔多瓦市是一个伟大的文化学术中心，在10世纪时它成为欧洲最大的城市。阿拔斯王朝对伊朗、阿富汗和北非等地的控制也逐渐丧失。

约公元716年　来自伊朗的一群琐罗亚斯德教徒抵达印度，他们后来被称为帕尔西人。

约公元718—1492年　再征服时期：西班牙和葡萄牙试图从阿拉伯人手中夺回伊比利亚半岛领土的控制权。

公元721—约815年　阿拉伯炼金术士贾比尔的生平。

公元729年　南诏国在中国云南西部建立，公元836年后衰落。

伊斯兰教的主要信条

伊斯兰教的基本信条主要体现在《古兰经》中。其中一些主要信条如下：

- 信安拉：安拉是宇宙间至高无上的唯一主宰，只有他值得敬拜；禁止偶像崇拜。
- 信天使：天使是安拉创造的无形存在，向人间传达安拉的旨意；天使在我们身边，记录着我们的言行。
- 信使者：安拉通过先知传布使命；所有先知书的主要信息一直以来都是只有一位真正的神。
- 信经典：安拉通过经典向先知降示，《古兰经》是通过先知穆罕默德传达安拉的最后启示。
- 信末日审判：死后有灵魂；罪人将下地狱，而义人会升入天堂；安拉在末日审判时会显示怜悯和公平；根据伊斯兰教教义，那些拒绝信安拉的人将在地狱之火中永远受到惩罚。
- 信前定：安拉对世间一切做了预先安排，他是所有生命的维持者，穆斯林相信除了安拉的意志和全识之外，什么事情都不会发生；这种信念与自由意志的观念并不矛盾，安拉事先完全了解人们的选择，所以他并没有强迫人们，这一认知帮助信徒度过艰难困苦。

信徒应履行伊斯兰教五功：念功（念清真言）、礼功（做礼拜）、斋功（斋月时需斋戒）、课功（做慈善）、朝功（一生中到圣地麦加朝觐一次）。

公元 731—788 年

公元731年　比德完成《英吉利教会史》。

约公元740—1000年　拉什特拉库塔王朝在印度中部实行统治。

公元746年　希腊人重新占领塞浦路斯，驱逐阿拉伯人。

约公元750年　用古英语撰写的史诗《贝奥武夫》完成。

公元765年　伊斯兰教中出现伊斯玛仪教派。

公元 773 年　查理大帝兼并伦巴第王国。

贸易

贸易带来了经济繁荣，经济繁荣又推动了其他各个领域的发展。连接地中海与中国、印度的某些重要贸易路线由阿拔斯王朝控制。欧洲和东方之间的贸易完全掌握在阿拉伯人手中大约700年，直到15世纪欧洲人发现环绕非洲的海上航线。

巴格达处于贸易路线的交汇点，很快发展成为一个繁荣富饶的城市。阿拉伯人大体上用诸如非洲象牙、埃及亚麻、丝绸、珠宝、东方香料、俄罗斯毛皮和蜂蜜等物品进行交易。奴隶贸易在阿拉伯人中也很普遍。

知识进步

阿拉伯人开创了建筑、文学和诗歌的新风格。莪默·伽亚谟的《鲁拜集》、费尔道西的《列王记》，以及《一千零一夜》都是其著名作品。莪默·伽亚谟是著名的诗人、数学家和天文学家。欧洲的印度数字系统是由阿拉伯人引入的，因此，才产生了“阿拉伯数字”这种说法。“代数”一词也是源自阿拉伯语。

莪默 · 伽亚谟

莪默·伽亚谟写道：“感谢上帝，在他的帮助下，我认为代数是一门科学艺术。它所处理的对象是绝对数和可测量的量，尽管这些量本身是未知的，但与已知的‘事物’相关，所以通过这些‘事物’是可以确定未知量的。”（《代数学》，约1070年）阿拉伯人乐于学习，他们将希腊文、中文、埃及文和梵文的许多文学作品翻译成阿拉伯文。阿拉伯人学会了制造玻璃、纸张，以及使用航海指南针（来自中国）、几何学（来自希腊）和数学（来自印度）。他们最先使用星盘进行导航。他们成功地诊断出天花和结核病等疾病的病因。

公元779年　麦西亚国王奥法成为英格兰国王。

公元787年　第二次尼西亚宗教会议举行，基督教中允许圣像崇拜。

•维京人突袭不列颠。

约公元787—886年　阿拉伯占星家阿布·马沙尔的生平；他将印度和伊朗的占星术与希腊哲学相结合。

公元788年　伊德里斯统治摩洛哥。

•查理大帝兼并巴伐利亚地区。

唐宋时期

在中国，唐朝皇帝大权旁落，地方割据势力崛起。公元907年，唐朝被推翻，随后是一段动荡不安的时期，直到公元960年宋朝建立。

藤原摄政

公元794年，日本首都迁至平安京（今京都），标志平安时代的开始。藤原氏家族开始以摄政王的身份代表天皇控制政府实行统治。这一时期艺术繁荣，文化昌盛。独特的日本绘画开始形成，多是描绘宫廷生活和神的故事，不同于早期受中国影响的绘画风格。日本佛教艺术深受真言宗信仰的影响。该时期还发展出两种日语文字。

尽管与其他强大的家族如平氏和源氏存在冲突，但藤原氏继续控制着皇权，直到11世纪中期。

印度王国与商羯罗哲学

从公元700年左右开始，印度北部兴起的一些王朝自称拉其普特人（意为“王族后裔”）。在南方，朱罗王朝成为最显赫的王朝。无论是南方还是北方都建造了很多寺庙。吠檀多不二论也许是印度最伟大、最有影响力的哲学，本质上，它陈述了只有一个真实的现实被称为梵，并且梵绝对是未被创造的、不变的、永恒的。这一思想当时由商羯罗（约公元788—820）传播。

位于印度泰米尔纳德邦普杜科泰的朱罗寺

公元 794—827 年

公元794年　桓武天皇统一日本各岛。

约公元800年　日本女作家紫式部完成《源氏物语》。

•西欧第一座城堡建成。

公元800年　查理大帝加冕为“罗马人的皇帝”。

公元800—909年　艾格莱卜王朝统治北非突尼斯。

约公元800—950年　阿克苏姆帝国衰落；基督教继续在埃塞俄比亚传播。

约公元801—873年　伊斯兰哲学家阿尔·肯迪的生平。

伊斯兰苏菲派

苏菲派的起源可以追溯到先知穆罕默德周围的一个核心圈子，是伊斯兰神秘主义派别。随着时间的推移，产生了许多不同的苏菲派。苏菲派通过冥想、禁欲、虔诚、念诵、音乐和特殊的呼吸技巧，以达到与真主合一。

拉比雅·阿德维娅，苏菲派第一位女圣者

苏菲运动

苏菲运动由11世纪波斯的神秘主义者领导。苏菲圣徒相信安拉独一永恒，所有人都是他的孩子。他们信念虔诚，平等互爱。他们放弃了节日宴会和斋戒的外在仪式，而通过爱和奉献来与真主合一，因此出现了一种灵修音乐。宗教宽容很普遍，他们与印度教徒自由交往。苏菲派被分为12个继承序列清晰的教团。

莫因努丁·契斯提

莫因努丁·契斯提是一名苏菲派圣者，约于1192年来到印度，他在拉合尔和德里居住了一小段时间，然后搬到阿杰梅尔，1235年去世。莫因努丁·契斯提在阿杰梅尔的陵墓被成千上万的朝圣者拜谒，其中包括大量的印度教徒。

巴巴·法里德

巴巴·法里德是契斯提教团的创始人之一。他是莫因努丁·契斯提的门徒卡基的弟子。他选择传教的地区是哈里亚纳邦和旁遮普邦，他使许多人相信，爱上帝的子民就是爱上帝自己。他的追随者包括印度教徒和穆斯林。他的一些诗句被收录在《本初经》中。

尼桑木丁·欧利亚和萨利姆·契斯提

德里的尼桑木丁·欧利亚和西克里的萨利姆·契斯提是苏菲派契斯提教团的另外两位著名圣者。他们主张伊希瓦和安拉是同一神的两个不同的名字。他们传教的基本主题是人性之爱和宗教宽容。

公元809—817年　拜占庭帝国与保加利亚之战。

约公元815—877年　哲学家埃里金纳的生平；他把新柏拉图主义引入基督教。

公元827—869年　拜占庭修士圣西里尔的生平；他创造了格拉哥里字母，一种斯拉夫字母，并与他的兄弟圣迪乌斯一起，使多瑙河斯拉夫人皈依基督教。

位于阿杰梅尔的契斯提圣陵

苏菲运动的影响

苏菲派在印度广泛传播，几乎覆盖了整个国家，对印度产生了深远的影响：

- 苏菲运动向人们传授平等、兄弟情谊和宗教宽容的观念。
- 由于苏菲派圣者的努力，印度教徒和穆斯林开始彼此接近，从而促使双方在社会、文化方面友好相处。

在苏丹国时期，文学，不仅仅是梵语文学，还有其他地区语言，包括波斯语文学，都取得了很大进步。值得注意的是，此时贵族和宫廷的语言是波斯语。学习受到苏丹统治者的大力支持。阿米尔·库斯劳是这一时期最著名的文学家。

阿米尔·库斯劳

公元 830—868 年

公元830—870年　布哈里的生平；他是《布哈里圣训》的编纂者，这是一部先知穆罕默德的言行汇编。

公元843年　《凡尔登条约》签订，路易一世的儿子们同意分裂加洛林帝国。

约公元845—925年　伊朗雷伊的伊斯兰医生拉齐的生平；他撰写完成医学百科全书《医学集成》。

约公元850年　世界上最大的佛寺婆罗浮屠在印度尼西亚爪哇岛马格朗市附近建成。

•路易二世成为神圣罗马帝国皇帝。

约公元850—900年　早期的西里尔字母与格拉哥里字母相关，由圣西里尔的追随者设计。

音乐和舞蹈

印度的音乐在印度-伊斯兰教的碰撞中得到了极大的丰富，印度斯坦音乐风格由此诞生。新的乐器，如拉巴布琴和萨朗吉，被引入印度。新的音乐传统是由突厥统治者从阿拉伯、伊朗和中亚带到印度的。

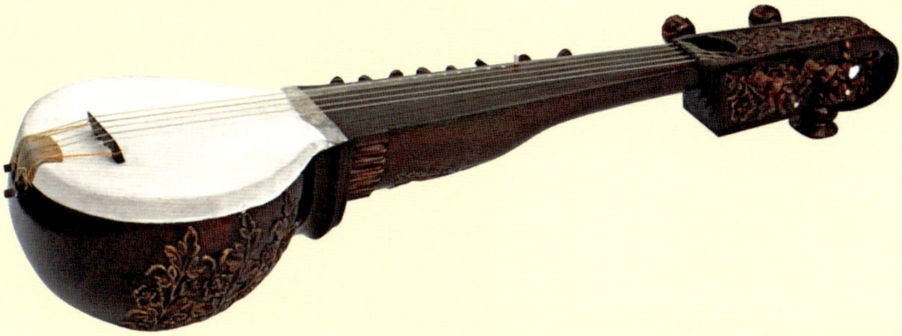

拉巴布琴

萨朗吉

公元850—1846年　卡奈姆-博尔努帝国在非洲蓬勃发展。

约公元858—929年　阿拉伯天文学家、数学家白塔尼的生平。

公元858年　日本藤原氏开始控制皇权。

公元862年　维京人统治俄罗斯北部。

约公元865年　维京人征服英格兰的部分地区。

公元868年　突伦王朝在埃及建立。

- 中国雕版印刷的《金刚经》，是现存最古老的印刷书籍。

阿米尔·库斯劳

阿米尔·库斯劳生于1253年，是一位著名的音乐家，他发明了西塔琴和塔布拉鼓。

据说他还创作了许多印度-阿拉伯流派的拉格。在统治者的支持下，音乐聚会的新传统开始兴盛起来。莫卧儿王朝的统治者，除了奥朗则布之外，都非常喜欢音乐。印度和波斯风格的融合带来印度斯坦音乐的蓬勃发展，这是一件大事，它催生了不同风格的声乐表演，如图穆里、克雅尔和加扎勒。

阿米尔·库斯劳不仅是一位音乐家，也是一位诗人和历史学家，他被认为是印度最伟大的波斯语诗人。

作为一名突厥军官的儿子，阿米尔·库斯劳为德里苏丹伊勒图特米什服务，他一生都受到德里穆斯林统治者的尊重，也得到了他们的庇护，特别是巴勒班苏丹和他的儿子木尔坦苏丹。穆罕默德·尼扎姆·乌德·恩阿维利亚是他年轻时的指路明灯，使他成为德里契斯提德维斯教团圣者的忠实追随者。他去世后被葬在圣陵旁边。

有趣的是，阿米尔·库斯劳有时也被称为"印度的鹦鹉"。他一生创作了许多作品，《五重奏》是五首长的田园诗的合集，《图格鲁克史》是众所周知的历史诗。除了诗歌，他还以散文著称，像《胜利的宝库》《阿拉伊史》。这位伟大的诗人大约于1325年在德里去世。

契斯提德维斯教团的旋舞表演，一种宗教舞蹈，用来表达情感和获得全能者的智慧与爱

公元 868—900 年

约公元868—1000年　维京人殖民冰岛、格陵兰和北美部分地区。

公元873—950年　伊斯兰哲学家法拉比的生平；他提出对宗教的普遍看法。

公元878年　阿尔弗雷德大帝允许丹麦人在英格兰的部分地区居住。

公元886—1267年　朱罗王朝在印度南部实行统治。

公元840年，查理曼大帝的儿子路易去世后，西欧的加洛林帝国开始衰落并瓦解。拜占庭帝国仍然蓬勃发展，在瓦西里二世（公元963—1025在位）统治时期达到了顶峰。

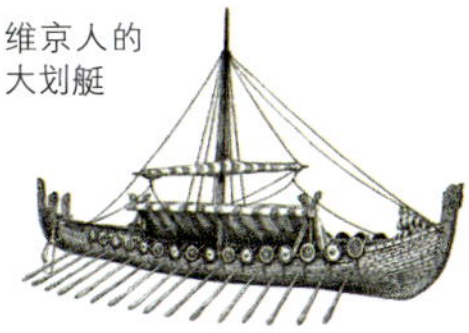
维京人的大划艇

维京人

当时欧洲大部分地区都受到维京人的侵扰。维京人也被称为诺曼人或北方人，他们是来自斯堪的纳维亚半岛的战士，驾着长船穿越海洋，入侵欧洲，并建立贸易中心。在英格兰，维京人在公元8世纪后期开始掠夺沿海城镇，并在一些地区定居。他们在公元900年左右定居冰岛，然后殖民格陵兰。他们还在爱尔兰和诺曼底定居，甚至到达俄罗斯。维京人的侵扰在11世纪末结束。

18世纪冰岛手稿中的雷神和希米尔神

北欧神话和文学

雷神、精灵和战神奥丁，都是维京人信奉的主要神灵。追溯到早期，众神就已具备了完整的形态，尽管对他们的描述大部分都是后期记录下来的。维京人的神话和传说，包括冰岛和斯堪的纳维亚半岛的传说，被称为萨迦（即“传奇”）。这类作品被称为“埃达”，主要有两部。一部是冰岛诗人斯诺里·斯图鲁松（1172—1241）编撰的《小埃达》，由前言和三部分组成，前两部分介绍了诗歌的早期韵律，以便人们能够理解口述传统的诗歌，第三部分介绍了一些北欧神话。另一部是《大埃达》，收录在13世纪的一份手稿中，包含有公元800—1100年一系列歌颂英雄和神灵的诗集。

马扎尔人入侵

在此期间，欧洲入侵者还有来自罗马尼亚和匈牙利的马扎尔人。他们侵入德国、意大利北部和法国，但在公元955年的莱希菲尔德战役中被德意志国王奥托击败。公元962年，奥托被加冕为神圣罗马帝国皇帝，后来又成为意大利国王。

公元891年　《盎格鲁·撒克逊编年史》是一部由修士编写完成的英格兰历史。

公元895年　马扎尔人定居在今匈牙利和罗马尼亚的部分地区。

约公元900年　被称为奥尔加农的复调音乐发展起来，这是西方音乐发展的重要一步。

•玛雅文明的后古典时代开始。

•奇穆王国在秘鲁成立。

公元900年　来自库克岛的殖民者到达新西兰。

基辅罗斯

19世纪90年代的油画，弗拉基米尔一世接受洗礼

俄罗斯的名字来自罗斯，一些学者认为俄罗斯人是维京人，但也有人认为他们是斯拉夫人。因为斯拉夫部落从公元7世纪左右就占领了俄罗斯西部，但维京人显然是作为贸易商来到该地区的。据12世纪的原始编年史记载，约公元860年，一个名叫鲁里克的维京人当选为诺夫哥罗德总督，他的后继者将他们的领土扩展到基辅，基辅罗斯在10世纪和11世纪成为一个繁荣的大国。还有不同的意见认为，基辅罗斯是一个斯拉夫国家，只是由维京人短暂占据，后来被斯拉夫人同化。弗拉基米尔大公（公元980—1015）信奉拜占庭基督教，拜占庭艺术风格影响了俄罗斯。

阿尔弗雷德大帝

英格兰、苏格兰和威尔士

英格兰在威塞克斯国王埃塞尔斯坦（公元925—939在位）的领导下开始统一。埃塞尔斯坦是在公元927年控制诺桑比亚后第一个统治整个英格兰的人。在苏格兰，皮克特人、苏格兰人、不列颠人和盎格鲁人是四大居民群体。公元843年，苏格兰人肯尼斯·麦卡尔平征服了皮克特人的土地，建立了阿尔巴王国。公元940年，阿尔巴的马尔科姆一世扩张领土。在接下来的两个世纪里，整个苏格兰统一了。与此同时，格温内斯王国的王子罗德里·马韦尔击败了维京人和英格兰人，成为威尔士大部分地区的国王。

公元 909—950 年

公元909—1171年　法蒂玛王朝统治北非和西西里岛。

公元910年　本笃会克吕尼修道院在法国建造完成。

公元911年　维京人首领罗洛在法国定居。

公元912—961年　倭马亚王朝西班牙科尔多瓦哈里发阿卜杜勒·拉赫曼三世统治时期。

公元915—965年　阿拉伯诗人穆太奈比的生平；他也写政治讽刺作品。

公元925年　埃塞尔斯坦成为威塞克斯国王，他统一了英格兰。

公元933年　犹太学者萨迪亚·本·约瑟夫写了一本关于犹太宗教、法律和传统的《教义与信仰之书》。

哈里发失去控制权

埃及开罗的爱资哈尔清真寺

北非虽然仍在阿拔斯王朝的哈里发统治下，但一些地区宣称独立。西西里岛在艾格莱卜王朝的埃米尔齐亚德·阿拉一世（公元817—838）统治时期被征服。王朝的首都凯鲁万在公元9世纪兴盛一时。这一时期重建了城内的大清真寺，该清真寺初建于公元7世纪，至今仍屹立不倒。

在阿尔及利亚北部，以崇学和宗教宽容而闻名的鲁斯泰梅哈里发国在公元761—909年独立。其他独立国家分别是摩洛哥南部的巴布米德拉王朝和北部的伊德里斯王朝。公元909年，阿巴杜拉创建了一个新的什叶派穆斯林王朝，即法蒂玛王朝，并吞并了伊夫里基亚和该地区的其他国家。法蒂玛王朝在穆义资（公元953—975在位）统治下达到了顶峰，征服埃及、巴勒斯坦和叙利亚部分地区，修建开罗城，还在开罗创建爱资哈尔清真寺及爱资哈尔大学。法蒂玛王朝在1100年后开始衰落。在西非，加纳仍然繁荣。非洲大陆同时还存在其他王国。

阿纳萨齐人

各种各样的族群在北美各地定居，包括后来被称为普韦布洛人的族群。早期的普韦布洛人，有时被称为阿纳萨齐人，可以追溯到公元100年左右。他们的房子有圆形的地下室，可能是用来举行仪式的。

阿纳萨齐陶罐

阿纳萨齐陶器是在白色或灰色背景上绘制黑色图案的器皿。其他艺术形式还有岩画和象形文字。大约在1050年后，阿纳萨齐人沿着崖壁建造了令人惊叹的石屋和砖房。

约公元935—约1002年　德国女诗人、编年史家赫罗斯维莎的生平；她最出名的是道德喜剧。

公元935年　高丽王朝统一朝鲜。

公元937年　英格兰的埃塞尔斯坦在布鲁南博尔战役中击败苏格兰、爱尔兰和丹麦联军。

公元942—950年　威尔士法律编纂成书。

公元950年　冰岛的《纳吉奥传奇》创作完成。

公元950—1050年　尼日利亚东部的伊博-乌科渥文化时期。

•印度卡朱拉荷性爱寺庙兴建。

托尔特克文明

玛雅文明在10世纪左右开始衰落，大部分寺庙建筑被遗弃。然而，在尤卡坦半岛，奇琴·伊察、乌斯马尔、埃德扎和科巴等城市仍然很繁荣。一个新的族群，讲纳瓦特尔语的托尔特克人出现了。他们可能是几个不同种族群体的混合，约公元900年甚至更早，他们从墨西哥北部迁移到墨西哥中部，定都在今图拉，可能占据了一些玛雅文明中心。

根据传统的说法，米斯科特尔领导下的托尔特克人洗劫并烧毁了特奥蒂瓦坎城。他的儿子托普利津将一些城邦合并为一个帝国，开始崇拜羽蛇神。托尔特克人擅长医学、天文学和工艺，建造了巨大的雕像、门廊、蛇形柱和恰克摩尔神圆雕。

秘兹特克文明

公元前1世纪乃至更早的时候，生活在墨西哥南部的萨波特克人被秘兹特克人取代。后者从公元9世纪到16世纪蓬勃发展。秘兹特克人专门从事石材和金属加工工作，制作彩陶、羽毛马赛克和精细刺绣纺织品。他们使用类似于阿兹特克人的历法。在瓦哈卡一带的阿尔班山有萨波特克文明和秘兹特克文明遗址，包括广场、金字塔、棒球场和一些墓葬。

墨西哥瓦哈卡的阿尔班山遗址

羽蛇神

是托尔特克人和阿兹特克人的神，其名意为“长羽毛的蛇”。早先被特奥蒂瓦坎的玛雅人以库库尔坎的名义崇拜。在托尔特克文明中，他是早晚星神，以及仪式崇拜中的主神。

公元 959—994 年

公元959年　威塞克斯国王埃德加成为英格兰国王。

公元962年　德意志奥托一世加冕为神圣罗马帝国的第一位皇帝。

• 阿勒普特勤在阿富汗建立加兹尼王朝。

公元963年　米兹克一世创建波兰王国。

约公元964年　科尔多瓦清真寺在科尔多瓦建成。

公元970年　中国北宋开始使用纸币。

19世纪70年代　崛起于突尼斯的法蒂玛王朝吞并埃及。

约公元973—1050年　阿拉伯阿尔·比鲁尼的生平；他著有100多部作品，涉及科学的多个分支。

这一时期有两种看似矛盾的趋势。一方面，长途贸易和新思想有所发展，而另一方面，一些群体停滞不前并与土地紧密联系在一起。新路线的开发和跨越边界的道路建设，促进了经济活动。城镇数量的增加，欧洲大学的建立，为知识进步注入新的动力。

封建制

查理曼大帝接受他的封臣罗兰效忠的手稿例证

战争和动乱产生了一个静态的社会组织，其土地所有权的等级结构被称为封建制。这种制度存在于大约公元800年至1400年间的西欧，也存在于世界其他地区的不同时期。封建制度中的国王，处于顶端，他把大片土地分封（采邑）给上层人士，如贵族、高官、富商和有影响力的律师。修道院也是受益者之一。

作为回报，领主向国王支付租金或税款，并提供某些服务，包括战时的军队。领主在他控制的区域内维持和平，伸张正义。他的庄园或领地是生活的经济、社会单位，包括住宅、耕地和林地，以及一个或多个村庄。城堡由国王和领主建造，用于防御和保护土地。

庄园中有两种土地，一种是土地所有者自己耕种，另一种是转租给家臣，家臣可以耕种或进一步转租。作为回报，家臣必须效忠领主。

位于诺森比亚海岸的12世纪巴姆伯格城堡，是中世纪城堡的典型代表

公元980—1037年　伊朗哲学家伊本·西纳的生平。

公元983年　中国北宋时编纂完成1000卷的百科全书《太平御览》。

公元985—1014年　朱罗王国的罗阇一世统治印度南部。

约公元986年　维京人红发埃里克在格陵兰岛建立殖民地。

公元987年　卡佩成为法国国王，创建卡佩王朝。

公元990—992年　英国作家艾尔弗里克，用古英语撰写《天主教说教》。

约公元994年　日本宫廷女官清少纳言创作《枕草子》，记录她的生活轶事。

基督骑士团，圣殿骑士团的一个分支

圣殿骑士团的徽标

骑士

骑士最初是指骑马的人，但渐渐地专指战士贵族。在封建制早期，庄园的附庸通常是骑士。在战斗中，骑士们穿戴着重型盔甲，盔甲和盾牌上的彩绘设计可以用于识别身份。也有的骑士没有个人领地，但是可以通过参加军团领取土地补助金。这些军团包括条顿骑士团、圣殿骑士团和医院骑士团。骑士的故事，如《亚瑟王和他的圆桌骑士》，在中世纪时期很受欢迎。

自由农和农奴

在英格兰，有两种农民住在庄园里：自由农和农奴。自由农过着艰苦的生活，但比农奴要好很多。农奴被束缚在土地上，并受到领主的统治。最高级别的农奴是隶农，他们自愿与领主签订协议以获得土地和保护。农奴制度可能源于罗马的奴隶制，虽然一些农奴被领主赋予土地使用权，但必须提供相应的自由劳动和产品作为回报。各地的农奴制并不完全相同。在欧洲的大部分地区，农奴制在14—16世纪消失，但在奥地利、匈牙利、俄罗斯以及东欧的一些地区持续到19世纪。在亚洲，一些国家存在封建制因素。

这幅14世纪的画作展示了法国的农奴在领主的城堡周围耕种土地

公元 997—1025 年

公元997年　伊斯特万一世成为匈牙利第一任国王。

公元997—1030年　阿富汗加兹尼王朝的马哈茂德统治时期。

约1000年　中国北宋时发明火药。

•毛利人定居新西兰。

1000年　在南非，说班图语的人建立王国。

1000—1038年　匈牙利伊斯特万一世统治时期，基督教成为国教。

约1000—1200年　意大利的罗马、威尼斯、佛罗伦萨和其他一些城市成为城市国家。

约1008—1020年　日本紫式部创作《源氏物语》。

1010—1225年　李朝统治今越南的领土。

在亚洲，阿拔斯家族仍然是巴格达的哈里发，但阿拉伯帝国正在瓦解。来自伊朗的布韦希王朝（公元945—1055）占领巴格达并掌控其政权，但允许哈里发保留头衔。

建于1067年，伊朗加兹温的卡拉干双子塔：塞尔柱人的陵墓

塞尔柱帝国

在新近崛起的大国中，塞尔柱帝国是由一支来自中亚的突厥人建立的。他们的领袖图格鲁克·伯克，于1055年征服了包括巴格达在内的伊朗和伊拉克的大部分地区，成为哈里发的保护者。他的继任者阿尔普·阿尔斯兰和马利克·沙，将控制范围扩大到叙利亚、巴勒斯坦和安纳托利亚。阿尔普在1071年对拜占庭帝国的曼齐克特战役中取得了重大胜利。塞尔柱帝国的首都在伊朗的伊斯法罕。波斯艺术和文学得以蓬勃发展。马利克·沙去世后，他的儿子们分割了帝国，塞尔柱苏丹们的不同支系统治着哈马丹、克尔曼、叙利亚和安纳托利亚等地。

印度的穆斯林和朱罗人

拉其普特王朝是印度北部的强国。与欧洲骑士一样，拉其普特人具有骑士精神和保护弱者的传统。阿富汗加兹尼王朝的马哈茂德（公元997—1030）对印度发动了多次进攻。一百多年后，古尔王朝的穆仪兹丁·穆罕默德（1173—1206）于1192年在塔兰战役中击败了拉其普特国王，为穆斯林苏丹统治印度北部铺平了道路。

南印度由朱罗王朝统治，他们拥有强大的陆军和海军，以及高效的行政管理，在村庄中实行自治。朱罗人信奉湿婆神，建造了许多寺庙，其中最大的是位于坦贾武尔的布里哈迪斯瓦拉神庙。

安纳托利亚的塞尔柱人

到12世纪末，只有安纳托利亚的塞尔柱王国保存下来，并一直持续到1308年。该王国以艺术和建筑闻名。境内的道路沿途建立了100多个商队客栈、贸易站和旅行商队驿站。其中最大的一个是建于1229年的苏丹驿站，位于科尼亚和阿克萨赖之间，占地42000平方英尺。

1016—1035年　丹麦的克努特二世成为英格兰国王，1018年成为丹麦国王，1028年成为挪威国王。

1019—1030年　艾尔朗加成为爪哇国王，他把国家从室利佛逝的统治下解放出来。

约1021—1058年　西班牙犹太哲学家所罗门·伊本·加比罗尔的生平；他创作了《生命之泉》。

1023—1091年　来自西班牙塞维利亚的阿巴德穆斯林王朝统治时期；该王朝以富裕和艺术著称。

约1025年　意大利本笃会修士迪阿里佐发展乐谱。

宋朝的进步

中国雕版

在中国，公元960年宋朝建立，分为北宋（公元960—1126）和南宋（1127—1279）两个阶段。北宋的都城是现在的开封，南宋的都城是现在的杭州。宋朝时经济增长，农业和工艺生产采用新技术。水稻开始了双季种植，铁器和纺织品的产量增加，各种陶器制作精美，艺术发展达到顶峰，尤其是山水画。诗歌和音乐蓬勃发展。在印刷业方面，由于活字印刷术的发明，书籍产量增加。

日本武士

幕府将军和武士

在日本，藤原氏家族衰落，源氏家族掌控了最高权力。1192年，源赖朝在镰仓宣称自己是幕府将军。世袭的武士阶层变得日益强大。在12世纪末，禅宗佛教传入日本，很快成为武士的宗教。现代日语就是在这个时期开始发展起来的。

《沙纳玛》

波斯穆斯林菲尔多西对阿拉伯人和突厥人的占领表示不满。1010年，他撰写文学史诗《沙纳玛》，用6万行诗句记载了关于前伊斯兰波斯的部分神话。

《沙纳玛》中的插图页

1027—1075 年

1027—1137年　印度哲学家罗摩奴阇的生平；他提出制限不二论哲学。

1037年　西班牙的卡斯蒂利亚王国和莱昂王国合并。

1044年　阿奴律陀建立缅甸蒲甘王朝，统一缅甸北部和今缅甸南方的孟族人。

1046年　克莱门特二世被德意志国王亨利三世指定为教皇，并为后者加冕神圣罗马帝国皇帝。

约1050年　蒙巴萨港在东非建立。

西部的神圣罗马帝国和东部的拜占庭帝国，统治着欧洲以及亚洲和非洲的部分地区。它们的边界不是一成不变的，而是在不断变化。虽然西方帝国的宫廷语言是拉丁语，但东方帝国使用希腊语，它们对基督教的看法也各不相同。教会的东西分支间的正式分裂发生在1054年。两个帝国的教皇和世俗国王之间也存在冲突。

十字军东征

诺曼底公爵罗贝尔·柯索斯（约1051—1134），在第一次十字军东征包围安提阿的战役中

1071年塞尔柱人在曼齐克特战役中获胜，拜占庭皇帝亚历克西斯一世（1081—1118在位）上诉教皇乌尔班二世（1042—1099），要求授权圣战夺回耶路撒冷。随后一系列被称为十字军东征的战争开始了。十字军东征虽然表面上看是出于宗教的动机，但实际也是出于对经济和有价值土地控制的考虑。第一次东征成功夺取了安提阿和耶路撒冷。然而第二次东征（1147—1149）以灾难告终。塞尔柱人于1176年重新确立了对安纳托利亚的控制。埃及库尔德人的宰相萨拉丁于1171年推翻法蒂玛王朝，建立了一个从尼罗河到底格里斯河的王国。1187年，他侵入耶路撒冷拉丁王国和法兰克王国。第三次东征（1189—1192）也没有夺回耶路撒冷。在接下来的几个世纪中，十字军又多次东征。

城市出现

尽管战争不断，但贸易依然增长，并在11世纪出现了许多城市中心。伦敦、巴黎、科尔多瓦和威尼斯是其中的一些大城市。城镇居民，主要是手艺人、商人和工匠（通常被组织成行会），向拥有土地的领主缴纳税款，但除此之外，并不向领主提供服务或服从领主的命令。欧洲的一些城市实行自治。

1051—1107年　中国山水画家米芾的生平。
1058—1111年　伊斯兰哲学家安萨里的生平。
1066年　诺曼底公爵征服英格兰。
约1070年　印度作家月天用梵文创作故事集《故事海》。
1070年　墨西哥的蒂兰同戈王国扩张。
1073年　格列高利七世成为教皇，并进行教会改革。
约1075—1141年　犹太哲学家犹大·哈列维的生平；他著有多部诗作。

威廉和布莱恩·博鲁

1066年，诺曼人在征服者威廉的率领下，在黑斯廷斯战役中战胜英格兰的哈罗德二世，开启了英国历史的新纪元。英国在威廉统治期间进行了土地调查，以评估可以筹集的税额。在《末日审判书》中记载了那个时期的英国历史。

在爱尔兰，明斯特国王布莱恩·博鲁开始联合不同的王国，使自己成为至高王。1040年，他在与维京人的战斗中丧生。

罗马式和哥特式建筑

艺术、建筑、文学和哲学蓬勃发展。在博洛尼亚、巴黎和牛津创建了许多大学。以粗壮柱子和圆形拱门为特征的罗马式建筑，大约出现在1000年左右。另一种新的哥特式风格，产生于1135年左右。哥特式风格特别体现在宗教主题建筑上：教堂高耸的尖顶、飞拱、拱形天花板、彩色玻璃窗装饰等；拱门是尖的，柱子又高又细。哥特式艺术作品，多使用强烈而明亮的色彩。

修道院：天主教的中心

基督教和教会是欧洲生活的重要组成部分，也为学习、艺术和音乐提供了动力。新的修会形成，并建造了修士或修女献身于基督服务的修道院。修士们在那里可以研究、保存、复制和图解手稿，同时创作了大量为教会服务的音乐，促进了复调音乐的发展。

位于法国巴黎的哥特式建筑巴黎圣母院

1078—1100年

1078年　哲学家圣安瑟尔莫撰写了《上帝存在论》，其中包含对神存在的本体论证明。

1079—1142年　法国哲学家彼得·阿贝拉德的生平；巴黎成为宗教学习的中心。

1080年　西班牙的托莱多被基督徒占领，这是再征服运动的一部分；1118年萨拉戈萨也被占领。

1084年　江喜佗成为缅甸蒲甘王朝国王，他强调团结政策。

1086年　《末日审判书》提供了英格兰土地的详细调查。

1088年　中国苏颂发明机械水力钟。

维京人雷夫·埃里克森从格陵兰岛启航，并在纽芬兰建立了定居点。在北美的其他地区，有许多文化存在，包括早期的普韦布洛（阿纳萨齐人）文化、密西西比文化和莫戈永文化。在中美洲，玛雅人和托尔特克人的城市继续被占领。

随着朝代和王国的兴衰，非洲正在发生一些变化。伊斯兰教什叶派法蒂玛王朝于1171年被萨拉丁推翻。在埃塞俄比亚高原的中部，谢瓦于公元950—1400年成为一个独立的王国。在南非，班图人建立了自己的王国。在西非，图克鲁尔王国和加奥王国依靠黄金贸易繁荣起来。

赫伯特·罗2004年创作的一幅画，描绘伊利诺伊州的金凯德遗址。该地是密西西比文化的一个重要中心

密西西比文化

密西西比文化在公元750年左右出现在密西西比河沿岸，以大城镇和密集的玉米种植为其特征。直到1500年，它一直存在于美国中西部、东部和东南部。每个城镇的中心点都是一个仪式广场。在此周围，有椭圆形或金字塔形的土丘，上面建有寺庙或重要的房屋。

卡霍基亚

作为密西西比文化最重要的城市，卡霍基亚在1200年左右拥有5万人口。卡霍基亚的大广场占地16公顷。在卡霍基亚的一个土丘里发现一具40多岁男子的遗骸，他可能是一个统治者，被安葬在2万多颗排列成猎鹰形状的海贝盘珠上。该土丘周围还有其他几个墓葬，其中一些似乎是在祭祀受害者。

1095年　教皇乌尔班二世要求基督徒参加十字军与穆斯林战斗；1096年第一次十字军东征开始。

1095—1139年　西班牙的伊斯兰哲学家阿维帕森的生平；他融合了新柏拉图主义和逻辑学的思想。

1099年　耶路撒冷在第一次十字军东征中被基督徒占领。

约1100—1200年　印度人胜天创作《牧童歌》，这是一部用梵文创作的长诗。

1100—1200年　北美亚利桑那州的霍霍坎人建造平台土丘。

莫戈永文化

莫戈永文化主要存在于美国得克萨斯州西部、亚利桑那州和新墨西哥州的高海拔沙漠地区，有几个分支，其中最有特色的是明布雷斯·莫戈永。明布雷斯·莫戈永文化始于公元前200年左右，沿着新墨西哥州的明布雷斯河分布，在1000—1200年达到顶峰。大约从1000年开始，早期的坑屋被用土坯和砖石在地表建成的两到三层高的房屋所取代。明布雷斯·莫戈永以其独特的陶器而闻名，陶器上装饰有白色背景的黑色几何线条。墓葬里经常会发现陶碗。

穆拉比德王朝

穆拉比德王朝是一个柏柏尔人的穆斯林王朝，于1040年在非洲撒哈拉地区建立，并很快扩展到非洲西北部的大片地区，以及西班牙和葡萄牙。1076年，加纳被征服。摩洛哥的马拉喀什于1062年建立，成为穆拉比德王朝的首都，也成为北非最大、最富有的城市，它的市场上出售来自帝国各地的商品。穆拉比德王朝在1147年左右衰落，此时马拉喀什被另一个柏柏尔人的穆瓦希德王朝（1121—1267）征服。

埃塞俄比亚拉利贝拉建造的圣乔治石凿教堂

扎格维王朝

根据传统记载，公元960年左右，一位名叫古迪特的非基督教女王接管了阿克苏姆国（与埃塞俄比亚大致相同的区域），她的后代继续统治到1137年。阿克苏姆国的属民阿皋人创立了新的扎格维王朝，并在1137—1270年统治埃塞俄比亚。扎格维王朝信仰基督教，最伟大的国王是拉利贝拉（约1185—1225在位），他建造了11个坐落在巨大深坑里的石凿教堂。

1100—1120年

1100年　由波斯的神秘主义者领导的苏菲派运动兴起。

11世纪　波利尼西亚人定居在南太平洋的皮特凯恩岛。

约1100—1300年　《威尔士民间故事集》创作完成，其中包括亚瑟王的传奇故事。

1114—约1186年　印度的婆什迦罗撰写多部数学作品，并使用十进制。

北非西部（马格里布地区）

法蒂玛王朝时期的艺术品

中世纪晚期（1000—1400），自治的穆斯林柏柏尔王朝一直统治着北非西部。尽管不同王朝之间经历了多次争斗，但整个地区在阿尔摩哈德王朝统治时期统一起来。之后，在东部的哈夫斯王朝和西部的马林王朝统治下，马格里布地区也逐渐形成稳定局面。菲斯、马拉喀什和突尼斯等大都市中心的建立，促进了哲学和艺术的发展。

作为法蒂玛王朝的附庸，两个柏柏尔王朝——齐里王朝和哈马德王朝，控制着突尼斯和阿尔及利亚东部。1050年，齐里王朝发动叛乱。随后希拉里贝都因人在法蒂玛王朝的命令下进行报复，造成了极大的破坏，包括凯鲁万城的摧毁。

哈马德王朝在阿尔及利亚的马迪德山中发现了一座坚固的城堡，随后人口迅速涌入，并发展成为第一个首都（1152年被破坏）。该遗址今天被称为卡拉·巴尼·哈马德，是中世纪穆斯林城市的典型代表，其清真寺也是北非最大的清真寺。

柏柏尔人的穆拉比德王朝征服了摩洛哥，并将马拉喀什作为首都。他们统治着撒哈拉、摩洛哥、阿尔及利亚和西班牙的部分地区，控制着北非的重要港口以及跨撒哈拉贸易。由于穆拉比德王朝致力于复兴伊斯兰教和加强正统观念，早期的艺术和建筑都很简单，与后期的发展形成鲜明对比。阿尔及尔清真寺（约1097）、特莱姆森清真寺（1136）和菲斯的卡拉维因清真寺（1135）是这一时期马格里布地区的重要建筑范例。

继征服穆拉比德王朝治下的摩洛哥和西班牙之后，另一个柏柏尔人建立的穆瓦希德王朝将哈马德王朝和齐里王朝的领土（在今阿尔及利亚和突尼斯）也纳入自己的版图（1152—1160）。穆瓦希德王朝实行宗教改革，马拉喀什和塞维利亚的宫廷成为伊斯兰教的学习中心。这一时期的建筑代表包括菲斯、拉巴特和马拉喀什的城墙，以及塔扎清真寺（马拉喀什，1142）、库图比亚清真寺（马拉喀什，1147—1158）、提马尔清真寺（1153—1154）、卡斯巴清真寺（马拉喀什，1195）、哈桑清真寺（拉巴特，1199，未完工）。

约1115—1180年　英国索尔兹伯里学者约翰的生平；他撰写了圣安瑟伦和托马斯·贝克特的传记，以及多部有关逻辑、宗教、哲学和历史的作品。

1115—1234年　中国晋朝统治时期。

1118—1190年　日本佛教诗人西行的生平。

1119年　博洛尼亚大学在意大利成立。

1120年　基督和所罗门圣殿贫苦骑士团（圣殿骑士团）成立。

- 英国的“白船”沉没，遇难者之一的威廉·艾斯林是英王亨利一世的儿子和王位继承人。

大蒙古国

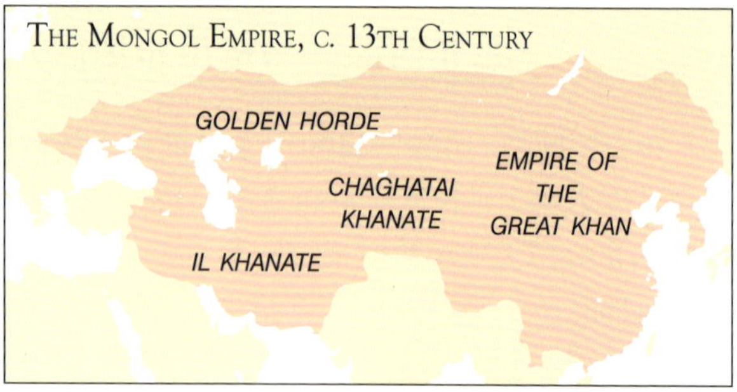

1206年，游牧的蒙古族人推举部落首领也速该的儿子铁木真（约1155—1167）为可汗，尊称成吉思汗。在忠诚的部属的支持下，成吉思汗统一了蒙古草原各部落，定都曲雕阿兰。然后，他开始了一系列的征服活动。到1227年他去世时，他的大蒙古国开拓了从里海到日本海的广阔疆域。成吉思汗不仅是一个伟大的征服者，还是一个有效的组织者。成吉思汗去世后，帝国被他的儿子们分割，大蒙古国解体，各汗国独立，但都效忠于大汗。大汗是由成吉思汗的子孙通过选举产生的领袖。

成吉思汗

忽必烈

1260年，忽必烈成为大汗。1279年，他击溃南宋王朝，建立元朝。其他蒙古汗国统治着大伊朗、中亚或土耳其斯坦和俄罗斯。元朝统治期间，在中国各地修建道路，立佛教为国教，引进纸币，生产瓷器、金属制品和纺织品。忽必烈把大都（今北京）定为都城，把上都作为避暑的夏都。旅行家马可·波罗还描述了上都的富饶。1294年，忽必烈去世，蒙古人的统治力量开始逐渐削弱。1368年，元朝被明朝取代。

1206年成吉思汗创建的大蒙古帝国，占地超过3300万平方千米，拥有超过1亿的人口，在其鼎盛时期，领土包括从东南亚到中欧的大部分地区。

马可·波罗的旅行

马可·波罗（1254—1324），威尼斯人。1275年，他同他的商人父亲、叔叔一起到达上都的忽必烈汗宫。大汗命他在元朝当官任职。1295年，这三位意大利人返回到威尼斯。在威尼斯和热那亚的战争中，马可·波罗担任威尼斯舰队的指挥官，不幸被俘入狱。在狱中他口述了自己令人震惊的旅行经历，后被记录成书，即《马可·波罗游记》。

1122—1150年

1122—1179年　前三次拉特兰会议在罗马举行。

约1126—1190年　波斯诗人安瓦里的生平；他创作了《呼罗珊之泪》。

1126—1198年　伊斯兰哲学家伊本·拉什的生平。

约1128—1203年　佛兰芒神学家、哲学家阿兰·德·里尔的生平；他写有寓言诗《完美的人》。

1133—1141年　法国神学家、哲学家休任巴黎圣维克多修道院学校校长。

成吉思汗从未允许任何人为他画像、塑像或在硬币上铸刻他的形象。他死后才出现了他的第一张画像。

蒙古帝国存在于13、14世纪，在蒙古和突厥游牧部落统一后，一段时期内成为世界上领土最大的陆地帝国。它通过入侵，向各个方向扩张其领土。

蒙古人的突袭扩张以残忍著称，在人类历史上尽人皆知。他们的入侵最终通过签订和平条约（名为“蒙古和平协定”）而结束，客观上将东方与西方联系起来，促进了整个欧亚大陆的商品贸易流通和思想文化交流。

蒙古帝国采用一套行之有效的策略来消灭拒绝投降的城市人口。在入侵基辅罗斯期间，几乎所有的城市被摧毁。然而，如果有人决定投降，他就可以幸免并得到宽大处理。除了恐吓政策之外，迅速扩张背后的另一原因是蒙古人有一种在严寒冬季侵入敌方领土的特殊技能。在他们的指挥官中，苏博泰是一个将冬天视为最佳战争时机的军官，因为普通民众不敢冒着严寒从房屋里出来。蒙古军队有利用冰冻的湖泊和河流作为骑兵的道路的高超技能。

蒙古帝国统一了大片区域，影响深远。忽必烈去世后，帝国开始瓦解、衰落，蒙古人也逐渐被同化为当地居民。

考古学家发现了一个由成吉思汗的继承人统治的城市

1136年　法国圣丹尼教堂以新风格建造，它标志着哥特式建筑的开始。

约1150年　吴哥窟在柬埔寨建造。

- 印度南部的泰米尔诗人甘班翻译了《罗摩衍那》。

约1150—1200年　法国诗人克雷蒂安·德·特鲁瓦的生平；他因撰写《圣杯的故事》及亚瑟王的传奇故事而闻名。

1150年　巴黎大学在法国成立。

- 北美的霍普维尔文化结束。

伊儿汗国和蒙古人入侵伊斯兰世界

1221年，蒙古征服了伊朗东部，开始入侵伊斯兰世界。接下来，成吉思汗的孙子旭烈兀带来的征服更具毁灭性。蒙古军队征服了整个伊朗，到1258年占领了巴格达，从而结束了阿拔斯王朝哈里发（公元750—1258）的统治。旭烈兀（1256—1265在位）建立了对大部分西亚地区，包括伊拉克、伊朗、呼罗珊、高加索和小亚细亚部分地区的统治，他被封为“伊儿汗”，意为小汗，从属于在中国执政的大汗。蒙古帝国的这个分支，被称为伊儿汗国（1256—1353），其权力集中在伊朗西北部。

东亚元素被吸收到原有的波斯-伊斯兰曲目中，从而创造出一种新的艺术词汇，从安纳托利亚到印度都在效仿，对艺术创作产生了深刻的影响。

在伊儿汗国时期，装饰艺术包括纺织品、陶器、金属制品、珠宝和手抄本装饰图继续发展。宫廷鼓励文学创作，如著名的波斯史诗《列王记》就产生于这一时期。此外，纸张和纺织品的广泛使用，使新设计能够很容易地从一种介质转移到另一种介质。

除了在艺术领域享有盛名，伊儿汗国也是伟大的建设者。装饰华丽的伊儿汗夏宫（约1275）是世俗建筑的重要典范，位于塔克·苏莱曼——一个能激发对前伊斯兰伊朗联想的地方。在苏丹尼亚建造的完者都陵（建于1307—1313）是这一时期的建筑杰作。皈依伊斯兰教后，约1300—1350年，伊儿汗国在伊朗很多城市如阿尔达比勒、伊斯法罕、纳坦兹、大不里士、瓦拉明和亚兹德等，建造了许多清真寺和苏菲神殿。1335年，在最后一个伊儿汗去世后，帝国解体，伊拉克和伊朗出现了许多地方王朝，它们继承了伊儿汗国的艺术风格。

蒙古治下的宗教

在成吉思汗时代，“苍天”（蒙语读作“腾格里”）是亚洲大草原人的最高神灵。成吉思汗以及他之后的蒙古统治者，对所有宗教都持宽容态度。他们的追随者有佛教徒、景教徒、基督徒和一些土耳其穆斯林。忽必烈最终成为一名佛教徒，尽管他也受到了基督教的影响。伊儿汗国的合赞汗接受的是伊斯兰教。

1152—1170 年

1152年　腓特烈一世成为德意志国王，加冕为神圣罗马帝国皇帝，在第三次十字军东征中死亡。

•亨利二世任英格兰国王。

约1154年　阿拉伯地理学家阿尔·易德里斯绘制世界地图，并做出评论。

1154年　尼古拉斯·布雷克斯皮尔是唯一的英格兰籍教皇，即阿德里安四世。

1154—1191年　伊斯兰苏菲派哲学家苏赫拉瓦迪的生平。

约1159年　来自图德拉的西班牙犹太拉比便雅悯开始穿越欧洲和亚洲，联络流散的犹太人。

德里苏丹国

从1206年开始，印度北部由建在德里的多个穆斯林王朝统治。德里苏丹国持续了320年，其间有五个王朝统治印度。在阿拉·乌德丁·卡尔吉统治时期，国土面积最大。大量清真寺和陵墓得以建造，并融入了新的建筑风格，特别是拱门和圆顶。德里的顾特卜塔高73米，是这一时期的标志性建筑。

印度德里的顾特卜塔

穆罕默德·古里的入侵

穆罕默德·古里是阿富汗一个小王国的突厥统治者，奠定了突厥-阿富汗在印度的统治基础。1191年至1194年间，他征服了印度的领土，但却离之而去，交由他信任的奴隶、能干的将军顾特卜·艾克巴掌管。后者建立了奴隶王朝，该王朝是统治印度的第一个穆斯林王朝。

德里苏丹阿拉·乌德丁·卡尔吉在德里建造的阿莱达瓦清真寺的拱门

1159年　亚历山大三世成为教皇。
1164年　英王亨利二世颁布《克拉伦登宪章》和限制教会权力的法律。
约1170—1240年　意大利数学家列奥纳多·斐波那契的生平；他对代数和数论做出了贡献。
1170年　坎特伯雷大主教托马斯·贝克特被谋杀。

顾特卜·艾克巴（1206—1210在位）

顾特卜·艾克巴是奴隶王朝的第一位德里苏丹。他发起建造顾特卜塔，后来由伊勒图特米什完成。顾特卜·艾克巴还建造了两座著名的清真寺：德里的古瓦特乌尔伊斯兰清真寺，这是一座由被拆毁的27座印度教和耆那教寺庙的材料建造而成的清真寺；另一座是位于阿杰梅尔的"两日半"清真寺。1210年，顾特卜·艾克巴在打马球时从马上摔下来，结果丢了性命。

伊勒图特米什（1210—1236在位）

伊勒图特米什发行的硬币

伊勒图特米什是奴隶王朝最强大的统治者。他是顾特卜·艾克巴的女婿。穆斯林法律禁止奴隶成为国王，但曾为奴隶的伊勒图特米什是第一位获得哈里发授权的印度苏丹。1221年，伊勒图特米什拒绝为波斯国王提供庇护，并凭借其外交手段，使德里苏丹国免遭蒙古入侵。他竭力避免印度的伊斯兰国家解体，定都德里。伊勒图特米什是一位伟大的管理者，他发行金币和银币来鼓励贸易，还修建了宽阔平整的道路。他热爱艺术和教育，完成了由顾特卜·艾克巴发起建造的顾特卜塔和顾特卜清真寺；还邀请大学者，如西拉吉、鲁哈尼，住在他的宫廷里。伊勒图特米什在位25年，于1236年去世。在他去世后，德里开始出现政治动荡。

拉齐娅（1236—1240在位）

拉齐娅素描像

伊勒图特米什曾宣布，在他去世后，他的女儿拉齐娅将成为德里的苏丹娜（女王），因为他的儿子没有足够的能力来统治这个王国。可贵族们不愿意接受一位女性统治者，便推举伊勒图特米什的

1171—1190 年

1171年　萨拉丁夺取了埃及王位。

1173—1174年　意大利比萨斜塔开始建造。

1177年　中国南宋朱熹撰写了多部儒学作品，开创了新儒学。

约1180年　哥特式风格的沙特尔大教堂在法国建造。

•菲利普二世成为法国国王。

1183年　康斯坦茨和平使伦巴第同盟与神圣罗马帝国皇帝腓特烈一世达成协议。

长子鲁克·乌德·丁·菲鲁兹成为苏丹继承人。事实证明后者的确是一个无能的统治者，最终还是拉齐娅成了德里的苏丹娜。拉齐娅是德里苏丹国的第一位也是唯一一位女性统治者。她聪明能干，实施了许多改革。不幸的是，1240年拉齐娅与她的突厥贵族丈夫一起被杀害。

吉亚斯·乌德·丁·巴勒班（1266—1287在位）

1246年，掌握实权的突厥贵族推举伊勒图特米什最小的儿子纳希尔-乌德-丁·马茂德为苏丹。纳希尔当时只有17岁，他将统治权全部交给了首相巴勒班。巴勒班原本是他的奴隶，也是他的岳父，忠诚地为苏丹效力。纳希尔于1265年去世，巴勒班于1266年登基。巴勒班是一位伟大的统治者，很自律，过着简朴的生活。

德里的巴勒班陵

1287年巴勒班被贾拉勒丁·菲鲁兹·卡尔吉谋杀，后者是卡尔吉王朝的创立者。巴勒班去世后，奴隶王朝走到了尽头。他的孙子，奴隶王朝的最后一位统治者，1290年也被谋杀。

卡尔吉王朝（1290—1320）

卡尔吉王朝由贾拉勒丁·菲鲁兹·卡尔吉于1290年建立。他登上王位时，已是70岁的老人。1296年，他的女婿阿拉·乌德丁·卡尔吉夺取了王位并谋杀了他。

1184年　新坎特伯雷大教堂建成。

1187年　萨拉丁在哈廷打败基督徒，占领耶路撒冷，统一了埃及、叙利亚、巴勒斯坦、北美索不达米亚。

• “狮心王”理查一世成为英格兰国王。

约1190年　犹太哲学家迈蒙尼德撰写《迷途指津》，试图调和希腊和犹太哲学。

1190年　条顿骑士团在德国成立。

阿拉·乌德丁·卡尔吉（1296—1316在位）

阿拉·乌德丁·卡尔吉素描像

阿拉·乌德丁·卡尔吉是卡尔吉王朝的第二任统治者。他宣称自己是德里的苏丹。1296年，他在德干击败德瓦吉里的统治者，带着无数的财富归来。为了赢得民心，战胜贵族，他将带回的战利品全部分发给民众。

阿拉·乌德丁·卡尔吉除了在1297年征服了古吉拉特邦和马尔瓦之外，还在拉贾斯坦邦占领了伦滕波尔和奇托尔。在他统治期间，经历了十多次蒙古人入侵，他成功击退入侵者。他的帝国从东部的雅鲁藏布江延伸到西部的阿拉伯海，从北部的喜马拉雅山延伸到最南部的马杜赖。

阿拉·乌德丁·卡尔吉是继阿育王之后，第一位控制整个印度的统治者。他想要征服整个世界，宣称自己是第二个亚历山大。他以中央集权为基础实施统治，是位独裁统治者。

拉贾斯坦邦的奇陶加尔城堡

1191—1209 年

1191年　第一次塔拉因战役，德里和阿杰梅尔的统治者乔汉王朝普利陀毗罗阇三世对抗古尔王朝的穆罕默德。

1191年　亨利六世成为神圣罗马帝国皇帝。

• 中国僧人林济在日本传播禅宗佛教。

1192年　第二次塔拉因战役，在乔汉王朝普利陀毗罗阇三世和古尔王朝的穆罕默德之间展开。

1192年　苏菲派契斯提来到印度。

1194年　古尔王朝的穆罕默德击败曲女城的统治者。

阿拉·乌德丁·卡吉尔采取各种经济措施来维持一支庞大的常备军。他管制市场，确保在任何条件下，即使在饥荒期间，也能保持低廉和稳定的物价。

阿拉·乌德丁·卡吉尔是一位艺术爱好者，著名的音乐家、文学家阿米尔·库斯劳也是他的宫廷成员。阿拉·乌德丁·卡吉尔建造阿莱达瓦清真寺，作为顾特卜塔的美丽入口。他还建造有西里堡和千柱宫。豪兹·卡斯皇家浴场，也是在他统治期间建造的。阿拉·乌德丁·卡吉尔于1316年病逝，他的儿子穆巴拉克继续执政了4年。但事实证明后者是一个无能的统治者。

图格鲁克王朝（1320—1412）

在穆巴拉克之后，加西·马利克成为苏丹，并改名为吉亚斯丁·图格鲁克。他在德里附近建造了一座新城市——图格鲁克，新王朝从此开始。这个王朝发展很快，其统治一直延伸到南方。它入侵孟加拉地区，吞并其部分领土。1325年，吉亚斯丁·图格鲁克因凉亭倒塌被压死，该凉亭是他的儿子朱那汗为迎接他的归来而“精心”建造的。

穆罕默德·本·图格鲁克（1325—1351在位）

穆罕默德·本·图格鲁克是吉亚斯丁·图格鲁克的儿子。登基前，他的真名是朱那汗。在杀死父亲和一个兄弟后，1325年，他成为德里的苏丹。有关他治理国家的案例既有成功的也有失败的，但他更以灾难性的治国而闻名。不过穆罕默德·本·图格鲁克是一位有成

阿拉·乌德丁·卡尔吉建造的西里堡

1197年　亨利六世去世后，德国爆发内战。

约1200年　汤加建造礼仪珊瑚平台。

约1200—1250年　在科罗拉多的克利夫峡谷和福克斯峡谷建造住宅群。

约1201年　威尼斯是总督统治下的重要商业中心；总督是选举产生的统治者。

1203年　北条家族统治日本。

1206—1290年　马穆鲁克王朝统治时期。

1209年　亚西西的圣方济各创立方济各会。

就的诗人，也是一位涉猎天文学、物理学和医学的多才多艺的学者。他统治德里26年。

1327年，穆罕默德·本·图格鲁克把首都从德里迁往德干以南700英里的马哈拉施特拉邦的德瓦吉里，新都改名为道拉塔巴德。他觉得这样可以免遭蒙古人的不断侵扰。由于蒙古人在北方发动侵袭，道拉塔巴德又水资源不足，迁都计划变成了一场灾难，迫使他不得不重新迁回德里。

穆罕默德·本·图格鲁克素描像

穆罕默德·本·图格鲁克建造的道拉塔巴德城堡

1210—1236 年

• 德意志国王奥托四世前往意大利，被加冕为神圣罗马帝国皇帝。

1210年　顾特卜·艾克巴在打马球时不幸坠马而亡。

1216年　卢埃林大帝被公认为威尔士的统治者。

约1220年　根据神话英雄齐格弗里德而创作的德国史诗《尼伯龙根之歌》完成。

1220—1244年　法国博韦学者樊尚编纂百科全书《大镜》。

迁都计划的失败，以及让人民遭受的苦难，使穆罕默德·本·图格鲁克非常不受欢迎。1351年他在镇压一场叛乱时去世。历史学家称他是“聪明的傻瓜”。

菲鲁兹·图格鲁克（1351—1388在位）

穆罕默德·本·图格鲁克之后，菲鲁兹·沙·图格鲁克继任苏丹。他在位37年，在领土扩张方面毫无作为。他也曾试图重新征服孟加拉地区和信德的领土，但均遭失败，只是耗尽国库而已。

他依据伊斯兰教法，放弃教法规定的所有非法税收。他善待农民，免除他们所有的税收和借贷。

他在德里附近的亚穆纳河畔建立了几座城市，有江普尔、费罗兹普尔等。

德里的菲鲁兹·沙·克特拉旧皇宫

菲鲁兹·沙·图格鲁克于1389年被谋杀，阿布·巴克尔继任。之后，王朝开始瓦解。蒙古入侵者帖木儿结束了图格鲁克王朝。

帖木儿入侵

跛子帖木儿是中亚撒马尔罕一带察合台突厥人的首领。1398年，他入侵印度并占领其西北部的一些地区，然后劫掠德里。他任命克什尔汗为印度总督。至此，印度的稳定被打破，最终导致图格鲁克王朝的衰败。

跛子帖木儿半身像

1220—1292年　英国科学家、哲学家培根的生平。

1225年　哥特式风格的巴黎圣母院大教堂开始建造。

1231年　教皇格列高利九世创立宗教裁判所。

约1233年　英国纽卡斯尔开始煤矿开采。

1236年　执政25年的德里苏丹伊勒图特米什去世。

1236年　斐迪南三世征服科尔多瓦，1248年又征服塞维利亚，这是再征服运动的继续。

赛义德王朝（1414—1421）

赛义德王朝的创始人是克什尔汗。与其他统治者不同，若不是绝对必要，他从不随意发动任何战争。他是一位能干的统治者，也是一位非常善良的人。克什尔汗之所以向托布、钱达瓦卡和卡里塔尔的印度教徒开战并击败他们，是因为这些印度教徒不愿再臣服于他。除此之外，这一时期没有其他重大事件可以记录。

撒马尔罕的跛子帖木儿陵

罗第王朝（1451—1526）

巴赫鲁尔·罗第是罗第王朝的创始人。他是德里苏丹国唯一的阿富汗普什图人统治者。在他之前，所有统治者都是突厥人。他征服了章普尔，后于1489年去世。

希坎达尔·罗第（1489—1517在位）

巴赫鲁尔·罗第去世后，他的儿子希坎达尔·罗第登上王位。伊卜拉欣是罗第王朝的最后一位国王，在1526年的第一次帕尼帕特战役中被巴布尔击败并杀死。至此，德里苏丹国的统治结束，这为莫卧儿王朝铺平了道路。

1237—1258 年

1237年　成吉思汗的孙子拔都汗在俄罗斯建立金帐汗国。

1238年　西班牙格拉纳达建立纳斯里德王朝。

1240年　拉齐娅和她的丈夫一起被杀害。

1240年　俄罗斯诺夫哥罗德的亚历山大·涅夫斯基击败瑞典人，1242年在佩皮斯湖战役中击败条顿骑士团。

1241年　德国城市吕贝克和汉堡联合，汉萨同盟发端。

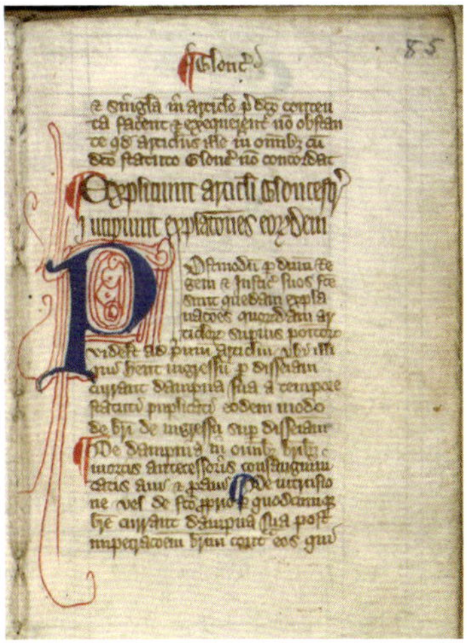

14世纪的《大宪章》手稿

英国《大宪章》

英国在12世纪面临骚乱，国王越来越依赖于贵族的支持。贵族们要求约翰国王（1199—1216在位）签署《大宪章》。1215年约翰国王最终签署《大宪章》。宪章规定了国王和贵族、贵族和租户之间的关系。还指出，即使是国王也要受到土地法的约束。《大宪章》被认为是一份重要的文件，因为它标志着英国宪政政府的开始，国王的权力得到了限制。

汉萨同盟

城镇和贸易的兴起导致欧洲汉萨同盟的产生，这是一个保护贸易的城镇联盟。汉萨同盟始于汉堡和吕贝克，由于政府软弱，商人们就建立了一个自我保护的组织。到14世纪中叶，北欧大约有70个城镇加盟。

意大利佛罗伦萨市乌菲齐美术馆的但丁壁画

伟大的文学作品

但丁（约1265—1321）、彼特拉克（1304—1374）和薄伽丘（1313—1375）是这一时期意大利三位伟大的作家。但丁最著名的诗歌作品是《神曲》，描述穿越地狱、炼狱和天堂的旅程。彼特拉克写的十四行诗，为文学开创了一种新诗体。薄伽丘的杰作是《十日谈》，由十个人讲述的故事组成。

- 神圣罗马帝国皇帝腓特烈二世入侵教皇国。

1245年　伦敦威斯敏斯特大教堂重建。

1246年　伊勒图特米什最小的儿子纳希尔-乌德-丁·马茂德继承王位。

1253年　艾米尔·库斯鲁出生于印度北方邦。

约1258年　波斯诗人萨迪创作其代表作《蔷薇园》。

1258年　英国下议院成立。

汉萨同盟港口油画

汉萨同盟原本是由德国北部城镇和德国商人联合会在国外创立的组织，以保护他们的共同贸易利益。从13世纪到15世纪，汉萨同盟主导了北欧的商业活动。

德国在1158年被狮子亨利占领后，吕贝克成为威斯特发里亚人和撒克逊商人向北和向东扩张的主要基地；瑞典哥特兰岛上的维斯比，很快成为波罗的海贸易的主要转运中心；诺夫哥罗德，成为俄罗斯贸易的主要市场。从维斯比开始，德国商人沿波罗的海东岸建立了一系列重要城镇，有里加、雷瓦尔（今塔林）、丹泽（今格但斯克）和多尔帕特（今塔尔图）。到13世纪早期，德国人几乎垄断波罗的海地区贸易。同时，来自科隆和莱茵兰其他城镇的商人在弗兰德斯和英格兰获得贸易特权。

形成汉萨同盟的决定性步骤发生在13世纪下半叶。在海外，德国商人越来越倾向于彼此组建协会，以确保对劫匪和海盗采取共同行动。从13世纪中叶开始，这种合作变得更加广泛化和规范化，到1265年，所有接受“吕贝克法”的德国北部城镇都同意对保护商人及其商品共同立法。13世纪70年代，已在弗兰德斯和英格兰获得贸易特权的吕贝克-汉堡协会与其竞争对手莱茵协会联合。13世纪80年代，这个从事西方贸易的德国商人联盟与波罗的海的贸易协会紧密合作，从而创建了汉萨同盟。

1260—1275年

约1260年　意大利建筑师、雕塑家尼古拉·皮萨诺将古典艺术融入哥特式风格。

1260年　苏菲派诗人鲁米创立马拉维教团。

1265—1273年　圣托马斯·阿奎那撰写《神学大全》，这是一部很有影响力的神学著作。

1266年　吉亚斯·乌德·丁·巴勒班成为德里苏丹。

1270年　航海图在欧洲使用。

再征服

公元8世纪，倭马亚穆斯林占领西班牙的大部分地区。一些幸存的基督教国家渴望收复失地，到13世纪取得了一些成功。再征服运动继续进行，科尔多瓦和塞维利亚分别于1236年和1248年被基督徒重新夺回。由奈斯尔王朝统治的格拉纳达成为仅存的伊斯兰国家。1238年，奈斯尔王朝向卡斯蒂利亚王国称臣纳贡。奈斯尔王朝一直存在到1492年。宏伟的阿尔罕布拉宫就建于该王朝时期。

位于西班牙格拉纳达的阿尔罕布拉宫

黑死病

被称为“黑死病”的恶性腺鼠疫，可能起源于中亚，很快袭击了中国和印度。1347年，黑死病波及君士坦丁堡（今伊斯坦布尔），又从君士坦丁堡，传播到西西里岛、法国、英国，然后是欧洲其他地区。在欧洲，黑死病的第一阶段也是最严重的阶段，于1351年结束，尽管后来瘟疫仍有持续。有些人认为瘟疫是上帝的愤怒，有些人把它归咎于生活环境不卫生的乞丐和穷人，有些人把它归咎于犹太人。最后一种看法导致一些城市对犹太人的屠杀。瘟疫过后，欧洲人口大大减少。幸存者也因此获得了所谓的临时福利：剩余劳动力的工资上涨，地产租户的租金下降，食品价格下跌等。

一份约14世纪的手稿插图，描绘神父在为瘟疫受害者祈福

1271年　爱德华一世成为英格兰国王，推行行政和法律改革。

1273年　鲁道夫一世加冕为神圣罗马帝国皇帝；他是德国哈布斯堡王朝第一位国王。

1274年　第二届里昂公会使东西方教会短暂联合。

1275年　兰甘亨任泰国素可泰王朝国王；他开始扩张领土。

欧洲统治者继续组织十字军东征，还在欧洲发起其他战争，如百年战争。与此同时，新的贸易线路开通，商业城镇涌现。

十字军东征继续

在此期间共发生了五次十字军东征。

1.第四次十字军东征（1202—1204），旨在重新征服耶路撒冷，但在十字军之间的冲突和对君士坦丁堡的攻击中结束。

2.第五次十字军东征（1218—1221），由教皇霍诺里乌斯二世发起，以失败告终。

3.第六次十字军东征（1228—1229），由神圣罗马帝国皇帝腓特烈二世（1194—1250）领导。他通过谈判达成为期10年的停战协议，允许基督徒返回耶路撒冷。1229年腓特烈在耶路撒冷加冕为王。然而，圣殿骑士团和医院骑士团在领土问题上相互争斗，突厥雇佣兵于1244年占领耶路撒冷。

4. 第七次十字军东征（1248—1254），由法王路易九世（1215—1270）发起。他进攻开罗，但被俘。支付赎金获释后，他重建了雅法和阿克，与穆斯林领袖和平相处。

5.第八次十字军东征（1270—1291），由路易九世发起，但不久后他死在突尼斯。然后，英格兰的爱德华王子前去阿克谈判，达成了11年的休战协议。然而，1289年马穆鲁克王朝占领的黎波里，1291年占领阿克。

复活节岛石像

公元6世纪，波利尼西亚人首先在东南太平洋岛屿——复活节岛（在今智利）定居。公元700—850年，他们沿着海岸建造了一个名为阿赫斯的矩形平台。在平台上竖立了一些中型石雕人像，这些石雕人像可能是重要的人物，后来被摧毁。1200—1680年，更坚固的平台被建造起来，更多更大的石雕人像沿斜坡被拖到平台上。现在已经发现有600多件这样的石像，高度在10～40英尺，有的重达80多吨。

1280—1300 年

约1280年　西班牙和葡萄牙出现犹太神秘哲学卡巴拉。

1282年　阿拉贡的佩德罗三世成为西西里国王。

1284年　英格兰的爱德华一世吞并威尔士。

约1285年　佛罗伦萨画家契马布埃创作自然主义绘画。

1287年　吉亚斯·乌德·丁·巴勒班被德里苏丹国卡尔吉王朝的创始人贾拉勒丁·菲鲁兹·卡尔吉谋杀。

百年战争：前两个阶段

英国长弓

英王爱德华三世出生于1312年，是英王爱德华二世和其妻法国菲利普四世的女儿伊莎贝拉的儿子。1337年，当他宣称要继承法国王位时，英国和法国之间爆发了一系列战争，通常被称为百年战争。百年战争有三个主要冲突阶段。第一阶段，又称爱德华战争（1337—1360），英格兰控制了法国东北部的加来和西南部的部分地区。一种新型武器长弓，帮助英国赢得了战争的第一阶段。第二阶段，又称卡罗琳战争（1369—1389），法王查理五世收复了大部分法国领土。1389年双方签署了休战协议。

英王爱德华三世

宗教裁判所的审讯：一位神父劝告被判刑者在遭受酷刑时承认罪行

宗教裁判所

从公元4世纪开始，天主教会多次召开会议，以确定天主教信仰的基本教义。任何持有不同意见的人都被视为异端，并被逐出教会。1231年，教皇格列高利九世设立宗教裁判所，迫使基督徒接受教会的教义。裁判所经常使用酷刑处决不肯屈服的人。在一些地区，宗教裁判所一直存在到19世纪初。

1290年　奥斯曼一世是来自中亚的塞尔柱突厥人的领袖，在约1300年创建奥斯曼帝国。

1290—1320年　德里苏丹国卡尔吉王朝统治印度。

1292年　英格兰的爱德华一世选择约翰·德·巴利奥尔为苏格兰国王，并在1296年征服苏格兰。

1296年　德里苏丹阿拉·乌德丁·卡尔吉在德干地区的迪瓦格里击败拉杰·拉姆钱德拉达。

1297年　阿拉·乌德丁·卡尔吉征服古吉拉特邦和马尔瓦。

约1300年　满者伯夷王国在爪哇岛建立，扩张印度尼西亚和马来领土。

马里帝国

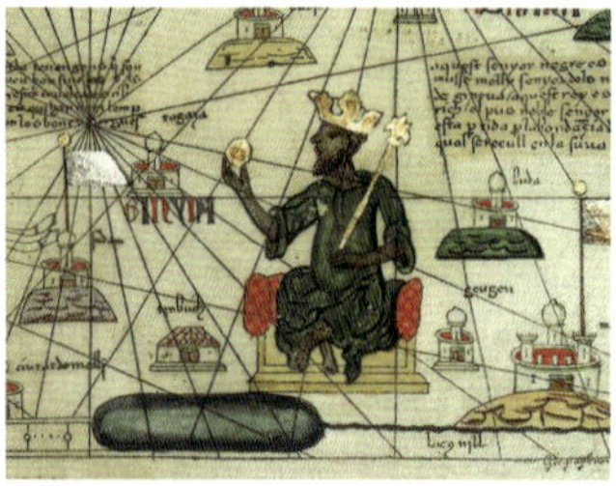
14世纪晚期的《加泰罗尼亚地图集》插图，马里帝国的曼萨·穆萨手持金块

1240年，加纳被日益壮大的马里帝国吞并。马里帝国是从位于尼日尔河上游早期的康加巴酋长国发展起来的。在曼萨·穆萨（约1307—1332在位）统治时，马里达到最大版图，包括廷巴克图和加奥两大贸易中心。马里的贸易商控制了西非，大使被派往埃及和摩洛哥，埃及的学者也被带到马里。1550年，马里帝国解体。

马穆鲁克王朝

马穆鲁克人，原本是突厥人或切尔克斯奴隶士兵，1250年推翻了萨拉丁在埃及建立的阿尤布苏丹国。1260年，巴格达被蒙古人占领，哈里发统治结束，但是开罗的马穆鲁克苏丹国又重新恢复了哈里发的统治。马穆鲁克苏丹国一直持续到1517年。在1382年突厥苏丹统治的鼎盛时期，马穆鲁克王朝的控制权扩展到叙利亚和巴勒斯坦。埃及和叙利亚成为伟大的商业和贸易中心，拥有丰富的艺术和工艺品。马穆鲁克王朝时期以其编织的地毯、金属制品和玻璃工艺品闻名。它的建筑成就巨大，修建了清真寺、陵墓和神学院等3000余座建筑。

约13世纪的马穆鲁克珐琅灯

奇穆文化

奇穆王国沿秘鲁海岸，围绕首都昌昌（约1200—1400）发展起来。这里被划分为不同的区域，比如有统治者和巫师的居住区，有普通民众的居住区。奇穆人修建道路，出产纺织品和精美的陶器。1465—1470年，奇穆王国被印加帝国征服。

约14世纪的奇穆披风

1300—1314年

约1300—1377年　法国诗人、音乐家纪尧姆·德·马肖的生平；他以复调形式创作大量声乐民谣、回旋曲。

1301—1308年　匈牙利内战。

1302年　教皇卜尼法斯八世颁布《唯至圣诏书》，声明教权高于王权；卜尼法斯后来被监禁。

1303年　教皇控制下的罗马大学成立。

印加帝国的创建者曼科·卡帕克

玛雅人、印加人和阿兹特克人

玛雅人的权力中心由尤卡坦半岛转移到新的首都玛雅潘。在其他地区，有许多独立的玛雅城邦。《波波尔·乌》是著名的玛雅神话和历史作品，由基什·玛雅创作。

印加人的起源不确定。大约1200年，印加人定居在南美洲的秘鲁，主要中心在库斯科。他们拥有自己的王国，国王是萨帕·印加，被认为是太阳神因蒂的后裔。印加人在14世纪开始扩张，1390年前后，国王曼科·卡帕克称自己为维拉科查，即最高创世神。

印加统治者穿着饰有鲜艳羽毛的金丝服装。印加人用带结的绳子记录信息和数量，即结绳语。他们建造了四通八达的道路。纺织品有复杂的图案，彩绘陶瓷和金银制品也很精致。印加人在山区种植土豆、玉米、南瓜、西红柿、花生和棉花等农作物。

阿兹特克人，也被称为墨西卡人，大概在12世纪抵达墨西哥山谷，当时托尔特克人的统治正在衰落。他们说纳华特语，定居在山谷西北部的不同区域。1325年，阿兹特克人在特斯科科湖边的岛上建造特诺奇提特兰城。特拉特洛尔科是其北方的姐妹定居点，阿兹特克人起初并没有控制这一地区。该地区还有其他城邦，阿兹卡珀扎克就是其中一个，而且阿兹特克人一度从属于它们。15世纪，阿兹特克人崛起，统治了该地区。阿兹特克人的历法是365天，分为18个月，每个月20天，另外剩余5天。

阿兹特克首都特诺奇提特兰城的金字塔

- 中国元代数学家朱世杰发展了代数。

约1305年　意大利艺术家乔托·迪·邦多纳在绘画和壁画中发展了现实主义风格。

1306年　犹太人被驱逐出法国和英国。

1309—1377年　阿维尼翁教皇时期。

1314年　罗伯特·布鲁斯领导的苏格兰人在班诺克本战役中击败爱德华二世，苏格兰在接下来的300年里保持独立。

《阿克巴传》的插图，作者阿布·法扎尔向皇帝展示其作品副本

探险家们开始发现新的地区并定居下来。帝国衰落，新的朝代出现。新的农作物被种植。世界各地通过贸易、商业和探险联系在一起。

在亚洲，伟大的王朝有印度的莫卧儿王朝、伊朗的萨法维王朝和中国的明王朝。奥斯曼土耳其帝国的势力范围超出亚洲，到达欧洲和非洲。

莫卧儿王朝

从16世纪早期到18世纪中期统治印度北部的突厥–蒙古穆斯林王朝，被称为莫卧儿王朝。1494年，正值德里苏丹国衰落之际，12岁男孩巴布尔成为中亚拔汗那国国王。巴布尔扩张至喀布尔，并入侵印度北部，建立莫卧儿王朝。巴布尔的孙子阿克巴是莫卧儿王朝最伟大的统治者。阿克巴（1556—1605在位）在第二次帕尼帕特战役（1556）中击败印度

1316—1330年

1316年　德里苏丹阿拉·乌德丁·卡尔吉因病去世。

约1320—1380年　威尔士吟游诗人戴维德·阿普·格威林的生平。

1320—1414年　印度德里苏丹国图格鲁克王朝时期。

约1325年　美洲原住民在科罗拉多河谷成立克奇纳教。

约1325年　苏菲派诗人、音乐家艾米尔·库斯鲁在德里去世。

1325年　德里苏丹吉亚斯丁·图格鲁克去世。

1325年　穆罕默德·本·图格鲁克成为德里苏丹。

教篡位者赫姆，从而在印度斯坦重新建立他的王朝。通过征服战争，他统一了印度北部的大部分地区，并将领土划分为多个省。石头和象牙在这一时期被雕刻成各种工艺品，锦缎和刺绣也是主要产品。贸易和商业蓬勃发展，大城市出现了。1605年在阿克巴去世时，帝国从阿富汗拓展到孟加拉湾，向南延伸到今古吉拉特邦和德干高原北部地区。

莫卧儿王朝的起源

莫卧儿王朝由来自中亚的蒙古人建立。与历经多个朝代的德里苏丹国不同，莫卧儿见证了由一个王朝历时近两个半世纪的统治。其间，仅在1540—1555年被舍尔沙家族短暂打断。莫卧儿王朝建立了一个大致与现在的印度领土差不多大的帝国。

巴布尔（1494—1530在位）

1483年，巴布尔出生于拔汗那国，一个位于中亚地区特兰索克萨尼亚的小国。在他12岁时父亲去世，他成为国王。几年之内，他实现了征服撒马尔罕的梦想。巴布尔是帖木儿的后裔，他的母亲与成吉思汗有血缘关系。他把自己建立的王朝称为帖木儿王朝（意为“帖木儿的后裔”）。他转战东方，并在1504年征服了喀布尔。

巴布尔向德里进军，并在德里称帝。

巴布尔是一个正统的逊尼派穆斯林，喜爱建筑。他撰写了《巴布尔自传》。

巴布尔

1326—1327年　伊莎贝拉女王杀死她的丈夫爱德华二世，让她的儿子成为英王，即爱德华三世。

1327年　穆罕默德·本·图格鲁克决定将首都从德里迁至马哈拉施特拉邦的德瓦吉里，改名为道拉塔巴德。

1328年　法国菲利普六世建立瓦卢瓦王朝。

1329年　法国拉比吉尔松尼德撰写《上帝的战争》，这是一部哲学神学研究作品。

约1330—1336年　意大利雕塑家安德烈·皮萨诺创立佛罗伦萨雕塑学院。

巴布尔先后把拉杰普塔纳和其他王国纳入孟加拉和比哈尔地区。到1530年，他在印度最富裕的地区恒河-亚穆纳河交汇的河谷北部建立了一个庞大帝国。不过，在帝国巩固之前，巴布尔于1530年去世，享年48岁。

巴布尔在看园丁工作

胡马雍

（1530—1540、1555—1556在位）

1530年，巴布尔的长子胡马雍继承王位。1539年，阿富汗比哈尔王公舍尔沙在乔沙战役中击败胡马雍，1540年在曲女城战役中再次获胜。为了活命，胡马雍被迫在拉贾斯坦邦和信德两地间流浪。在此期间，他娶了一位名叫哈密达·巴努的姑娘，然后生了一个儿子，这个孩子后来成了莫卧儿王朝最伟大的皇帝阿克巴。

不久胡马雍遇到了巴伊拉姆汗，后者成为他忠实的朋友，并且后来又成为他年幼的儿子阿克巴的监护人。在波斯军队的帮助下，胡马雍巩固了他在阿富汗的地位，并在15年后重新夺回了在德里失去的帝国。

皇帝胡马雍

1331—1351 年

1331年　第一次士瓦本联盟，由德国西南部22个城市联合组成，反对当地统治者。

约1333年　日本后醍醐天皇剥夺幕府权力，恢复皇权。

1338年　日本室町幕府时代开始。

约1338—1339年　锡耶纳画家洛伦采蒂兄弟安布罗吉奥和彼特罗开创了自然主义艺术。

1340年　中国长袍传入日本，被改造成和服。

位于比哈尔萨萨拉姆的舍尔沙陵

不幸的是，胡马雍统治才一年不到，1556年，他从图书馆的楼梯上摔下来后意外死亡。

位于德里的胡马雍陵

浦拉纳古城的图书馆

1343年　汉萨同盟，欧洲贸易城市的联合，成立于13世纪。

1348—1350年　黑死病导致欧洲数百万人死亡。

约1350年　非洲安哥拉地区建立刚果王国。

•泰国大城王国成立，一直持续到1767年。

1351年　德里苏丹国的穆罕默德·本·图格鲁克苏丹在镇压叛乱中死去。

阿克巴（1556—1605在位）

阿克巴

阿克巴于1542年10月14日出生于今巴基斯坦信德，是第二位莫卧儿皇帝胡马雍与其年轻新娘巴努的儿子。阿克巴于1556年登基。起初，他由他的导师、胡马雍的忠实将军巴伊拉姆汗指导。后来阿克巴成了至高王。

正是在阿克巴的统治下，莫卧儿真正成为帝国。而巴伊拉姆汗对帝国的创建也做出了巨大的贡献，在他的指导下，阿克巴在1556年的第二次帕尼帕特战役中击败了阿富汗将军赫姆，从而彻底摧毁了阿富汗的势力。

巴伊拉姆汗去麦加朝觐时遭人暗杀，此后阿克巴独自掌控整个国家。他征服拉其普特人，重新夺回胡马雍统治期间失去的领土。

在短时间内，阿克巴的帝国从西北的兴都库什山延伸到东部的布拉马普特拉河，从北部的喜马拉雅山脉延伸到南部的戈达瓦里。位于法塔赫布尔·西格里的胜利之门，就是为了纪念阿克巴征服古吉拉特邦而建造的。

阿克巴不仅是一位伟大的军事家和政治家，也是一位高效的管理者。他沿用了舍尔沙的管理方法。

阿克巴的统治体系由他的继任者继续采用，后来也成为英属印度行政机构的基础。阿克巴建立了一个高度集权的统治体系，他是军队的最高指挥官，也是最高上诉法院大法官。

阿克巴发明了一种独特的官僚制度——曼萨卜达尔制，每个军官或贵族都有一个级别，表明各自的等级，并被称为曼萨卜达。

1356—1370 年

1356年　神圣罗马帝国皇帝查理四世颁布了关于选举程序的法令《金玺诏书》。

1361年　穆拉德一世成为奥斯曼苏丹；他扩张帝国领土。

1366—1367年　《基尔肯尼法案》禁止英格兰移民说爱尔兰语和沿用爱尔兰习俗。

1368—1370年　丹麦国王瓦尔德马尔四世被汉萨同盟击败。

为纪念阿克巴征服古吉拉特邦而建造的胜利之门

在阿克巴之前，莫卧儿帝国没有田赋制度。舍尔沙曾经的财政部部长拉贾·托达尔·马尔被阿克巴任命为财政部部长，他制定了莫卧儿帝国的田赋政策，这一政策一直延续到英国人的到来。土地被分为好、中、差三个等级，田赋评估基于过去10年的平均产量。田赋份额是土地产出的三分之一，可以现金或实物支付。阿克巴也制定政策确保农民不会受到官员的骚扰。在发生自然灾害时，农民也可获得贷款。

1369年　蒙古血统的帖木儿占据了中亚的撒马尔罕。

约1370年　格拉纳达穆斯林统治者的住所阿尔罕布拉建造的科玛莱斯宫竣工（整个建筑群的历史可以追溯到11—14世纪）。

1370—1430年　俄罗斯圣像画家安德烈·鲁布廖夫的生平。

皇帝公共谒见厅——地哇尼安

皇帝私人谒见厅——地哇尼卡

阿克巴大力发展与中国、中亚、欧洲的贸易，鼓励内陆和海外贸易。出口商品有纺织品、硝石、香料和靛蓝等。他还发行了莫霍尔金币，也使用银币和铜币。

阿克巴的文化遗产

阿克巴鼓励学术。他有惊人的记忆力，通过聆听学到了很多东西。他经常与宗教思想家、学者和作家进行讨论。阿克巴的宫廷拥有“九颗宝石”，代表着在各自领域取得杰出成就的9位著名学者。

1. 阿布·法兹尔：御用作家，撰写了《阿克巴本纪》，并介绍了帝国的各种法律和财政制度。

以对联而著称的阿卜杜尔·拉希姆

1372—1382 年

1372年　泰佐佐莫克成为墨西哥最强大的城邦阿兹卡珀扎克的统治者。

1375年　苏格兰诗人约翰·巴伯创作歌颂罗伯特·布鲁斯国王的《布鲁斯》。

1376年　第二次斯瓦比亚联盟成立。

1378年　拜占庭画家狄奥凡发明了壁画。

1378—1417年　基督教会大分裂；对立的两位教皇各自宣称权威。

2．法伊兹：诗人，把《罗摩衍那》和《摩诃婆罗多》翻译成波斯语，还把《薄伽梵歌》《圣经》，以及其他著名的阿拉伯、希腊作品翻译成波斯语，以造福普通人。

3．阿卜杜尔·拉希姆：白拉姆汗之子，以其印地语对联而闻名。

4．托达·马尔：著名的财政部部长。

5．巴格温·达斯：阿克巴的妻兄，伟大的将军。

阿克巴身边的“九颗宝石”

6．伯巴勒：以诙谐和智慧著称，现已成为印度民间传说的一部分。

7．坦森：这一时期最伟大的歌手，为了纪念阿克巴帝国，他用新拉加曲丰富了印度斯坦古典音乐。

8．胡玛姆：著名医生。

9．毛拉·多·皮亚扎：以机敏著称。

阿克巴对所有人实施宽容政策，他的后代除了奥朗则布都遵循这一政策。

1582年，阿克巴创立新国教——圣教，它是苏菲主义和印度教的融合，崇拜太阳、火和光。然而，这种信仰的传播并不是很成功。

礼拜堂

1379年　英国神学家约翰·威克利夫攻击教会的教义。

约1380年　日本演员、剧作家世阿弥开创能剧，创作有50部作品。

1380年　塔罗牌开始在意大利和法国出现。

1381年　英格兰农民起义。

1382年　波兰的波罗的海诸省被条顿骑士团征服。

贾汉吉尔（1605—1627在位）

1605年阿克巴去世，他的儿子穆罕默德·苏丹·萨利姆即贾汉吉尔继位，他继承了当时世界上最强大的帝国。贾汉吉尔与阿克巴宫廷贵族伊玛多杜拉的女儿努尔·贾汗结婚。努尔·贾汗是一位聪明能干的皇后，贾汉吉尔把王国交给妻子管理。

1627年贾汉吉尔病重，于当年10月28日去世。沙贾汗在他的岳父阿萨夫·汗的支持下成为皇帝。

贾汉吉尔及其皇后

沙贾汗（1628—1658在位）

1628年，35岁的赫拉姆王子在阿格拉登上王位，成为沙贾汗，即“世界之王”之意。他在阿格拉为他心爱的妻子穆塔兹·玛哈尔建造了泰姬陵。他将首都从阿格拉迁到德里，并开始建造一个名为沙贾汉纳巴德的新城市。他还建造了红堡，有很多漂亮的建筑。这是个辉煌的时代，莫卧儿帝国在此期间达到了顶峰。沙贾汗病倒后，他的四个儿子展开了激烈的皇位之争。沙贾汗被其子奥朗则布监禁在阿格拉堡。

沙贾汗及其皇后

1386—1397 年

1386年　德国最古老的海德堡大学成立。

•波兰和立陶宛联合的雅盖洛王朝成立。

•米兰大教堂开始建造，在20世纪完成。

1389年　土耳其人入侵塞尔维亚，在科索沃波列战役中获胜，杀死了塞尔维亚国王拉撒路。

奥朗则布（1658—1707在位）

1658年，奥朗则布宣布自己是印度皇帝，他的统治持续了49年，直到他1707年去世。

奥朗则布背叛宗教宽容政策，从而导致他成为一个不受欢迎的统治者。他对锡克教徒的残酷统治破坏了帝国在阿克巴统治期间与其建立起来的友好关系，他的反印度教立场激怒了他的大多数臣民。这为马拉塔的崛起铺平了道路。马拉塔人得到了普通民众的大力支持，在莫卧儿帝国内开辟了一块广大的自治区域。

在奥朗则布之后，莫卧儿王朝的皇帝大都昏庸无能，帝国开始瓦解。1707年，奥朗则布的长子巴哈杜尔·沙登继承王位，但却控制不住马拉塔人和贾特人。1712年，巴哈杜尔·沙登去世。

萨非王朝

1502年，伊斯玛仪在伊朗建立萨非王朝。他是阿尔达比勒的苏菲派长老谢赫·萨非丁（1253—1334）的后裔。1514年8月，伊斯玛仪在查尔德兰被他的逊尼派对手奥斯曼帝国苏丹塞利姆一世击败。由于与信仰逊尼派的西部奥斯曼帝国和东北部的乌兹别克人的长期斗争，萨非王朝失去了库尔德斯坦、迪亚巴克尔和巴格达。萨非王朝不得不迁都伊斯法罕，约从17世纪初开始长期定都于此。在阿巴斯一世（1587—1628在位）的领导下，一段和平与繁荣的时期开始了。迁都伊斯法罕后，政府机构进行重组，文学、艺术和建筑文化蓬勃发展。据说，伊斯法罕有50万居民和许多美丽的花园。萨非王朝以缩微绘画、纺织品和复杂的编织地毯而闻名。

伊斯玛仪

1389年　德里苏丹菲鲁兹·沙·图格鲁克被谋杀。

约1390年　英国作家杰弗雷·乔叟完成《坎特伯雷故事集》。

1391年　阿兹特克人的统治者维兹里维特尔带领他们摆脱了阿兹卡珀扎克的统治。

1392年　朝鲜的李朝建立，该王朝一直持续到1910年。

1394年　帖木儿征服伊朗；1398年帖木儿摧毁德里。

1397年　挪威、丹麦、瑞典组成卡尔马联盟，该联盟一直存在到1523年。

明朝

1368年明朝的建立，标志着汉人又恢复了几个世纪以来对中国的统治。随着社会逐渐稳定，经济日益繁荣，贸易不断发展，其他几个东亚国家也恢复了朝贡地位。

郑和（1371—1433）七次下西洋，积极建立广泛的贸易新关系，到达泰国、印度、伊朗、沙特阿拉伯的吉达以及东非海岸。中国出口的产品包括丝绸、纺织品和陶瓷等。1400年前后，明朝的都城南京人口达到100万，成为当时世界上最大的城市。1421年，明朝迁都北京。

中国文化在明朝蓬勃发展。包括小说在内的各种书籍出版。新的画风开始形成。与蒙古人和日本倭寇的连年战争、皇帝的软弱以及官僚机构中的党争导致了明朝的衰落。这个朝代最终在1644年落下帷幕。

关注文化重建是明朝早期的一个特点。朝廷为陶瓷、漆器、纺织品、绘画和其他艺术品设定了风格。宣德皇帝（1426—1435在位）和成化皇帝（1465—1487在位）御用的釉下钴蓝色瓷器精美优雅，是陶瓷史上著名的青花瓷器之一。宫廷画家，或从事专业工作的画家，或作为自我修养手段的普通民众，都从16世纪早期的传统中获得灵感。大规模制造业如瓷器和纺织业的发展，促进了经济繁荣。受过良好教育的士绅阶层在中国南方崛起。

明朝镶有云龙的佛经盒

1398—1414 年

1398年　帖木儿入侵印度。

1400—1511年　马来亚建立的马六甲王国成为重要的贸易中心。

1402年　中国明朝永乐皇帝在北京建造紫禁城；明王朝达到顶峰。

1405年　帖木儿去世，他的帝国也随之瓦解。

在南京和苏州等城市，富有的官员和商人对艺术的支持，使新的区域文化中心出现。书籍的广泛印刷，新的画风，装饰艺术中非规范的设计，均反映了经济和文化的发展。

异国情调的潘趣酒碗

永乐皇帝统治时期，有五次大规模的北伐蒙古远征以及对越南的连年战争，标榜了扩张主义和皇权思想。同时，这也是一个艺术繁荣的时期，精美的瓷器和纺织品闻名遐迩，并生产了许多供宫廷使用或作为礼物送给西藏的佛教圣像。

郑和七次下西洋，总计300艘船和2.7万名船员，前四次到达印度和波斯，后三次到达非洲。他首要关心的是外交，寻求与其他国家建立联系。与此同时，也带回了一些外来产品和奇异的动物，像长颈鹿、犀牛、狮子等。

正是在此期间，紫禁城的修建开始了。这是一座位于北京市中心的皇家建筑群，在1912年前一直是中国皇帝的家园。这座建筑群以及它外围的城市布局都严格沿着一条南北中轴线展开，并且遵循坐北朝南的传统方式。永乐皇帝于1420年进驻紫禁城。

一系列儒家学说文本包括《四书集注》出版。与之相关，“四书”“五经”在1415年成为科举考试的内容，解释以朱熹的《四书集注》为准。文人只有通过科举考试，才能在官僚机构中担任职务。

天坛建成。每年冬至，皇帝都会亲临此坛，进行祭天仪式，向皇天报告国家境况，祈求来年的国泰民安。在嘉靖皇帝（1522—1566在位）统治时期，天坛得以扩建。最后一次在此祭天是1915年，由中华民国大总统袁世凯（1859—1916）主持。

约1410年　俄罗斯圣像画家安德烈·鲁布廖夫创作《圣三位一体》。

1410年　中美洲的基西玛雅人扩张王国。

•坦嫩贝格之战，波兰和立陶宛联军击败条顿骑士团。

1414—1492年　伊朗伊斯兰苏菲派诗人努鲁丁·贾米的生平；他著有《七卷诗》。

宣德皇帝统治时期的一大特征是对艺术的大力支持。他用一种更严格的制度取代了早期对宫廷画家的非正式管理方式，在这种制度下，画家们被要求在仁智殿待诏。后来，仁智殿改为画院。他还建立了一个用于生产精细青铜和铜制容器的工厂，确立用年号标记陶瓷生产日期的制度。

江苏东南部的苏州以及其他城市蓬勃发展，成为经济文化中心。富裕的家庭住在优雅的园林中，收藏名贵的绘画、书法作品、青铜器和其他文物，并赞助专业画家和其他工匠。此外，苏州还有沈周（1427—1509）和文徵明（1470—1559）等文人画家，他们以描绘风景、花卉和人物的水墨画而闻名。他们和他们的圈子经常被归类为“吴派”，以古城苏州的名字命名。

明代铜佛像

在成化皇帝统治时期，艺术也蓬勃发展，成化皇帝本身也是一位画家。著名的斗彩瓷器，先是釉下彩以青色勾勒图像，烧制后再上釉上彩，有的还涂上珐琅彩，工艺水平达到高峰。在苏州和杭州等南方城市出现大量精美的纺织品。

王守仁（即王阳明）是明朝重要的知识分子之一，他以理想主义和直觉的道德修养方式而著称。他提出的心学体系认为，“吾性自足”，良知良能先天存在于我们的内心，人人可致良知，并且可以通过多种提高道德修养的方法而致良知。

蒙古人入侵中国北部，导致长城的扩建。

1414—1430年

1414—1451年　印度德里苏丹国赛义德王朝时期。

1416年　奥斯曼土耳其人在达达尼尔海峡被威尼斯击败。

1419年　菲利普三世成为勃艮第公爵；他在欧洲创建了一个强大的国家。

约1420—1506年　日本禅宗佛教艺术家、水墨画大师雪舟的生平。

约1425年　新墨西哥的普韦布洛人用石头和干土砖建造多层建筑。

1416年的《土耳其-威尼斯海事条约》

1416年奥斯曼帝国与威尼斯共和国签署了《土耳其-威尼斯海事条约》，结束了两国之间的短暂冲突。1416年5月29日，威尼斯舰队击败土耳其舰队，为拜占庭皇帝曼努埃尔二世的调解奠定了基础。该条约是双方未来海上贸易的基础。根据这项条约，奥斯曼帝国向威尼斯人做出许多让步，并且双方交换俘虏，还约定将共同打击海盗。

15世纪威尼斯人的贸易船

奥斯曼土耳其帝国

奥斯曼在土耳其东北部建立了奥斯曼帝国，他于1326年去世。他的王朝延续了600年，他的继承者通过战争和外交手段将领土扩张到拜占庭的土地上。到1398年，奥斯曼帝国控制了安纳托利亚、色雷斯、马其顿以及保加利亚和塞尔维亚的部分地区。巴巴利德于1402年被帖木儿击败，但后来奥斯曼帝国重新占领了帖木儿的土地并继续扩张。典型的伊斯兰帝国、拜占庭帝国和中亚大土耳其帝国的政治、经济和社会制度以新的形式被合并和重塑，以便奥斯曼帝国对其实行统治。奥斯曼帝国最大的胜利是1453年占领君士坦丁堡，从而导致了拜占庭帝国的衰落以至灭亡。在奥斯曼帝国治下，伟大的文学作品多以波斯语和土耳其语创作，而阿拉伯语则用于科学和宗教类作品。

土耳其艺术与建筑

釉面陶器和金银制品达到了极高的水平。纺织品和地毯上编织有复杂的图案。君士坦丁堡（1930年正式更名为伊斯坦布尔）的托普卡匹皇宫以及大量清真寺、陵墓被建造。在方形基座上筑起重型圆顶，并装饰以精美的彩色瓷砖。

16世纪50年代奥斯曼帝国在君士坦丁堡建造的苏雷曼尼亚清真寺

1428—1429年　法国奥尔良被圣女贞德从英国人手中解救。

1429年　科西默·德·美第奇任佛罗伦萨美第奇银行行长；他是那个时代最富有的人。

1430年　勃艮第王菲利普首创“金羊毛骑士章”。

约1430—1435年　意大利雕塑家多纳泰罗（约1386—1466）创作青铜雕像《大卫》；这是西欧历史上出现的第一座圆形雕塑，也是第一座裸体雕塑。

欧洲的英国与法国之间的战争依然继续，同时英国爆发内战。拜占庭帝国与土耳其人进行了最后一场战役。在俄罗斯，莫斯科公国开始扩张，伊凡三世在1480年宣布自己是所有俄罗斯人的王。在斯堪的纳维亚国家中，瑞典在1523年宣布独立。

与此同时，欧洲文化繁荣。新教思想在基督教内部产生并发展。城市中心随着贸易和商业的繁荣而蓬勃发展。欧洲人继续航海探险，在世界各地建立殖民地和定居点。

百年战争：最后阶段

在百年战争的第三阶段（1415—1435）之前，法国和英国都经历了内部的政治混乱。最终，法国人收复失去的领土。1435年，法国的查理七世提出和平谈判。因此，曾支持英格兰的勃艮第菲利普取消对其的支持，法国于1436年重新夺回巴黎。并且法国充分利用移动大炮的优势，夺回了更多的领土。1444年英法签署了为期5年的停战协定，但不久双方又陷入敌对状态。最终，百年战争在1453年卡斯蒂永战役后结束。只有法国的加来还在英国人的控制之下。

《卡斯蒂永之战》，由法国画家查尔斯-菲利普·拉里维埃尔于19世纪创作

1431—1450 年

1431年　柬埔寨高棉王国的首都吴哥被入侵的泰国人摧毁，新首都定在金边。

1438年　秘鲁皇帝帕查库蒂扩张印加帝国；马丘比丘可能是为他建造的。

约1441年　玛雅城市玛雅潘被毁；该地区分裂为多个独立的城邦。

圣女贞德

1412年，贞德出生在法国一个贫穷的农民家庭，她每天都要喂养家畜。据说贞德遇见神迹，大天使圣弥额尔、圣玛加利指示她支持王储查理将英格兰人赶出法国，并让查理合法加冕。圣女贞德也被称为“奥尔良少女”，在英法百年战争期间，她带领法国军队对抗英军的入侵，被视为法国的民族英雄。后来，由于英格兰人和他们的法国帮凶诬蔑她是异教徒而被处以火刑。1920年5月16日，近500年后，她被罗马天主教封为圣人。

贞德在神迹的指示下去沃库勒尔求见驻军指挥官，也是查理的支持者博垂库尔。她起初遭到拒绝，但后来人们开始相信她遇到的神迹，在1429年同意给她一匹马和几名士兵。在出征之前，她剪掉头发，路上花了11天时间。

贞德在人群中识别出身穿普通服饰的王储查理，由此获得了王储的信任。在他们的交谈中，贞德透露了自己为拯救法国而做的祷告。17岁时，她得到一副盔甲和一匹马，获准随军前往奥尔良。

在1429年5月4日至7日的战斗中，法国军队战胜了英军。战争一结束，查理接受贞德的建议，立即于1429年7月18日到兰斯教堂加冕，称查理七世。在他加冕时，贞德就站在他的身边。

然而，当贞德被英军俘虏时，查理并没有采取任何营救措施。1431年5月29日法庭宣布贞德为异端邪说，19岁的贞德在上万人的注目下被烧死在火刑柱上。据说她的灵魂在大火中幸免于难。

•葡萄牙人将第一批非洲奴隶带回里斯本。

1448年　葡萄牙航海家迪亚士发现并命名非洲最西部的佛得角。

1450年　法国画家让·富凯（约1416—1480）创作《圣母像》。

•梵蒂冈图书馆建立，藏有早期教皇的书籍和文件。

玫瑰战争

在百年战争将近结束时，英国内战即著名的玫瑰战争，在约克家族（白玫瑰徽章）和兰开斯特家族（红玫瑰徽章）之间爆发。主要战役发生在1455年到1485年间。兰开斯特家族的亨利六世在其强大的王后安茹的玛格丽特支持下加冕国王，但受到约克公爵理查的挑战。双方都是爱德华三世的后裔，并得到了封建领主、各自的附庸和雇佣军的支持。1461年，在陶顿爆发了最惨烈的战役，有2.8万人在一天内被杀。理查的儿子爱德华在这次战役后被加冕为爱德华四世。但战争仍未结束，格洛斯特公爵理查从爱德华五世（爱德华四世的儿子）手中夺走王位，成为国王理查三世。兰开斯特家族的亨利·都铎又在博斯沃思战役中击败理查三世，加冕为亨利七世。亨利七世通过与各派联姻，在英格兰建立了都铎王朝。

左：兰开斯特家族的红玫瑰徽章　中：约克家族的白玫瑰徽章　右：都铎王朝的玫瑰徽章，象征着联盟

伊丽莎白一世

英格兰和爱尔兰的女王伊丽莎白一世（1558—1603在位），是亨利七世建立的都铎王朝最后一位统治者。她在统治期间遇到了许多问题，包括与苏格兰女王玛丽的冲突、与西班牙和法国天主教联盟的战争，以及爱尔兰的叛乱。可以说，伊丽莎白一世是英国最著名的女王，拥有一个以她命名的时代，即伊丽莎白时代。伊丽莎白1533年9月7日出生于英格兰格林尼治，尽管她是一位公主，但最初因政治阴谋被宣布为非婚生子女。不过最终她在25岁时获得了王位，并执政了44年。在她统治期间，英格兰进入黄金时代，她带领英国经历了战争，以及政治、宗教动荡。

1451—1470 年

1451—1526年　印度德里苏丹国罗第王朝时期。

1452—1519年　意大利画家达·芬奇的生平。

1453年　法国和英国之间的百年战争结束。

1455年　英国内战，即著名的玫瑰战争在英格兰爆发。

•德国的约翰内斯·谷登堡用活字印刷术在欧洲出版了第一本书。

1458年　马蒂亚斯·科维努斯就任匈牙利国王，1462年获神圣罗马帝国皇帝认可。

伊丽莎白一世是国王亨利八世和他的第二任妻子安妮·博林的女儿。当伊丽莎白只有两岁时，安妮·博林因通奸和阴谋罪遭到指控而被斩首。因此，伊丽莎白和她同父异母的姐姐玛丽被父亲宣布为非婚生子女，尽管后来被恢复为潜在的继承人。她们的同父异母兄弟爱德华于1537年出生，是亨利八世的第三任妻子简·西摩所生。

作为皇室成员，伊丽莎白从小接受专门教育，她擅长语言和音乐。爱德华于1553年去世后，她的表妹简·格雷被任命为继承人，但她的统治只是昙花一现，在位仅9天就被伊丽莎白的姐姐玛丽所取代。玛丽深得英国民众的支持。

1558年玛丽去世后，伊丽莎白接管了她的国家，恰逢英国与法国交战。由于玛丽在位时想要恢复英格兰的罗马天主教，不同的宗教派别之间关系十分紧张。

伊丽莎白很快就展现了她的外交才能，并用高超的手腕管理这个国家。在她统治期间，尽管存在宗教和政治挑战，但她的臣民生活幸福，国家蒸蒸日上，这都归于她的聪明才智。很大程度上来说，伊丽莎白是因为帮助她的臣民而被铭记的。她在位期间被认为是英国文艺复兴的黄金时代。这一时期的著名作家包括威廉·莎士比亚、埃德蒙·斯宾塞和菲利普·西德尼。伊丽莎白本人也是一位学者和语言学家。她喜欢戏剧，所以人们表演戏剧来纪念她。伊丽莎白一世于1603年3月24日停止了呼吸。

1461年　路易九世成为法国国王。

1461—1483年　英王爱德华四世统治时期。

1462年　伊凡三世任莫斯科大公。

1466—1477年　应仁之乱，日本细川家族和山名家族之间展开战争。

约1469—1470年　英国作家托马斯·马洛礼完成散文史诗《亚瑟王之死》。

1470年　葡萄牙探险家到达非洲黄金海岸。

宗教改革

马丁·路德（1483—1546）

从14世纪开始，就有人公开挑战基督教的权威和教义。前修士马丁·路德于1517年10月31日，万圣节前夕，发表了他的《九十五条论纲》，标志着宗教改革的开始。

马丁·路德于1483年11月10日出生在德国，是基督教史上最具有影响力的人物。在他质疑罗马天主教的信仰之后，他的追随者开始信奉新教。

马丁·路德曾获得爱尔福特大学的文学硕士学位，但一次陷入暴风雨的经历让他改变了对生活的看法。他放弃了一切，选择成为一名修道士，他希望通过修道院中的禁欲生活得到救赎。然而，他很快就为修道院里那些不虔诚的行为感到失望，他清楚地看到教会内部的腐败，这些经历让他十分沮丧。后来，他前往维滕贝格大学学习神学，并获得博士学位。1513年，他在准备讲义时，顿悟了启蒙的真正含义。在《保罗达罗马人书》中，他读到了这句话："公义将依靠信仰生活。"这意味着恐惧不是实现救赎的方式，坚定的信仰才是最重要的。在他的出版物中，他对于教会的运作从各个方面提出抗议。他认为，人们应该摆脱教皇的权威，通过圣经直接获得上帝的启示。马丁·路德声称，他与以往改革者的不同在于，当其他人抨击教会生活的腐败时，他找到了问题的神学根源。他的这种观点产生了巨大的影响，其他改革者也开始宣扬类似的观点。其中包括苏黎世的茨温利和定居在日内瓦的法国神学家加尔文。渐渐地，整个团体甚至国家，都脱离了罗马天主教会，他们后来被称为新教徒，并建立了自己的教堂。尽管试图改革天主教会的努力被视为反宗教改革，但新教依然蓬勃发展。

在英格兰，宗教改革的根源既是宗教的，也是政治的。亨利八世，因教皇克莱门特七世拒绝宣布他的婚姻无效而被激怒，他否定教皇的权威，并在1534年建立了以国王为最高领袖的圣公会。

1471—1486 年

1471—1528年　德国画家阿尔布雷希特·杜勒的生平。

1475—1564年　意大利艺术家、雕塑家米开朗琪罗的生平。

1476年　第一台英文印刷机由威廉·卡克斯顿在威斯敏斯特发明。

1478年　中美洲的塔拉斯坎帝国和阿兹特克帝国发生冲突。

•西班牙宗教裁判所设立。

1483年　理查三世成为英国国王，他是约克家族的最后一位国王。

探险与贸易

城市的蓬勃发展和贸易的扩张，促使人们寻找新的土地。土耳其人对君士坦丁堡的占领，迫使欧洲人寻找通往东方的不同路线。早期的探险家、殖民者主要是葡萄牙人和西班牙人，尽管英国人和法国人也冒险进入非洲、美洲和东方。

葡萄牙人是第一批进入非洲从事利润丰厚的黄金、铜和奴隶贸易的欧洲人。葡萄牙王子、航海家亨利，从1434年开始组织了无数次探险之旅。15世纪末，葡萄牙人发现了环绕非洲的海上航线。1497—1498年，达·伽马沿着好望角的路线到达了印度。

达·伽马

达·伽马出生于葡萄牙锡尼什的一个贵族家庭，他很早就加入了海军，并学习到很多航海知识。他被葡萄牙国王约翰二世派往里斯本南部的阿尔加维地区，扣押法国所有的船只，以表示对法国政府阻止葡萄牙船只航行的行为不满。葡萄牙被曼努埃尔国王接管后，恢复了早先寻找路线直接通往印度的行动。葡萄牙此时处于国力鼎盛时期。1497年7月8日，达·伽马率领一支由四艘船组成的船队，其中包括载重200吨的“圣加布里埃尔号”，出发寻找通往印度和东方的航线。

达·伽马（1460—1524）

伊凡三世时期的克里姆林宫

克里姆林宫

俄罗斯最著名的城堡是克里姆林宫。在伊凡三世（1462—1505在位）统治时期，克里姆林宫新建了城墙和塔楼，还有一座宫殿和三座大教堂。1505—1508年，他的儿子瓦西里三世又建造了高大的钟楼。

- 多明我会修士托马斯·德·托尔马德被任命负责西班牙宗教裁判所。

1483年　莫卧儿帝国的创始人巴布尔出生于中亚。

1483—1520年　意大利画家拉斐尔的生平。

1485年　犹太哲学家约瑟夫·阿尔伯撰写《论基本原则》一书，全面阐述犹太教。

1485—1603年　都铎王朝统治英格兰。

1486年　阿兹特克人击败瓜雷罗人和瓦哈卡人。

达·伽马利用非洲沿海的盛行风向，令船只一直向南航行。他们绕过好望角，沿着非洲东海岸驶向印度洋未知的水域。达·伽马一行人本想在非洲莫桑比克停留，那里主要是穆斯林商人，但因为当地的国王对他们送的礼物不满意，他们不得不离开。1498年5月20日，达·伽马到达印度南部，他误以为那里的人是基督徒。他们受到了当地人的欢迎，在那里待了三个月。但是，达·伽马率领的这些基督教商人的出现导致竞争愈发激烈，从而引起当地穆斯林商人的不满。达·伽马的第一次航行将近2.4万英里，历时近2年，同他一起起航的170人中只有54人幸免于难。他作为英雄回来了，为之后更多通往印度的航线开辟了道路。1502年，达·伽马带领更多的人踏上同样的征程，他想要征服印度更多的地区，并赶走穆斯林商人。1502年10月11日，他带着从印度攫取的更大利益返航。1524年，国王约翰三世任命达·伽马为葡萄牙驻印度总督。

文艺复兴

米开朗琪罗

14世纪，意大利进入文艺复兴时期，其特点是对古希腊和罗马艺术的复兴。这是一个辉煌的时代，复兴古典文化与新理念、新思想的兴起相结合。文艺复兴的大背景是经济变革。贸易和商业促进了意大利富裕城市的崛起，其中包括佛罗伦萨、威尼斯和米兰。富有的家族如佛罗伦萨的美第奇家族、曼图亚的贡萨加、乌尔比诺的公爵们，以及威尼斯的总督们，都资助了文艺复兴时期的艺术和教育。虽然基督教及其教会仍然重要，但世俗观念却在滋生，“人文主义”就是用来描述这一观念的术语，它强调人的重要性，而不是上帝。世俗历史被编写，其中没有包含基督教的创造理论及最后的审判。由人文主义者提出的神学问题对基督教也产生了深刻的影响。

达·芬奇

1488—1502年

1488—1576年　意大利画家提香的生平。

1489年　德里苏丹国的巴赫鲁勒·洛迪去世。

1490年　葡萄牙探险家抵达刚果。

1492年　克里斯托弗·哥伦布启航前往东印度群岛。

1493年　阿斯基亚大帝统治桑海帝国。

1494年　克里斯托弗·哥伦布到达加勒比群岛。

1497年7月8日　达·伽马启航寻找前往印度和东方的路线。

达·芬奇创作的《最后的晚餐》

在艺术领域，古典艺术复兴。人们理解并采用了一种技术，称为线性透视法，它赋予绘画以深度。文艺复兴时期最伟大的艺术家包括拉斐尔、达·芬奇和米开朗琪罗。在雕塑方面，人体再次受到重视。建筑界有了新的流行趋势。文学开始用地方语言创作。古希腊的论文被翻译。哥白尼、布拉赫、开普勒和伽利略是开创科学新局面的先驱。

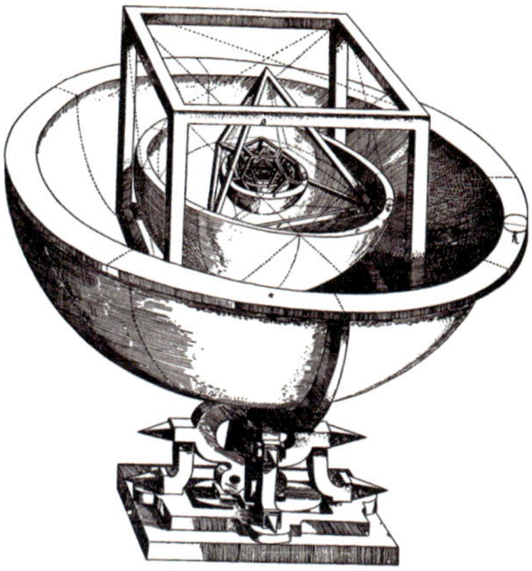
开普勒制作的太阳系模型

1497年　达·伽马到达印度南部的卡利卡特，并将当地人误认为是基督徒。

1497—1498年　西班牙探险家亚美利哥·维斯普奇探险北美；美洲以他的名字命名。

1499年　伦敦瘟疫造成数千人死亡。

1500年　佩德罗·阿尔瓦雷斯·卡布拉尔到达巴西；将巴西变成葡萄牙人的领地。

1502年　波斯萨非王朝统治阿塞拜疆。

哥白尼

哥白尼（1473—1543）

提出日心说是尼古拉·哥白尼最大的成就。在日心说中，太阳系的中心是太阳，而不是地球。尼古拉·哥白尼1473年2月19日出生于波兰的托伦，他是第一个提出太阳与地球的运动是处于一个固定的点上的人。根据他的发现，地球既绕着太阳旋转，又绕着自己的轴旋转。

直到1514年，哥白尼才在题名《浅说》的手稿中与朋友和天文学家分享了他的发现。该书的最终版本被称为《天体运行论》，于1543年出版。伽利略、开普勒、笛卡尔和牛顿等大科学家都提及过他的这部作品。

1496年，哥白尼前往意大利，进入博洛尼亚大学学习宗教法。在这里他遇到了天文学家德·诺瓦拉。1501年，他前往帕多瓦大学学习医学，后来又去了费拉拉大学，并获得了博士学位。从1510年起，他作为教士住在费劳恩译格大教堂。1508年，他开始研究日心行星系统，将太阳置于太阳系的中心。哥白尼认为，每个行星轨道的大小和速度取决于它与太阳的距离。1513年，哥白尼自己设计模型，在此基础上他假设行星轨道以完美的圆形出现。后来，这一假设被德国天文学家开普勒证明是错误的，后者证明行星轨道是椭圆形的。哥白尼的理论挑战了罗马天主教会，因此教会于1616年查禁了他的书。据说，1543年5月24日在费劳恩译格大教堂的床上，哥白尼跪在他的著作《天体运行论》上死去。

1504—1514 年

1504年　巴布尔征服喀布尔。

1505年　葡萄牙人征服非洲奎罗阿王国和蒙巴萨王国；葡萄牙人到达印度。

1508年　哥白尼开始研究自己的天体模型——日心行星系统。

第谷·布拉赫

第谷·布拉赫（1546—1601）

第谷·布拉赫是一名丹麦天文学家，他研发了用于测量和确定恒星位置的天文仪器。他对777颗恒星和太阳系的行星进行了精确的观测。

布拉赫出生于1546年，1559—1562年就读于哥本哈根大学。他预测了1560年8月21日的日全食，这对于一个14岁的孩子来说是一项相当高端的工作。他白天上法学课，晚上就偷偷摸摸地实践他的天文学梦想。教授们很乐意为他提供天文学书籍，并帮他建造地球仪来确定恒星的位置。

之后，布拉赫在莱比锡大学继续深造直到1565年。其间，在1563年8月，他观测到了木星和土星的重合。

布拉赫游历欧洲，先后在维滕贝格、罗斯托克、巴塞尔和奥格斯堡学习，汲取知识。1572年11月11日，他观测到一颗比金星还要亮的恒星，在仙后座本不该有恒星的位置。

在那个时代，这是一个革命性的发现，因为根据亚里士多德学说，太阳系之外的宇宙应该是固定不变的。星体可能会改变位置的消息对人类的思维产生了重大影响。

布拉赫为那颗新星创造了“nova”一词，并于1573年出版了《论新星》这部天文学著作。

丹麦国王腓特烈二世把哥本哈根附近的汶岛赐予布拉赫建造天文台。在那里，他进行了当时最精确的天文观测。

布拉赫只接受了哥白尼理论的一部分，即太阳位于宇宙的中心。他提出，虽然其他行星确实围绕太阳旋转，但太阳本身围绕着静止的地球旋转。1601年布拉赫在布拉格去世，他的助手约翰内斯·开普勒继续他的天文工作。

1508年　教皇尤利乌斯二世组建康布雷联盟，与威尼斯作战。

1509年　亨利八世成为英格兰国王。

1510年　葡萄牙征服印度果阿。

1513年　意大利人马基雅维利创作《君主论》。

•葡萄牙人通过海路到达中国。

1514年　奥斯曼帝国击败波斯萨非王朝军队，占领其首都大不里士。

约翰内斯·开普勒

约翰内斯·开普勒（1571—1630）

约翰内斯·开普勒是一位德国天文学家，因发现行星运动的三大定律而闻名。开普勒的发现支持了尼古拉·哥白尼的日心说，即地球和其他行星围绕太阳旋转。他的定律为我们现代人了解太阳系如何运行奠定了基础。

开普勒的观点发表在他的第一部作品《宇宙的奥秘》(1596) 中。

天文学家长期以来一直试图弄清楚为什么火星在夜空中看起来似乎向后运行。没有一个太阳系模型，甚至哥白尼也不能解释这种逆行运动。根据第谷·布拉赫的详细观察，开普勒意识到行星沿椭圆形轨迹运行。太阳并没有完全位于它们轨道的中心，而是偏于一侧，在两个被称为焦点的其中一点上。有些行星，如地球，其轨道非常接近圆形，但火星的轨道是最古怪的，或者说延伸得最广。行星以椭圆轨道运行的事实被称为开普勒第一大行星运动定律。另外两条定律：一是，从太阳中心到行星中心的一条假想线，在相等的时间内扫过的区域面积相等，这意味着行星离太阳越近移动速度越快，离太阳越远则移动速度越慢；一是，行星公转周期的平方与它同太阳距离的立方成正比。

除了行星运动的三大定律之外，开普勒还因其他几项重大科学发现而闻名。比如，重力是由两个物体引起的，而不是一个，因此，月球是地球上潮汐运动的原因。他还发现折射可以加强眼睛的视力，使用双眼可以感知深度。对于近视和远视，他发明了眼镜，并解释了望远镜的工作原理。他描述了图像和放大的原理，解释了反射的特性。他还创造了“satallite（星系）”这个词。

1516—1526 年

1516—1517年　奥斯曼帝国征服叙利亚和埃及，结束马穆鲁克苏丹国，占领麦加。

1517年　马丁·路德开始宗教改革。

1519—1521年　出生于葡萄牙的西班牙人斐迪南·麦哲伦探险亚洲。

1522年　伊斯帕尼奥拉岛的非洲奴隶起义，这可能是第一次黑人奴隶起义。

伽利略

伽利略（1564—1642）

伽利略于1564年2月15日出生在意大利的比萨。他是一名物理学家、天文学家、数学家和发明家，制造了第一台足以详细观测太阳系的望远镜。他被誉为“现代科学之父”，因为他开创了今天标准的实验性定量科学方法。

伽利略因从比萨斜塔顶上扔下不同质量的两个铁球而闻名。这可能实际上并没有发生，但他确实发现不同质量的坠落物下落时速度是一样的。通过实验，他还发展了匀加速运动定律。除此之外，他还有许多发现，例如钟摆和抛射物。

伽利略望远镜

通过他的天文观测，伽利略意识到哥白尼的日心说是正确的，地球确实围绕太阳旋转。由于天主教会认为地球是宇宙的中心，伽利略的观点在1633年被宗教裁判所指控为异端邪说。哲学家、科学家乔尔丹诺·布鲁诺在1600年因为异端思想而被处以火刑，因此伽利略放弃了他的观点。他在软禁中度过了余生。

伽利略于1642年1月8日在意大利逝世，而在350年后的1992年，罗马教廷承认教会对他的迫害是错误的。

•奥斯曼帝国在罗得岛击败医院骑士团。

1523年　瑞典脱离丹麦独立。

1526年　印度帕尼帕特战役在巴布尔和伊卜拉欣·洛迪之间展开。

1526年　衰败的德里苏丹国被莫卧儿帝国取代。

1400年，北美（墨西哥北部）的人口估计在100万至1000万之间，大多数人居住在今天的美国各地，只有大约25万人居住在加拿大境内，大约有240个美洲原住民部落，如阿帕奇人、纳瓦霍人、易洛魁人等，他们大多数说不同的语言。

在南美洲和中美洲，印加帝国、阿兹特克帝国等蓬勃发展，人口一直在增长。

1492年克里斯托弗·哥伦布登陆中美洲的一个岛屿

欧洲人到达美洲

人口激增以及寻找新的财富和黄金来源的愿望，促使欧洲人寻求新的土地。15世纪末，克里斯托弗·哥伦布在西班牙政府的赞助下到达美洲大陆的部分地区。其他西班牙探险家紧随其后。威尼斯人约翰·卡博特（1450—1499）前往英格兰，1497年抵达今加拿大的纽芬兰。法国的雅克·卡地亚（1491—1557）于1534年抵达加拿大东海岸的贝尔岛海峡。

1565年，西班牙人德·阿维莱斯在北美地区（即今天的美国）的佛罗里达州圣奥古斯丁，建立了第一个欧洲永久定居点，这一地区居住的主要是塞米诺尔部落。英国的沃尔特·罗利爵士试图在16世纪晚期建立永久定居点，但并没有持续多久。第一个永久的英国前哨建于17世纪。

易洛魁人

到了16世纪，易洛魁语系的五个美洲原住民部落——莫霍克人、奥内达加人、卡尤加人、奥内达人和塞内卡人建立起联盟，他们统治了今天的纽约一带，后来扩展到邻近地区。他们的主食是玉米，但也种植南瓜、豆类和烟草。

1526—1531年

1526年　土耳其人在莫哈奇战役中击败匈牙利人。

1527年　印度尼西亚的雅加达建成。

1528—1572年　基督教传教士使墨西哥原住民皈依基督教。

1529年　印度的巴布尔在加赫拉战役中击败阿富汗人。

1530年　巴布尔去世，享年48岁。

玛雅人、阿兹特克人和印加帝国

南美洲、中美洲被西班牙和葡萄牙征服，存在数百年甚至数千年的文明被摧毁，新的生活方式被强加。西班牙占领了玛雅人、印加人和阿兹特克人的土地。16世纪初，葡萄牙人在巴西定居。

伟大的玛雅文明已经衰落，但几个不同的玛雅人群体仍然存在，直到1517年西班牙人到来。由于玛雅人有许多不同的居住中心，西班牙人花了很长时间来控制他们。1697年，最后的玛雅人王国被征服。虽然玛雅人制作了大量的书籍，但只有少数幸存下来，因为大多数都被西班牙人销毁了。

1427年，阿兹特克统治者伊兹科阿特率领首都特诺奇蒂特兰，与特拉科潘和特克斯科两城市联合起来，击败了阿兹卡波特扎尔科市。阿兹特克王朝扩展为一个庞大的帝国。此时，特诺奇蒂特兰及其邻近的城市特拉特洛尔科已经有超过20万的居民。1502年，蒙特祖玛成为阿兹特克帝国的皇帝。1521年，西班牙士兵赫尔南多·科尔特斯（1485—1547）抵达墨西哥，打败了阿兹特克人，帝国最终灭亡。

在这段时期的前半段，印加帝国继续扩张，并从厄瓜多尔北部海岸延伸至智利，长达2983英里。印加帝国有国教和集权政府。祭司举行祭祀仪式，预言未来。印加人已经发展了一套先进的医学体系，甚至成功地实施了外科手术。

美丽的马丘比丘市建于1450年左右，坐落在安第斯山脉的两座山峰之间，有石头建筑和梯田。

1532年，西班牙人弗朗西斯科·皮萨罗的袭击导致印加帝国灭亡。然而，在比尔卡班巴的西北山区出现了一个新的印加帝国，一直存在到1572年，后被西班牙人征服。

马丘比丘

1530年　巴布尔的长子胡马雍继位。

1530年　西班牙人阿尔瓦拉多击败玛雅人。

- 医院骑士团定居在马耳他岛，被称为马耳他骑士团。

1530—1584年　俄罗斯伊凡四世的生平。

1531年　新教国家成立施马尔卡尔德联盟，联合反对神圣罗马帝国皇帝。

由于争夺自然资源或贸易冲突，非洲的边界和王朝不断变化。最初作为统治阶级和城市中心宗教的伊斯兰教，开始为普通人所接受，特别是在苏丹。

桑海帝国

桑海统治者阿斯基亚·穆罕默德的画像

西非最后一个也是最大一个前殖民时期的帝国，即桑海帝国，首都位于尼日尔河附近的加奥。帝国四通八达，向西延伸至大西洋沿岸，向东延伸至尼日尔和尼日利亚。加奥建于公元800年左右，但直到11世纪才正式被称为首都。苏尼·阿里被认为是桑海的第一位伟大的统治者，他占领了廷巴克图、杰内、加奥等城市，这些城市都是繁荣的贸易中心和伊斯兰教修习的地方。后来，在阿斯基亚·穆罕默德统治期间（1493—1528），随着伊斯兰教成为帝国的重要组成部分，伊斯兰教法也被引入。阿斯基亚·穆罕默德扩张帝国，并与马里开展贸易。1591年，摩洛哥军队入侵并征服廷巴克图和加奥。

经济结构

驻扎在各省的20万军队保护着整个帝国良好的经济贸易。桑海主要的经济基础是尼日尔河的金矿。这些独立运营的金矿为帝国提供了稳定的黄金供应，黄金可以购买和交换盐。在西非，盐被认为是一种非常珍贵的商品，所以黄金可以用等量的盐进行交易。盐、黄金和奴隶是跨撒哈拉贸易的主要内容，而桑海在这些商品贸易中的主导地位巩固了桑海作为领导者的角色。

商人结成国家保护的伙伴关系，同时也维护了尼日尔的港口城市。桑海是一个非常强大的贸易王国。政府通过建立一个庞大的官僚机构来集中保护帝国的利益。度量衡和货币标准化，使整个桑海的文化趋于同质化。

1534—1541 年

1534年　新教会在英格兰建立，国王是教会的最高领导人。

1535年　威尔士通过联合法案，纳入英国法律和政府体系。

1536年　西班牙征服阿兹特克人，印加帝国结束。

1538年　巴巴罗萨领导的奥斯曼土耳其帝国军队在海战中击败威尼斯、神圣罗马帝国皇帝查理五世和教皇保罗三世的联合舰队，控制了地中海。

桑海帝国的衰落

大清真寺，位于马里的廷巴克图，由马里穆萨一世建于1327年

像以前的加纳、加奈姆和马里一样，桑海内战不断。16世纪晚期，由于干旱和疾病，桑海帝国的情况变得更糟。如果不是因为王国的财富和敌人控制黄金贸易的决心，帝国也许能在这些挑战中幸存下来。桑海帝国的经济主导地位被证明是其垮台的主因，因为它诱使了许多竞争对手利用军事力量来压制桑海的势力。在桑海的挑战者中，最强劲的是摩洛哥，它一直企图控制桑海的大量财富。1591年，摩洛哥苏丹艾哈迈德一世苏马尔·萨阿迪派出了一支由贾巴尔·帕夏指挥的强大部队。贾巴尔·帕夏出生在西班牙，但在很小的时候就被俘获并在摩洛哥宫廷接受教育。在一次穿越撒哈拉沙漠行军之后，帕夏的部队将塔哥哈扎的盐矿夷为平地，然后转向加奥。阿斯基亚·伊萨克二世与帕夏在汤迪比战役中交手，桑海军队尽管人数众多，但被摩洛哥的火药武器击溃。帕夏摧毁加奥、廷巴克图和杰内市，作为地区强国的桑海就此解体。

然而，远距离管理一个庞大的帝国对摩洛哥人来说太不现实，他们很快就放弃了对该地区的控制，让它分裂成几十个较小的王国。对桑海帝国的最后打击并不是摩洛哥人，而是由于这些支离破碎的小王国无力组成政治联盟，从而无法重新确立一个强大的中央政府。摩洛哥的入侵还解放了桑海的许多属国，这些属国曾是跨撒哈拉贸易路线的奴隶来源地。奴隶们抓住获得自由的机会，奋起给衰弱的帝国最后一击。其中最大的一个组织是多霍拉尼，他们在叛乱中发挥了重要作用。

1539年　舍尔沙在印度乔萨战役中击败胡马雍。

1540年　舍尔沙在曲女城战役中击败胡马雍。

1541—1614年　西班牙画家埃尔·格列柯的生平。

加奥

古代的加奥城，是根据口述历史和国王陵墓的墓碑铭文重建的。虽然历史记录的两个来源并不能在细节上达成一致，但它们都描述了从公元7世纪开始的加奥故事。然而，直到11世纪初加奥才被看作是桑海帝国的中心。加奥的最早记录描述它是一个政治自治的繁华贸易中心。利用加奥已有的条件，桑海于1010年将其确立为首都，从此加奥走上了发展壮大的道路。

位于加奥的美丽的阿斯基亚陵墓，被联合国教科文组织列为世界遗产

迪亚·科索伊

迪亚·科索伊是桑海帝国有史以来第一个被记载的国王，他在1010年将伊斯兰教定为国教，并把加奥确定为新首都。他的皈依是加强与柏柏尔商人关系的务实措施，这些商人控制着商队并在帝国经济中扮演着重要角色。即使迪亚·科索伊皈依了伊斯兰教，王室中仍存在着非穆斯林习俗，这也证实了他的实用主义。

在马里的统治下

14世纪初，马里强大的统治者曼萨·穆萨领导了一系列征服行动，旨在控制跨撒哈拉贸易路线并夺取加奥的财富。尽管他取得了成功，但由于他的新领土过于辽阔，马里对桑海的统治只持续了大约50年。

1542—1555年

1542年　阿克巴出生，他是莫卧儿帝国皇帝胡马雍与其年轻的新娘所生。

1543年　哥白尼去世。

1545年　印度沙尔汗去世。

1545—1596年　英国探险家弗朗西斯·德雷克的生平。

苏尼王朝

大约在1335年，迪亚王序列落下帷幕，由一系列新领导人取代，他们被称为苏尼。第二个获称苏尼的人是苏莱曼·马，他于1375年把桑海从马里帝国治下解放出来。独立的桑海帝国建立，在苏尼·阿里带领下进入地域扩张的新时期。

来自伊朗伊斯法罕四十柱宫的壁画，描绘了萨非王朝时期的波斯战争

1546年　天主教军队在米尔伯格战役中击败施马尔卡尔德联盟。

1553年　英国女王玛丽镇压了珍·格雷支持者的叛乱。

1555年　《奥格斯堡宗教和约》允许德意志各邦自行选择宗教信仰。

- 法国占星家、物理学家诺查丹玛斯在诗中写出他的预言。

苏尼·阿里约在1464年加冕，作为一位军事领袖，他以身作则，并以战争作为团结不同派系的有效手段。他在战斗中从未被击败过，他运用自己的军事力量平息了北方图阿雷格人的袭击和南方莫西人的入侵。他的军事行动为帝国带来了经济利益，因为他控制了关键的贸易路线和廷巴克图等重要城市。苏尼·阿里为桑海帝国带来巨大的财富，其鼎盛时期的财富超过了马里。

阿斯迪亚王朝

16世纪晚期，苏尼·穆罕默德杜尔，又称阿斯迪亚大帝，掌握了政权。他的崛起得益于桑海帝国内部的宗教纷争，因为以前的领导人试图联合各宗教团体，但却未能满足他们中的任何一方。阿斯迪亚大帝的权力基础来自穆斯林城市中心，他打破了逊尼派的传统和基于严格解释伊斯兰法律的政治体制。训练有素的军队按照扩张计划执行阿斯迪亚大帝的指令，远达苏丹西部的偏远地区。

阿斯迪亚大帝实行政治改革，建立复杂的官僚机构，有农业、军事和财政部门，每个部门均由他亲自任命官员。

博尔努王国

博尔努王国（1396—1893）是一个中世纪的非洲国家，由赛法瓦王朝在几个世纪前建立，包括今天的尼日尔、乍得、喀麦隆和尼日利亚等国家。该王国于公元8世纪至17世纪在苏丹地区存在。伊德里斯·阿娄马（约1580—1617在位）是博尔努王国最著名的统治者，因其军事才能、行政改革和对伊斯兰教的虔诚而闻名。他根据自己的宗教信仰和伊斯兰教法进行了一系列法律和行政改革。他的军队包括一支骆驼兵团。博尔努王国是该地区唯一一个从奥斯曼土耳其人手中购买枪械的国家。

1555—1561年

1555年　胡马雍夺回印度坎大哈；次年，他从图书馆楼梯上摔下来，意外死亡。

1556年　阿克巴大帝成为印度莫卧儿王朝皇帝。

1556年　菲利普二世成为西班牙国王。

•烟草从中美洲传入欧洲（西班牙），1585年到达英格兰。

廷巴克图

建于11世纪的廷巴克图位于尼日尔河湾的北面，14世纪并入马里王国。它逐渐发展成为著名的伊斯兰文化中心和教育中心。这座城市在桑海帝国的治下达到了顶峰，16世纪拥有大约4万人口，它是跨撒哈拉贸易路线的重要中心。

关于这座城市名字的由来有好几个故事，其中一个传说是廷巴克图可能是以一名老妇人的名字命名的。当图阿雷格人在撒哈拉沙漠游荡时，一位名叫廷巴克图的老妇人被留下来监管营地，她的名字的意思是"大肚脐的母亲"，这可能暗指她患有脐疝或其他类似的身体疾病。

1468年，廷巴克图被桑海的统治者苏尼·阿里征服。苏尼·阿里对该城市的穆斯林学

在桑海帝国建立之初，廷巴克图的桑科雷清真寺已发展成为一所优秀的大学

1559年　《卡托-康布雷齐和约》结束了法国和西班牙之间争夺意大利领土的战争。

1560年　宗教改革家约翰·诺克斯在苏格兰建立长老教会。

1560年　第谷·布拉赫预测到日全食。

1561—1636年　意大利医生桑克多利亚斯的生平；他开始研究人体新陈代谢。

者持反感态度，但他的继任者、新的阿斯迪亚王朝的第一任统治者穆罕默德一世（1493—1528在位）却任用这些学术精英担任法律和道德顾问。在阿斯迪亚王朝时期（1493—1591），廷巴克图处于商业及知识发展的高峰期。1591年被摩洛哥占领后，这座城市开始衰落。19世纪初欧洲探险家到达廷巴克图。

奥斯曼土耳其统治下的埃及

1517年，被奥斯曼土耳其帝国征服之前，马穆鲁克王朝在阿拉伯帝国阿拔斯王朝哈里发的支持下统治开罗。在奥斯曼帝国的统治下，埃及被划分为24个区，每个区被称为一个埃米尔。不过，马穆鲁克人仍留在政府管理体系中，一直到17世纪，他们掌握真正的实权，同时承认奥斯曼帝国至高无上的治权。

东非城邦

马林迪、摩加迪沙和蒙巴萨是东非的一些城邦。这些城市都是从小规模生产农业产品的村庄发展而来的。当时的统治者是阿拉伯裔非洲人，普通民众都说班图语。斯瓦希里语作为一种文化和社会语言，是在充满活力的印度洋世界中，非洲人和外来移民之间复杂的历史互动中产生的。

伟大的津巴布韦文明

一个伟大的文明出现在非洲中南部，位于赞比西河和林波波河之间的津巴布韦高原。津巴布韦是11—15世纪强大的贸易帝国之一，其所有贸易都在印度洋沿岸进行。“津巴布韦”这个词在班图语中是“石屋”的意思。津巴布韦的创始人是现代绍纳人的祖先，大

大津巴布韦遗迹

1564—1571 年

1564年　伽利略出生于意大利的比萨。

1564—1587年　意大利艺术家丁托列托的生平。

1564—1616年　英国诗人、剧作家威廉·莎士比亚的生平。

1568年　织田信长结束了足利幕府将军对日本的控制。

1569年　佛兰芒地理学家、制图师墨卡托创建了一个以他的名字命名的地图投影，即“墨卡托投影”。

约1100年，他们建造了以厚厚的石墙围绕着的定居点。他们穿越印度洋将黄金和铜运到中国，换回中国的奢侈品。1450年左右，大津巴布韦的定居点达到了其声望的顶峰。尽管居住的房屋是简单的茅草结构，但周围环绕着巨大的石墙。在现代津巴布韦和邻国也发现了其他居住中心。

豪萨

在尼日利亚北部，豪萨人从大约1000年开始建立了许多城邦。他们从事着广泛的贸易往来，手工艺品有纺织品、玻璃、皮革和金属制品等。到了16世纪，卡诺州成为最大、最繁华的州，有象牙、黄金、皮革和奴隶贸易，阿拉伯商人、柏柏尔商人，以及当地的商人都住在那里，它也是伊斯兰文化的中心。豪萨州幸存至19世纪初。

清朝

康熙帝

在中国，明朝于1644年被清朝取代。尽管汉人对来自满洲的新统治者心存憎恶，但也逐渐接受了他们。满族统治者熟悉汉人的统治方式，虽然他们取得了最高统治权，但是并没有对政府体制做出重大改变。满族统治者保留了留发辫的习俗。1661年，顺治皇帝将皇位传给7岁的儿子康熙，后者在位61年。康熙尊重汉人文化传统，在高官中确保汉人的比例，重建北京。他下令搜集古籍和手稿，编写了5000卷的《四库全书》。他重申儒家思想的重要性。

乾隆皇帝（1736—1796在位）摧毁了蒙古在中亚的势力，并将新疆维吾尔地区置于其控制之下。在他统治期间，中国处于和平繁荣时期。乾隆鼓励艺术创作，他自己也学习绘画和书法。中国此时因釉面陶瓷、纺织品、艺术和思想而闻名。贸易增长，新城镇出现，茶和瓷器也被出口到西方世界。

1570年　中美洲的巴拿马成为重要的贸易站。

• 犹太教拉比艾萨克·本·卢里亚提出卡巴拉思想。

1571年　帝国舰队在勒班陀战役中战败，奥斯曼土耳其帝国控制地中海的时代结束。

• 里多尔菲试图暗杀女王伊丽莎白一世，并将苏格兰女王玛丽推上英格兰王位。

德川幕府

日本为争权而发生内战。强大封建家族德川家康，在关原合战中战胜了石原三成，并于1603年成为幕府将军。德川家族控制江户（今东京），而天皇则在京都生活。武士维护着帝国的和平。另一种类型的武士是忍者，他们受过武术训练，受雇充当间谍或刺客。由于不信任外国人，日本将自己与世界隔离开来，变得狭隘和落后。德川幕府的统治一直持续到1868年。

锡克教

在印度，那纳克（1469—1539）创立了锡克教。他的基本信条是：信奉没有始终的唯一真主，强调德性，注重冥想。在他之后的九位上师（古鲁）继续传播他的教义。第五位上师阿周那·代瓦编纂了后来被称为锡克教圣典的《阿底格兰特》（又译为《元经》）。

古鲁那纳克

莫卧儿帝国：巅峰与衰落

在印度北部，莫卧儿王朝历经贾汉吉尔（1605—1627在位）、沙贾汗（1628—1658在位）和奥朗则布（1659—1707在位）的统治。三位皇帝都致力于战争和征服，但奥朗则布因试图征服印度中部的独立王国而陷入困境，他远离首都德里在外征战25年。

这一时期，艺术和文化蓬勃发展。贾汉吉尔统治时期以精美的微型绘画而闻名，沙贾汗统治时期则以宏伟的建筑而闻名，其中包括白色大理石奇迹——泰姬陵。奥朗则布并没有大力推广艺术，但在他远离都城在外征战期间，德里成了教育和文化的中心。由于纳迪尔沙（1739）的入侵，以及后来阿富汗的阿卜代利的入侵，文化中心一度转移到勒克瑙。

1572—1582年

1572年　丹麦天文学家第谷·布拉赫在仙后座发现超新星。

1576年　英国探险家马丁·弗罗比舍发现加拿大的巴芬岛。

• 西班牙加尔默罗会修士十字架上的圣约翰在他的诗歌中描述了神秘的体验。

1577—1640年　佛兰芒画家彼得·保罗·鲁本斯的生平。

与此同时，锡克教徒和马拉地人也在争夺对印度的控制权。包括葡萄牙人、法国人、荷兰人和英国人在内的欧洲人，争相在印度建立贸易据点，同时也与土著统治者发生冲突。到1800年，英国成为印度次大陆的主导力量。

阿格拉的泰姬陵，是沙贾汗为纪念他的妻子而建造的

在17、18世纪的中欧，战争和政治动荡持续不断。当欧洲列强开始殖民世界的时候，欧洲内部的战争仍在继续。如：七年战争（1756—1763），是为了争夺领土和贸易权既在欧洲内也在欧洲外进行的战役；而三十年战争则是因宗教矛盾引发的战争；其他冲突源于对国王统治的“神圣权力”的挑战。

英国内战

1640年，国王查理一世（1625—1649在位）要求议会拨款镇压苏格兰长期叛乱。作为条件，议会则要求获得更多的权力。1642年，内战在国王和议会代表之间爆发，他们各自组建了自己的军队。1649年，查理一世被处决，英吉利共和国建立。1653年，反保皇党将军奥利弗·克伦威尔被委任为护国公。他确保了政府稳定，直到1658年去世。1660年，查理二世复辟上台。

查理一世虽然在政治上不成功，但他支持发展艺术。他委托肖像画家凡·戴克（1599—1641）和建筑师伊尼戈·琼斯（1573—1652）创作了许多作品。

查理一世就任国王后，开始坚决维护国王的神圣统治权，因此他失去了下议院的信任。他的统治以宗教和政治纷争为特征。

查理一世是一位虔诚的圣公会教徒，他的措施引起了清教徒的怀疑和不满。结果，在他执政的头4年，他三次解散议会，直至1629年，议会被他彻底解散。这极大地激怒了公众，因为这意味着他可以通过非议会手段筹集资金。与此同时，宗教压迫迫使一些清教徒和天主教徒移居北美殖民地。

1578年　蒙古统治者俺答汗授予藏传佛教格鲁派（黄教）领袖达赖喇嘛（精神领袖）的称号。

1578—1606年　马尼拉成为菲律宾重要的贸易城市。

约1581年　西南非（安哥拉）伟大的女性统治者安娜·恩辛加女王诞生。

1582年　教皇格列高利十三世颁行公历。

苏格兰不断升级的动乱促使查理一世的统治走向终结。查理一世被迫召集议会为战争筹集资金。1641年11月，他又面临着爱尔兰的武装起义。接着次年，英格兰内战爆发。1646年，查理一世和他的军队被苏格兰人和新模范军联合击败。最终，查理一世投降并被交给议会。1647年，他逃到怀特岛。但是，护国公奥利弗·克伦威尔在一年内击败了他的军队，从而结束了第二次内战。查理一世因煽动叛乱而受审，被判有罪并处以死刑，于1649年1月30日在伦敦被斩首。

荷兰共和国

代尔夫特蓝陶花瓶

经过长期争取脱离西班牙的独立斗争，荷兰联省共和国于1648年成立。这个新国家通过贸易立刻变得富裕起来。荷兰的代尔夫特蓝陶享誉世界。除此之外，科学方面也取得重大进展：惠更斯（1629—1695）发现光以波的形式传播；雷文霍克（1632—1723）描述了血液的组成，并用简单的显微镜观察细菌和原生动物。在绘画方面，伦勃朗（1606—1669）和约翰内斯·维米尔（1632—1675）都是这个时期的大师。

奥利弗·克伦威尔

奥利弗·克伦威尔是一名军事家和政治家，他于1599年4月25日出生在英格兰的亨廷登郡。他支持宗教宽容，尽管他自己坚信清教运动，认为英格兰教会只是进行了部分改革，还需要净化罗马天主教。清教徒在个人行为和公共机构中都很虔诚。

奥利弗·克伦威尔

1582—1597年

1582年　阿克巴试图在印度创立新国教“圣教”。

1584年　西班牙王宫埃斯科里亚尔宫，在马德里附近建成。

1587年　苏格兰女王玛丽被英格兰女王伊丽莎白一世处死。

1588年　英国在加来附近击败西班牙无敌舰队。

1640年，克伦威尔当选为剑桥市的议会议员，这个城市有大量的清教徒。内战爆发后，他成为议会军队的一名军官，赢得了几次小规模的战斗，并于1645年晋升为新组建的新模范军的副统帅。他坚持严格的纪律，确保他的部队训练有素、装备精良，且按时支付士兵工资。他的军事才能是赢得第一次内战的重要因素，后来他又指挥爱尔兰战役，进一步镇压保皇党的叛乱。

克伦威尔支持处死国王，并于1653年成为英格兰、苏格兰和爱尔兰新联邦的护国公。他致力于恢复英格兰作为欧洲大国的地位，于1659年9月3日在伦敦去世。他的共和国并没有持续多久，1660年君主制复辟。

约翰·德莱顿

约翰·德莱顿

约翰·德莱顿1631年8月9日出生于北安普敦郡的奥尔德温克尔，他是一位英国诗人、剧作家和文学评论家，主导了当时的文坛。这一时期被称为德莱顿时代。

1650年，德莱顿就读于剑桥大学三一学院，1654年获得学士学位。1659年，他撰写长诗献给奥利弗·克伦威尔，这让他成为一名"具有重要意义"的诗人。后来，当查理二世在1660年5月复辟时，德莱顿写了一首欢迎诗。1661年，他为国王加冕礼写信给查理二世。德莱顿作为一个作家的野心和财富随着他与君主制的关系而增长。

为了庆祝英国舰队战胜荷兰的两次胜利，以及1666年伦敦大火的幸存者，德莱顿写了长长的十四行诗《奇异的年代》（1667）。1668年，他成为首位桂冠诗人，两年后被任命为皇家历史学家。

1660年，查理二世复辟后不久，就授予1642年被清教徒关闭的剧院两项特权。

德莱顿是17世纪最伟大的诗人，但他也写了近30部的悲剧、喜剧和歌剧。同时，他在当时的文学评论中扮演了重要的角色，为此，塞缪尔·约翰逊博士称他为"英国批评之父"。

1591年　摩洛哥军队入侵并征服廷巴克图和加奥。

1591年　法国数学家弗朗索瓦·韦达发明新的代数符号系统。

1596年　开普勒创作了他的第一部作品《宇宙的奥秘》。

1597年　雅各布·佩里创作出第一部歌剧《达芙妮》。

斐迪南二世

三十年战争

这场战争（1618—1648）从波希米亚开始，是新教徒对抗天主教哈布斯堡王朝斐迪南二世（也是神圣罗马帝国皇帝）的宗教战争。战争逐渐波及丹麦、挪威、瑞典、法国和众多德意志邦国，其中许多国家忌惮哈布斯堡王朝的势力。斐迪南二世想把天主教恢复为神圣罗马帝国的唯一宗教，但冲突很快就变得比宗教战争更广泛，发展成为一场争夺欧洲统治地位的权力斗争。当时哈布斯堡王朝统治着奥地利、波希米亚、匈牙利、西班牙和其他一些地区。战争以签订《威斯特发里亚和约》终结。法国成为欧洲强国，而哈布斯堡王朝和神圣罗马帝国被削弱。德意志各邦国均遭到破坏，失去了至少20%的人口，经济陷入衰退。

继承战争

西班牙王位继承战争（1701—1714）发生在西班牙最后一位哈布斯堡王朝统治者查理二世去世后，因为他没有子嗣，围绕王位的继承产生了争议。这场战争由哈布斯堡王朝（神圣罗马帝国）、英格兰、葡萄牙和其他欧洲列强联合对抗法国安茹公爵菲利普，因为根据查理二世的遗嘱菲利普被提名为继承人。菲利普是法国国王路易十四的孙子，得到了法国、巴伐利亚和匈牙利的支持。战争以西班牙归属法国波旁王朝而结束。

西班牙王位继承战争期间的布伦海姆战役（1704）

另一场重大冲突是奥地利王位继承战争（1740—1748），反对者要求女王玛丽娅·特蕾西娅放弃其承袭的奥地利哈布斯堡王朝所属的土地，大多数欧洲国家陷入了这场混战。

1599—1610年

1599年　奥利弗·克伦威尔出生。

1600年　英国东印度公司成立。

•英国物理学家威廉·吉尔伯特（1544—1603）出版关于磁力学的《磁论》一书。

1601年　第谷·布拉赫去世。

1602年　荷兰东印度公司成立。

1605年　印度阿克巴大帝去世。

1608年　英国东印度公司的船只到达印度苏拉特。

彼得大帝

彼得大帝

17世纪，沙皇彼得大帝，因其创新改革而闻名。他是俄国最伟大的政治家和改革家。1672年6月9日，他出生在莫斯科。彼得大帝的成就包括建立强大的海军，按照西方标准重组军队，进行行政改革，建立辖省制度以及高标准的世俗化学校。彼得大帝和他的兄弟伊凡五世从1682年开始共治俄国，直到1696年伊凡五世去世。当彼得就任沙皇时，普遍认为他继承的国家要比其他欧洲国家欠发达。其中一个原因就是俄国拒绝近代化，而欧洲其他国家则经历了文艺复兴洗礼。

摧枯拉朽的变化

在彼得大帝的领导下，科学得到了全面发展。他聘请专家来启发臣民的科学意识。他对让自己的国家“发达”非常热心，甚至化名彼得·米哈伊洛夫前往西方发达国家，去考察它们是如何发展起来的。他还学习造船技术，并在荷兰赞丹的一家荷兰东印度公司的船厂工作，同时邀请外国专家到俄国工作。他还专注于发展俄国的商业和工业，使俄语字母近代化，创办了俄国第一份报纸，并引进朱利安历法。总的来说，彼得是一位有远见的外交官，他改革落后的俄国行政，并在所有行政部门中进行了令人耳目一新的突破性变革。

领土扩张

彼得大帝在爱沙尼亚、拉脱维亚和芬兰地区占领大片领土。他在南部与土耳其进行多次战争，最终成功进入黑海。他还击败了瑞典军队。1712年，他在涅瓦河上建立了圣彼得堡，并将首都从莫斯科迁到那里。圣彼得堡很快成为俄国“通往欧洲的窗口”。在他的领导下，俄国发展成一个强大的欧洲国家。1721年，彼得获得皇帝、大帝、祖国之父等称号，俄国成为帝国。彼得大帝于1725年2月8日去世，被安葬在位于圣彼得堡的彼得保罗大教堂里。

1609年　约翰内斯·开普勒提出行星运动定律。

• 日本和朝鲜开启友好时期。

1609—1610年　伽利略证实哥白尼关于地球和行星围绕太阳旋转的理论。

1610年前后　基督教传遍南美洲。

法国大革命

1789—1799年，法国发生了一系列革命，统称为法国大革命。它激发了新思想在世界各地的发展。

1774年，路易十六加冕时，法国正在经历金融危机。尽管他进行了经济改革，但危机仍在继续。因此，他召开自1614年以来的第一次三级会议。该会议由三组代表组成：神职人员、贵族和平民。1789年5月5日，会议在凡尔赛召开，贵族和平民之间的矛盾无法调和，平民组成新的国民议会。路易十六计划取消国民议会的决定在巴黎引发抗议，并在7月14日爆发了攻占巴士底狱的起义。

路易十四

法国国王路易十四（1643—1715），被称为“太阳王”。因其支持艺术和文化的发展以及建造了辉煌的凡尔赛宫被世人铭记。路易十四建立绘画和雕塑学院、科学和建筑学院、国家剧院，1680年还成立了法兰西喜剧院。剧作家莫里哀（1622—1673）和拉辛（1639—1699）在此期间撰写了大量戏剧。

攻占巴士底狱

国民议会随后掌权并起草了一部人权宪法，要求自由、平等、尊重生命和财产安全。1792年9月21日，新的国民议会宣布法国为共和国。路易十六和他的妻子玛丽·安托瓦内特被处死。而雅各宾派，这个国民议会中的激进派，在罗伯斯庇尔的领导下开始“恐怖统治”，其间成千上万被指控为反对革命的人遭受处决。1794年，罗伯斯庇尔也被对立派热月党人处决。1795年新的政府机构成立。

1611—1623 年

1611年　詹姆斯国王钦定版《圣经》在英格兰出版。

1611—1632年　古斯塔夫·阿道夫任瑞典国王。

1612年　西班牙作家塞万提斯创作《堂吉诃德》。

1613年　英国剧作家约翰·韦伯斯特创作《马尔菲公爵夫人》。

1613—1629年　加波尔·拜特伦成为特兰西瓦尼亚王子；1620—1621年他成为匈牙利国王。

文化科学两开花

莫扎特

卢梭

尽管这一时期社会动荡不安，但这是一个新思想涌现的时代，艺术和科学都取得了长足发展。17世纪上半叶，绘画、雕塑、建筑和音乐上出现巴洛克风格。在艺术和建筑中体现为鲜明的戏剧效果和光与影的对比特点。巴洛克风格在18世纪初演变为更轻巧、更具装饰性的洛可可风格。在音乐方面，歌剧初步形成，古典音乐风格于1750—1820年发展起来。奥地利的约瑟夫·海顿（1732—1809）、莫扎特（1756—1791）和德国的贝多芬（1770—1827）都是伟大的作曲家。

伟大的哲学家有英国人洛克（1632—1778）、法国人伏尔泰（1694—1778）和卢梭（1712—1778），以及英裔美国人托马斯·潘恩（1735—1805）。英国科学家牛顿（1642—1727）发现万有引力定律和运动定律。法国化学家、物理学家拉瓦锡（1743—1794）提出新的燃烧理论。瑞典植物学家卡尔·林奈（1707—1778）首次提出生物物种分类法。

腓特烈大帝

普鲁士是日耳曼大国之一，从腓特烈一世（1701—1713在位）开始扩张。1740—1786年，国王腓特烈二世，即腓特烈大帝把普鲁士发展成为欧洲强国。他还提倡发展文化艺术，自己也是一位多产的作家和音乐家。

发现大洋洲

西班牙人、葡萄牙人和荷兰人开始探索亚洲和大洋洲的岛屿。1606年葡萄牙探险家路易斯·托雷斯抵达新几内亚，而荷兰海员则抵达塔斯马尼亚、新西兰、汤加、斐济和澳大利亚的北部海岸。

1722年，荷兰航海家雅各布·罗格芬登陆复活节岛。虽然欧洲人已经到达了澳大利亚，但那里的原住民仍继续保持着他们平静的生活方式。

1616年　印度库拉姆王子兼并艾哈迈德纳格尔。

1619—1624年　荷兰人主导印度尼西亚香料贸易。

1620年前后　荷兰发明家科内利斯·德雷贝尔设计第一艘潜水艇，在泰晤士河上测试。

1620年　奥斯曼土耳其人入侵波兰，并被赶出。

1623年　意大利哲学家托马索·康帕内拉被囚禁在意大利那不勒斯时，创作《太阳城》。

牛顿

牛顿（1643—1726）

牛顿（1643—1726）是英国物理学家、天文学家、数学家。他是有史以来最有影响力的科学家，他提出了力学、万有引力和运动定律。他的著作《自然哲学的数学原理》预示着17世纪的科学革命。作为一位非凡的博学者，牛顿的兴趣领域还包括光学、宗教学和化学。

1643年圣诞节，牛顿出生在英格兰林肯郡的一个中等绅士家庭。他曾在林肯郡格兰瑟姆国王学校就读，但为了在家庭农场帮工，他不得不在完成学业之前离开学校。然而，1661年，他通过考试，进入剑桥大学。当大学在1665—1666年因瘟疫而关闭时，他回到家里，开始为期两年的科学探索，在光学、力学和微积分领域取得了前所未有的发现，并构思他著名的万有引力理论。

据说，当苹果落在他的头上时，他就有了关于重力的想法。这可能只是一个故事，但肯定是对苹果下落的观察结果使他得出结论：同一个力——重力——是使一个不起眼的苹果下落的原因，也是使月亮在天空中绕着地球旋转而不掉落到地球上的原因。这是自他首次提出行星如何保持在太阳轨道运行的连贯解释以来的巨大进步。

但牛顿很容易因批评而感到沮丧，在受到一次挫折后，他停止向科学界展示自己的想法。直到天文学家埃德蒙·哈雷（"哈雷彗星"就是以他的名字命名的）就一个天文学问题咨询牛顿时，他的这一开创性理论才被偶然发表。令哈雷惊讶的是，牛顿创造了一套完整的科学理论，即引力是宇宙结构的共同力量。哈雷赞助牛顿出版《自然哲学的数学原理》一书，该书是科学史上重要的著作之一。

1623—1631 年

1623年　安娜·恩辛加被葡萄牙人任命为罗安达总督，直到1626年。

1624年　荷兰殖民者从当地部落手中获得曼哈顿，并将其命名为新阿姆斯特丹。

1625年　伦敦瘟疫造成至少4万人死亡。

1626年　法国殖民者在马达加斯加定居。

《自然哲学的数学原理》出版于1687年，其中包含牛顿的万有引力理论和三大运动定律。

第一运动定律或惯性定律：静止的物体将保持静止，运动中的物体将保持运动，直到受到外力的作用而改变。

第二运动定律或加速定律：作用在物体上的力将改变物体在力的方向上的速度，速度的改变与施加的力成正比，与物体的质量成反比。

第三运动定律：每一个力都有一个大小相等而方向相反的反作用力。

牛顿的理论是现代学科，如火箭科学的基础。除了相对较新的领域，如近光速相对论和量子力学等，他的理论仍然有效。

《自然哲学的数学原理》具有深远的影响力，因为该书阐述了牛顿严谨的调查和分析方法，它将激励未来的科学家遵循适当的研究标准。

1665—1666年，牛顿为微积分奠定了基础。这比德国博学的莱布尼兹独立发现微积分方法早了好几年。

1669年，牛顿成为剑桥大学卢卡斯数学教授。1689年他作为议会议员开始新的职业生涯。1696年，牛顿被任命为皇家造币厂的监管，那里存在的腐败和伪造行为因此杜绝。1703年，牛顿当选为皇家学会会长，并每年得到连任，直至1727年去世，在此期间，他对圣经史做的研究记录多于对科学的记录。1705年，牛顿被安妮女王封为爵士，成为第一位因其科学工作而获此殊荣的英国人。

牛顿谈到自己的开创性工作时说："如果说我看得更远一点，那是因为我站在巨人的肩膀上。"

牛顿的望远镜

1628年　印度莫卧儿王朝库拉姆王子在阿格拉继位，即沙贾汗皇帝。

1630年　约翰内斯·开普勒去世。

1631年　约翰·德莱顿——"英国批评之父"诞生。

1631年　印度莫卧儿皇帝沙贾汗开始建造泰姬陵。

•法国数学家皮埃尔·韦尼耶设计用于测量线条和角度的游标尺。

伽利略

1583年，伽利略进入比萨大学学习医学，拥有着高智商和过人才华的他很快就对许多学科着迷，特别是数学和物理。在比萨时，伽利略接触到亚里士多德的世界观，后者是当时主导的科学权威，也是罗马天主教会唯一认可的思想。起初，伽利略像他那个时代的所有知识分子一样支持这种观点，并且有望成为一名大学教授。然而，由于经济困难，伽利略在1585年还没有拿到学位之前，不得不离开学校。

伽利略

伽利略很快在帕多瓦大学找到一个新职位，教授几何学、力学和天文学。这项任职很及时，因为他的父亲于1591年去世了，委托他照顾弟弟。在帕多瓦的18年内，他举办有趣的讲座，吸引了大批追随者，这进一步提升了他的知名度和使命感。

1604年，伽利略出版《几何和军事指南针的操作》一书，通过实验和实际应用展示他的技能。他还制造了一种用于测量小物体的静液压天平。这些为他带来了额外的收入和更多的认可。

同年，伽利略完善了关于运动和坠落物体的理论，并发展了宇宙中所有物体都遵守的普遍加速定律。伽利略开始公开表达他对哥白尼理论的支持，即地球和行星围绕太阳旋转。这挑战

1632—1643年

1632—1654年　克里斯蒂娜女王统治瑞典。

1633年　意大利科学家伽利略因捍卫哥白尼的日心说，而面临宗教裁判所的异端指控。

1635年　栽德伊玛目重新成为也门的统治者。

1637—1709年　萨非王朝衰落；阿富汗人占领坎大哈。

了亚里士多德的地心观点和天主教会设立的既定秩序的权威。

1609年7月，伽利略了解到荷兰眼镜制造商制造的单筒望远镜，他很快就自己研制了一架。8月，他向威尼斯商人展示这架望远镜对发现远方船只的价值，并获得这些商人的资助继续研制。然而，伽利略的野心迫使他走得更远，在1609年秋天，他决定将望远镜转向天空。1610年3月，他出版了《星际信使》一书，并在书中揭示他的发现，即月球并非平坦而光滑的，而是一个有山脉和陨石坑的球体。他发现金星像月亮一样有盈亏，它绕着太阳旋转。他还发现木星有旋转的卫星，它们不是围绕地球旋转的。

1623年，伽利略的一位朋友，红衣主教巴尔贝里尼当选为教皇乌尔班八世。他允许伽利略继续他的天文学研究，甚至鼓励他发表成果，条件是要保持中立，而不是提倡哥白尼理论。

1632年，伽利略出版了《关于两个主要世界体系的对话》，这是三个人之间的讨论：一个人支持哥白尼的日心说，一个人反对，一个人保持中立。虽然伽利略声称对话是中立的，但显然不是。亚里士多德学说的拥护者就像傻瓜一样，卷入争论之中。

1642年1月8日，伽利略在发烧和心悸的折磨下，于意大利佛罗伦萨附近的阿塞特里去世。随着时间的推移，教会无法否认科学的真相。1758年，教会解除了对支持哥白尼理论的大多数作品的禁令，到1835年完全放弃了对日心说的反对。

在20世纪，一些教皇承认了伽利略的伟大发现，并且在1992年，教皇约翰·保罗二世对伽利略事件的处理方式表示道歉。

伽利略对我们理解宇宙的贡献不仅体现在他的发现上，而且体现在他的方法，以及用数学来证明这些发现上。伽利略在科学革命中发挥了重要作用，当之无愧地赢得“现代科学之父”的称号。

1640年　法国数学家帕斯卡尔发明早期计算器。

1640年　葡萄牙宣布脱离西班牙独立。

1641年　西藏五世达赖喇嘛即位。

1642年　伽利略去世。

1643年　牛顿出生。

非洲各地有众多的王国，每个王国都有自己的神话和故事、原住民宗教、工艺品，以及音乐和舞蹈。随着欧洲殖民化开始，奴隶贸易增长。葡萄牙、荷兰和英国都在此建立了基地和定居点。

君士坦丁堡的繁忙景象

当时的奥斯曼帝国非常庞大，以至于各地的帕夏（地方统治者的称呼）都有不同程度的自治权。北非的黎波里、突尼斯和阿尔及尔宣称自治。后者在1710年实际上独立了。18世纪，富拉尼人、曼丁哥人、图库洛尔人的伊斯兰王朝复兴。

非洲王国与奴隶贸易

进行奴隶贸易的非洲王国包括阿桑特、达荷美和贝宁（与今天的贝宁国不同）。非洲国家之间经常发生战争，战争俘虏被当作奴隶卖给欧洲人。事实上，一些非洲部族首领发现从邻近的种族群体中捕获非洲人去贩卖是有利可图的机会，他们就把居住在尼日尔河附近地区的原住民带到欧洲的贸易港口贩卖，换回枪支、布料或酒等物品。而这些原住民被当作奴隶送往美国、加勒比群岛、亚洲和欧洲。到1730年，每年大约有5万名奴隶被运送到美洲。到18世纪80年代，这个数字上升到9万左右。

阿桑特于1701年由库马西酋长奥塞·图图统一，他控制金矿，并向欧洲国家供应奴隶以

1648—1665年

1648年　《威斯特发里亚和约》结束了神圣罗马帝国境内的三十年战争、西班牙与荷兰之间的八十年战争。

1649年　英国国王查理一世被处死。

1650年　阿曼苏丹本·赛义夫·亚鲁比把葡萄牙人驱逐出马斯喀特，建立亚鲁比王朝，并统治至1749年。

1652—1654年　第一次英荷战争。

1655年　英国人从西班牙手中夺取牙买加。

换回枪支弹药。约鲁巴国王在17世纪初建立阿拉达、阿波美和希达三个王国。到1727年，阿波美国王托多将这三个王国联合起来，成为达荷美王国，并开始向欧洲人提供奴隶。他还创建了一支女兵队伍。

16、17世纪，贝宁，也就是今天的尼日利亚，主要从事棕榈油、香料、象牙和纺织品等贸易。到18世纪，它也变成了奴隶贸易王国。在贝宁市宽阔的街道两边有大型宫殿和木柱房屋。贝宁以象牙和青铜雕刻著称。

约鲁巴人

约鲁巴人生活在古老的圣城伊费，他们的起源可追溯到12至15世纪。在17世纪，奥约是最重要的约鲁巴人国家，控制着沃尔塔河和尼日尔河之间的大片区域。在13、14世纪，约鲁巴的青铜铸件被广泛使用，这在西非是无法比拟的。

约鲁巴鼓手

约鲁巴人生活在尼日利亚西南部，是该国三大种族之一。21世纪初，约鲁巴人口超过2000万。他们讲的语言是尼日尔-刚果语系的班图-刚果语。大多数约鲁巴人是农民，他们种植山药、玉米、小米作为主食，大蕉、花生、豆类作为辅助作物。可可是一种主要的经济作物。妇女很少从事农业劳动，但却控制着复杂的市场体系，这使她们在社会中有了自己的地位。

奥巴（约鲁巴人首领）的大型豪华宫殿位于传统的约鲁巴镇中心。中世纪的约鲁巴人遗址周围环绕着巨大的泥墙。传统的约鲁巴建筑有走廊，墙壁由泥和棕榈油制成，屋顶用茅草或铝铁板覆盖。

1657年　日本江户大火烧死数千人。

1658年　奥朗则布宣布自己为印度皇帝。

1659年　奥利弗·克伦威尔去世。

1660年　英国皇家学会在伦敦成立。

1662年　英国科学家罗伯特·博伊尔发现气体压力-容积关系定律。

1663年和1665年　瘟疫在阿姆斯特丹和伦敦蔓延。

埃塞俄比亚的发展

虽然有人信仰伊斯兰教，但埃塞俄比亚王国的主要宗教是东正教的基督一性派。耶稣会士试图让埃塞俄比亚的基督徒皈依西方教会，但收效甚微。皇帝法西利达斯（1632—1667在位）在贡德尔建立新首都，并在城中建有城堡、宫殿和教堂，包括德布雷·伯翰·塞拉西教堂。贡德尔很快发展成为贸易、艺术和文化中心。埃塞俄比亚继续抵抗殖民主义的入侵。1700—1850年，封建无政府状态持续存在，几位地方统治者主导时局。

位于贡德尔的法西利达斯宫殿

1665—1685 年

1665—1667年　第二次英荷战争。

1666年　大火摧毁伦敦。

1668年　约翰·德莱顿成为英格兰第一位“桂冠诗人”。

1669年　汉萨同盟解散。

•印度孟加拉大饥荒饿死了300万人。

1676年　英格兰格林尼治天文台建立。

1679年　《人身保护法》在英格兰通过，未经法院签发逮捕证，不得逮捕羁押。

女王恩辛加

位于安哥拉馆外的恩辛加女王雕塑

女王安娜·恩辛加（约1581—1663），又名安娜·恩辛加·姆班德，是非洲西南部安哥拉的伟大女性统治者之一。17世纪，恩辛加反对奴隶贸易和欧洲势力的渗入，她成功地使安哥拉免受欧洲列强的威胁。在16世纪末和17世纪初，葡萄牙人在巴西的新殖民地需要奴隶，欧洲人就非洲奴隶贸易的利益进行谈判。葡萄牙人将他们的奴隶贸易活动移到了非洲南部，即今天的刚果和安哥拉。1623年，恩辛加被任命为罗安达的葡萄牙总督，并一直任职到1626年。

条约签署一年后，葡萄牙人违反条约，恢复了奴隶贸易。恩辛加成立了一个有效的反葡萄牙联盟，几乎将欧洲人牵制了30年。她的兄弟姆班迪是一个无能的领导者。1623年恩辛加绝望地毒死了她的兄弟，并接替他成为恩东戈王国的女王。尽管存在性别的限制，但恩辛加证明了自己是一位有能力的领导者，她意志坚强、聪明、勇敢，为自由与和平而战。

恩辛加被称为安哥拉有史以来最伟大的军事战略家，她有效地对抗了葡萄牙的武装部队。恩辛加精心挑选她的妹妹唐娜·芭芭拉接任女王，并将她嫁给军队的首领。然而，在恩辛加82岁去世后，继承纷争随之而来，并且软弱的统治者也无法阻止葡萄牙重新获得对安哥拉的控制权。

1680—1692年　新墨西哥州的普韦布洛斯反抗西班牙殖民者。

1681年　北美的宾夕法尼亚殖民地建立。

•连接大西洋和地中海的朗格多克运河在法国开凿。

1683年　清政府收复台湾地区。

1685—1750年　德国音乐家巴赫的生平。

欧洲在非洲大西洋沿岸的地位和贸易竞争

16世纪80年代，在西班牙哈布斯堡国王菲利普二世将其统治权扩展到葡萄牙之后，冈比亚河沿岸的独家贸易权被卖给了英国商人，伊丽莎白女王的专利证明证实了这一点。荷兰人与菲利普二世交战。1593年，在荷兰宣布脱离哈布斯堡王朝独立后不久，荷兰人开始攻击菲利普的葡萄牙船只。当时世界上最成功的商船经营者荷兰人，从1593年到1607年派遣大约200艘船只在非洲大西洋沿岸进行贸易。在1610年和1611年，他们每年派出20艘船只。荷兰人能够以更低的价格运输更多的货物，这让他们在与英国人、法国人和葡萄牙人的竞争中占据优势。

欧洲人争夺非洲大西洋沿岸的据点。英国人把法国人赶出了塞内加尔河口。1631年，英国人在被称为“黄金海岸”的地方建造了一座据点，这段海岸线包括葡萄牙人在埃尔米纳和阿克西姆的据点。荷兰人在扎伊尔（刚果）河口和沿海岸边建立防御阵地，占领葡萄牙人在埃尔米纳和阿克西姆的据点。

荷兰人从葡萄牙人（此时葡萄牙人再次从西班牙统治下获得独立）手中夺走巴西，并想要为他们的新殖民地提供奴隶。荷兰人还从葡萄牙人手中夺走圣多美岛。1641年8月，一支由21艘荷兰船只组成的船队出现在安哥拉海岸附近。荷兰人占领罗安达和本格拉，葡萄牙人撤退到内陆，并在那里抵挡住了荷兰人和贾加部落的进攻。

1645年，法国人控制塞内加尔河口，在那里交易树胶和奴隶。法国人还增加了他们在象牙海岸的贸易。瑞典人、丹麦人和来自勃兰登堡的德国人也来到象牙海岸并建造据点，他们通常会向当地国王支付据点的租金。

奥约、达荷美和阿桑特王国

从17世纪40年代开始，几内亚湾附近的四个内陆国从奴隶贸易中获得了财富和权力。位于内陆300公里的奥约王国是这些王国中最成功的。它受益于不用砍伐树木的地形，没有

1685—1705 年

1685—1759年　德国音乐家乔治·弗里德里希·亨德尔的生平。

1687年　威尼斯从奥斯曼土耳其人手中夺取雅典。

1689年　俄国和中国清朝签署《尼布楚条约》。

1694年　英格兰银行在伦敦成立。

1697年　历经11年，法国在奥格斯堡同盟战争中被欧洲联军打败。

1697—1718年　查理十二世统治瑞典。

1698年　伦敦证券交易所成立。

舌蝇和其他携带疾病的昆虫，可以饲养马匹。奥约王国有效地利用骑兵向南扩展，在那里热带草原将沿海与森林一分为二。奥约迫使沿海的阿拉达王国向其朝贡，并获得与欧洲人直接贸易的权利。奥约是一个奴隶制国家，国王在广袤的农田上使用奴隶劳作。在战争中，奥约夺取的奴隶远超皇家农场所需的数量，多余的奴隶被卖给欧洲人以便交换枪支、布料、金属制品和贝壳。奥约还与北方的非洲人进行交易来获取马匹，并为奴隶贸易提供更多的俘虏。王国还通过对跨越其领土进行贸易的豪萨人征税来获取财富。

该地区的另一强国是阿波美王国，由17世纪初从奴隶贸易中富裕起来的沿海国阿拉达国王的兄弟阿克林建立。在选择继任者时，阿克林无视有发言权的酋长们，将阿波美的统治权传给了他的孙子韦格巴甲，韦格巴甲巩固了他的权力。阿拉达和阿波美都向更强大的奥约王国朝贡。在阿波美，用活人祭品来纪念国王的祖先，这些祭品通常是战俘。

阿波美以西是阿桑特。阿桑特向其西南部的丹克拉称臣朝贡。阿桑特的主要行政单位是村庄，由部族酋长管理。在17世纪60年代，阿桑特勇士奥塞·图图把支持他的部落酋长组织起来，并与宗教领袖安诺克结成联盟。他们设立代表力量和神灵统一的金凳，阿桑特统治者就坐在上面，他们还用祭品祭祀使金凳神圣化。

奥塞·图图和安诺克把他们的势力扩展到阿桑特各个部落，统一了阿桑特。凭借统一产生的力量，阿桑特击败了丹克拉，并占领了其属国。阿桑特开始与欧洲人接触，向他们出售奴隶。阿桑特为夺取更多的奴隶和黄金开始向内陆扩张。

与此同时，奥约骑兵四次入侵阿波美，但是阿波美仍保留了足够的力量来对抗沿海国阿拉达。阿波美国王托多从欧洲人那里购买武器，在18世纪20年代他征服阿拉达，由此能够直接与欧洲人交易。托多扩张后的政权就是达荷美。从此达荷美开始通过向欧洲人出售奴隶而繁荣起来。

•第一台蒸汽机由英国工程师托马斯·萨弗里制造，用于从煤矿中抽水。

1699年　印度锡克教古鲁戈宾德·辛格制定卡尔萨戒律。

•哈布斯堡王朝通过《卡洛维茨条约》获得匈牙利大部分地区。

1702—1714年　安妮任英格兰和苏格兰的女王。

1703年　彼得大帝建立圣彼得堡。

1704年　北美第一份报纸《波士顿新闻通讯》发行。

1705—1711年　约瑟夫一世任神圣罗马帝国皇帝。

北美的殖民化

波士顿倾茶事件

欧洲人开始在美洲扩建殖民地。法国人、英国人、瑞典人和荷兰人分布在北美洲，而西班牙人和葡萄牙人主要在南美和中美洲。

第一个英国人永久性殖民地于1607年在詹姆斯敦建立，1624年英国王室控制了该地区。伴随着种植烟草带来的经济增长，非洲奴隶作为廉价劳动力的进口贸易开始了。1620年，一群持不同政见的英国新教徒，也就是后来被称为“清教徒”的先辈们，在马萨诸塞州登陆。他们签署了一份自治协议，称为《五月花号公约》（以他们赴美乘坐的船“五月花”号命名）。它被认为是美国的第一套成文法。随着更多的殖民地出现，该地区后来被称为新英格兰。1636年在这里建立的一所小型学院，到1780年发展成为哈佛大学。

法国人控制了加拿大的毛皮贸易，并在1604年建立了他们的第一个殖民地。1627年，在圣劳伦斯河沿岸建立新法兰西殖民地。其扩张继续延伸到密西西比河谷地区和路易斯安那州。七年战争结束，根据1763年的《巴黎条约》，新法国归属英国统治。在一系列战争之后，英国债台高筑，企图通过税收和关税在其美洲殖民地获得收入。但这些措施都遭到了殖民者的抵制，最后，只有茶税被保留下来。

1773年，英国东印度公司获得茶叶贸易的垄断权后，殖民者摧毁了在波士顿登陆的一船茶叶，这一事件后来被称为“波士顿倾茶事件”。英国人以镇压做出回应。

西班牙和葡萄牙在南美洲

1717年，西班牙成立新格拉纳达总督区，由今天的巴拿马、厄瓜多尔、哥伦比亚和委内瑞拉组成。西班牙后来将其殖民帝国扩张到墨西哥和秘鲁，而葡萄牙则控制了巴西。美洲原住民和非洲奴隶在条件恶劣的秘鲁和墨西哥的银矿，以及巴西的金矿和钻石矿中工作。

1707—1727 年

1707年　莫卧儿皇帝奥朗则布在印度去世。

1707年　奥朗则布的长子巴哈杜尔·沙·扎法尔二世去世。

1707年　根据《联合法案》，英格兰和苏格兰联合起来组成大不列颠。

1708—1709年　瑞典国王查理十二世入侵俄国，但在波尔塔瓦战役中被击败。

1711年　在塔斯卡洛拉印第安人战争中，北美印第安部落与北卡罗来纳州的种植园主作战。

1712年　英国发明家托马斯·纽科门（1663—1729）发明常压蒸汽机。

美国独立

乔治·华盛顿将军带领美国军队在约克镇战役中取得胜利，法国站在了美国人的一边

1774年，来自美洲殖民地的代表组成第一届大陆会议，向英国国王乔治三世递交了一份请愿书，其中表达了他们的不满。由于没取得任何效果，1775年召开第二届大陆会议，并宣布美国独立。同年独立战争爆发，殖民者与英国军队作战。1776年7月4日，殖民地通过《独立宣言》，由13个州组成的美利坚合众国成立。战争持续了5年，直到英军在弗吉尼亚州约克镇投降。1783年，根据《巴黎条约》，英国正式承认美国独立。1787年，各州代表起草新国家宪法。1789年乔治·华盛顿当选为美国第一任总统。

美国殖民艺术与建筑

在17、18世纪，北美的欧洲人发展了基于欧洲的艺术风格。西部有西班牙风格，东部有英国、荷兰和法国风格，美洲原住民的艺术风格也有很大影响。新墨西哥州的早期建筑物由土坯（太阳晒干的泥）制成，而英国人则首先使用木材建造小木屋，然后用木板建造较大的房屋。18世纪城市开始按照网格规划。肖像画占主导地位，而宗教艺术也很普遍。

美国第三任总统托马斯·杰斐逊的帕拉第奥式住宅，位于弗吉尼亚州，建于1768年至1826年之间

1713—1714年　《乌得勒支条约》结束了西班牙王位继承战争和安妮女王的战争。

1714年　德国物理学家加布里埃尔·法伦海特制造出第一个水银温度计，并设置华氏温标。

1714—1727年　乔治一世成为大不列颠汉诺威王朝的首位国王。

1717年　在印度，莫卧儿皇帝法鲁克锡亚允许东印度公司在孟加拉邦进行贸易。

1723—1790年　苏格兰经济学家亚当·史密斯的生平。

1727年　咖啡首先在巴西种植。

1727—1788年　英国风景画家托马斯·盖恩斯伯勒的生平。

拿破仑

拿破仑于1769年出生在科西嘉岛，作为法国军队的一名将军，他立下了卓越的功绩。1799年，埃及战役后他返回法国，开始操控政府。1804年，拿破仑宣布自己为皇帝，并发动了一系列与其他国家的战争，以进一步增强法国的实力。他所制定的《拿破仑民法典》强调成文法，并对其他国家的法律法规产生影响。

在欧洲，19世纪的前15年主要是拿破仑战争，即法国军队和其他国家之间的战争。最终，1815年拿破仑在滑铁卢战役中被击败，并被流放到圣赫勒拿岛。

1821年，拿破仑在流亡中逝世，但他的传奇仍在继续。他的一生引发了很多作家、艺术家和音乐家的想象。历史学家认为他的改革比他的征服更重要，具有持久的影响。在维也纳会议（1814—1815）上，拿破仑夺取的法国领土被分给其他欧洲国家。维也纳会议谴责奴隶贸易，并规定穿越不同欧洲国家的河流可自由航行。

1799年，法国面临政治、经济和社会危机。拿破仑上台后，试图解决失业、通货膨胀、金融和宗教等问题。在他执政期间，进行了多项改革，包括实行高等教育、建立法国中央集权的政府银行、制定税法、建造道路、建设完善的下水道系统等。为了表彰士兵和平民的成就，他创立了“荣誉军团勋章”。

奥斯特利茨战役（1805）是拿破仑最伟大的胜利，拿破仑在这场战役中击败了俄国和奥地利联军

1739—1758 年

1739年　约翰·卫斯理成立卫理公会。

1740年前后　巴尔谢姆托夫创立犹太教哈西德派。

1740年　玛丽亚·特蕾莎成为奥地利女建筑师。

1741—1762年　彼得大帝的女儿伊丽莎白·彼得罗夫娜为俄国女沙皇。

1742年　瑞典天文学家安德斯·摄尔修斯发明摄氏温度计。

1744年　伊斯兰瓦哈比教派在阿拉伯半岛的达里亚建立。

1748年　奥地利王位继承战争以签署《艾克斯拉沙佩勒条约》结束。

拿破仑的重要改革

1801年协议　1801年，拿破仑与教皇庇护七世签署了这项协议。天主教被认为是法国的主要宗教，但宗教信仰自由得到保障。拿破仑将亲自任命神职人员并向其支付薪资，但他们必须宣誓效忠国家。

财产和土地所有权　法国革命政府为了消除封建主义的最后残余，开始在土地和财产所有权方面进行改革。《拿破仑民法典》确认财产权的不可侵犯性，并规定平等的继承权。拿破仑还保证，从教堂或贵族手中没收的土地不予退还。

新政府体制　拿破仑通过建立一个中央集权国家来重组政府。他创建不同的政府部门，并亲自任命部门负责人。而这些负责人被任用的部分原因是他们的忠诚。政府成功地消除了诸如腐败、贪污和低效等问题。

工商业　在拿破仑之前，商业和工业两个部门因为存在诸多问题而被称为"欧洲的笑柄"，它们因腐败、限制贸易税和缺乏政府支持而濒临崩溃。1800年，拿破仑新创办的法国中央银行启动为贸易商和制造商提供贷款。他实行更公平的税收，失业率开始下降。

农业发展　拿破仑政府开始在农业领域投入资金。为了增加可耕种土地数量，他排干沼泽、开垦荒地，并引进现代耕作技术。随着粮食产量增加，民众对饥荒的恐惧逐渐消退。

金融体系改革　1800年，拿破仑成立法国中央银行，其职责是发放贷款和流通货币，以调节国家经济的平稳运行。他还试图稳定金本位体系制。被征服的国家也被要求纳税，以帮助法国稳定经济。

制订法律　在18世纪后期，法国没有一套明确的法律体系，只有皇家法令、区域法规、古罗马法律和当地习俗惯例，拿破仑用成文的《拿破仑民法典》取而代之。该法典明确了一些公民权利，并且对每个人都是平等适用的。

军队现代化　拿破仑把他的军队打造成世界上最强大的军队。他把经验丰富的士兵与新兵混在一起，进行军事训练，并承诺只凭功绩晋升。虽然他的军队主要用于开疆扩土，但也常常用来维护法国国内的法律和秩序。

1749—1832年　德国作家歌德的生平。

约1750—1850年　西方音乐的古典时期。

1755年　里斯本地震造成3万人死亡。

•萨缪尔·约翰逊编写《英语词典》。

•天花在南非开普敦传播。

1757年　普拉西战役标志着英国统治印度的开始。

1757—1827年　英国诗人、画家威廉·布莱克的生平。

1758年　英国军队在加拿大的提康德罗加堡被法国人击败。

1848年革命与民族主义

普鲁士首相奥托·冯·俾斯麦

工业革命造成的不平等和经济困难、社会改革的需求，以及民族主义运动，引发了整个欧洲的一系列革命。奥地利的强势首相梅特涅克（1773—1859）被迫辞职。在法国，第二共和国成立，尽管它没有持续多久。

民族主义理想继续走向高潮。意大利的国家统一运动在马志尼（1805—1872）、加里波第（1807—1882）和加富尔（1810—1861）的努力推动下，于1870年实现目标。1871年，普鲁士首相奥托·冯·俾斯麦（1815—1898）也积极促成了德国的统一。

由于政府的腐败无能导致1848年革命的爆发。再加上粮食歉收、食品价格上涨，造成大面积的失业和整个欧洲的经济萧条。

法国、德意志各邦国、普鲁士、奥地利帝国、意大利各邦国、摩尔达维亚和瓦拉几亚等国家，直接受到1848年革命的影响。

1848年革命在一些国家也被称为“国家的春天”“人民的春天”“民族的春天”，或者是“革命年代”，这是在整个欧洲发生的一系列广泛的政治动荡，革命本质上是民主的，追求建立独立的民族国家。这波革命浪潮始于法国，并蔓延到欧洲大部分地区，其主要因素有民众对政治领导的普遍不满，要求民主和更多地参与政府事务，要求新闻自由，还有工人阶级提出的其他要求，民族主义高涨，以及已有政府力量的重组。

成千上万的人被杀害，还有很多人被迫流亡。革命起因多种多样：科技彻底改变了普通老百姓的生活；农作物严重歉收，特别是1846年的歉收，给农民和城市工人带来了巨大的困难。

中产阶级和工人阶级都渴望改革，并就许多具体目标达成一致。然而，他们参与革命的程度各有不同。进行革命的是中产阶级和下层阶级。起义首先在城市爆发，很快席卷了整个国家。

1761—1775年

1761年　在印度第三次帕尼帕特战役中，阿富汗人击败马拉塔人。

1762—1796年　俄国女沙皇叶卡捷琳娜二世统治时期。

1764年　苏格兰发明家詹姆斯·瓦特发明第一台蒸汽机，1782年又加以改进。

1767年　英国发明家詹姆斯·哈格里夫斯发明珍妮纺纱机，一种手动纺纱机，是早期工业革命的重要发展。

1767—1847年　印度音乐家特亚加拉贾的生平。

1768年　英国皇家艺术学院成立。

莫奈的印象派画作

艺术、文学和音乐的发展趋势

在欧洲和美国，1800—1850年被认为是浪漫主义时代，以丰富的想象力和情感、自由的思想和方法为特征。在音乐方面，贝多芬和弗朗茨·舒伯特（1797—1828）的作品在古典主义和浪漫主义风格之间架起了一座桥梁。其他伟大的浪漫主义音乐家还有舒曼（1810—1856）、柏辽兹（1803—1869）和肖邦（1810—1849）。布莱克（1757—1827）、德拉克罗瓦（1798—1863）和康斯太勃尔（1776—1837）是浪漫主义艺术家的代表。

印象派艺术在19世纪下半叶出现，灵感来自法国艺术家莫奈（1832—1883）。印象派绘画拒绝古典形式主义和浪漫主义，而重视捕捉光的效果。现实主义是另一种艺术趋势。在后印象派风格中，色彩的使用与印象派相似，但绘画更加自由，并非对现实的准确表现。19世纪末这一流派的主要艺术家有凡·高（1853—1890）、高更（1848—1903）和图卢兹·罗特列克（1864—1901）。

图卢兹·罗特列克的海报

1768—1774年　俄土战争，俄国获得黑海航行权。

1769年　拿破仑出生于科西嘉岛。

1769年　理查德·阿克莱特发明水力纺纱机。

- 法国工程师尼古拉·约瑟夫·居纽发明带有车厢的蒸汽动力三轮车。
- 印度孟加拉邦发生大饥荒。

1770—1850年　英国诗人威廉·华兹华斯的生平。

1774年　沃伦·黑斯廷斯成为印度第一任英国总督。

1775年　法国哲学家丹尼斯·狄德罗完成了他主编的《科学、美术与工艺百科全书》。

在工业革命的推动下，欧洲列强竞相在亚洲开拓势力范围。在该时期末期，民族主义独立运动开始。

位于德里的1857—1858年起义纪念碑

英国占领印度

印度发生了两场改变历史进程的重大战役。1757年的普拉西战役是在英国人和孟加拉王公达乌拉之间展开的，后者被英国人击败。1764年的布哈萨战役中，莫卧儿皇帝沙·阿拉姆、阿瓦德王公和孟加拉王公共同与英国军队交战，但最终被英军击败。

随着英国对印度次大陆的控制力加强，莫卧儿皇帝只在名义上保留了他们对印度北部的统治权。1857—1858年，一场以军队兵变开始的大起义爆发，并宣布名义上的莫卧儿皇帝巴哈杜尔·沙·扎法尔为印度统治者。但英国人取得了胜利，德里被毁。巴哈杜尔·沙·扎法尔的儿子们被杀，他本人也被流放到仰光，1862年孤独地死去。

在印度蔓延的1857年民族起义亦称“印度士兵叛变”，许多王公贵族也都参与了进来。但是由于内部的不团结，起义被英国人镇压。

起义带来的结果是，在印度管理事务的英国东印度公司被废除，印度直接归英国王室管辖。

1857年民族起义，即印度的第一次独立战争

巴哈杜尔·沙·扎法尔被捕

1775—1802年

1775—1783年　美国独立战争。

1780—1784年　第四次英荷战争，起因于荷兰与美洲殖民地的秘密贸易。

1781年　出生于德国的英国天文学家威廉·赫歇尔发现天王星。

1782—1840年　意大利作曲家、小提琴演奏家尼科罗·帕格尼尼的生平。

1789年　法国大革命爆发。

1792—1822年　英国诗人雪莱的生平。

1794年　安·拉德克利夫创作《尤多尔佛之谜》，推动英国哥特小说的发展。

1796—1869年　印度乌尔都语诗人米尔扎·加利卜的生平。

“大博弈”

“大博弈”期间的阿富汗埃米尔多斯特·穆罕默德（1826—1863在位）

中亚是“大博弈”的战场，这是大英帝国和沙皇俄国为控制中亚地区而进行的一场争霸战争，时间约为1839年到20世纪初。英国人在阿富汗发动战争，获得其对外关系控制权，而俄国则进军希瓦和土耳其斯坦。在伊朗，俄国的影响遍及北方，而英国则主宰着南方。

巴哈教

1843年，巴布教作为伊斯兰教的一个分支出现在伊朗，1863年米尔扎·侯赛因·阿里（即著名的巴哈欧拉）将其发展为独立的巴哈教（“上帝的荣耀”之意）。巴哈教徒信仰只有一个上帝，上帝的使者或先知包括亚伯拉罕、摩西、耶稣和穆罕默德，传扬历代真理。上帝的启示由巴哈欧拉宣示，即通过博爱团结所有人。

鸦片战争

中国允许外国商人入境，但将他们限制在广州和澳门口岸，主要是为了制止英国人的鸦片贸易。中国人在广州焚烧一批鸦片后，爆发了两次鸦片战争（1839—1842和1856—1860）。英国得到其他国家的支持，中国被迫提供更多的贸易优惠，并将香港割让给英国。

之后，中国开放了许多港口进行对外贸易。茶叶和丝绸贸易在国外兴起并蓬勃发展。

第一次鸦片战争期间（1841）被英国军舰摧毁的中国清政府水师战舰

中国的铜货币开始贬值，一部分原因是铜短缺，一部分原因是清政府管理不善。1853年，中国发行新的纸币。

1799年　空想社会主义者罗伯特·欧文在苏格兰建立模范工厂。

•瑞士教育家裴斯泰洛齐提出新的教育理论，创建学校。

1799—1837年　俄国作家亚历山大·普希金的生平。

1799—1852年　汤加发生内战和混乱。

1800年　美国国会图书馆成立。

1801年　根据《联合法案》，大不列颠和爱尔兰组建联合王国（UK）。

•托马斯·杰斐逊就任美国总统。

1801—1825年　沙皇亚历山大一世统治俄国时期。

1802年　法国杜莎夫人在英国建立蜡像馆。

义和团运动

19世纪末，中国在与日本和西方国家的战争中遭受了屈辱性的失败，而这些国家在中国获得了商业立足，并强迫中国接受不平等的商业条款。由此引发的经济问题导致穷苦百姓的不满情绪越来越强烈，最终爆发了1899年的义和团运动。

最初的愤怒是针对中国政府的，慈禧太后将起义者的仇恨引向外国人。在被称为“义和团”秘密组织的领导下，起义者袭击外国人和中国基督徒，摧毁铁路和外国资产。

义和团运动最终被八国联军镇压下去。1901年，中国清政府被迫做出更多屈辱性的让步和赔偿。

太平天国运动

洪秀全，一位私塾先生和宗教幻想家，组织了反抗中国满清政府的起义。太平天国运动很快扩展到15个省，导致2000万人死亡。作为帮助满清政府镇压叛乱的回报，欧洲列强获得了更多的贸易便利。尽管当时社会动荡不安，但中国艺术蓬勃发展。18世纪末，一种新的中国戏曲——京剧发展起来。

明治维新

1868年，日本的倒幕运动使天皇统治得以恢复。随着传统的神道教信仰复兴，以及新兴工业和铁路的发展，日本的民族主义意识开始觉醒。

1802—1817 年

1802—1820年　嘉隆帝统一越南。

1803年　美国从法国购买了北美的一大片领土——路易斯安那州。

1804—1830年　塔斯马尼亚爆发黑人战争，欧洲人屠杀原住民。

1805年　日本医生华冈青洲在手术中使用麻醉剂。

1809年　芬兰开始被俄国统治。

1809—1882年　英国博物学家查尔斯·达尔文的生平；他撰写的《物种起源》，是关于进化生物学的开创性著作。

1810年　墨西哥起义反抗西班牙统治。

•国王卡米哈米哈一世统一夏威夷群岛。

葛饰北斋

日本艺术在19世纪蓬勃发展。葛饰北斋（1760—1849）是一位版画家、浮世绘大师，其系列作品《富岳三十六景》（1826—1833）被认为是风景画的巅峰之作。

描绘红色富士山的《凯风快晴》是葛饰北斋创作的《富岳三十六景》系列之一

这是一个大变革的时期，伴随着政治变革，工业和技术领域也发生了深远变化。殖民主义继续扩张。

农业革命

到1800年，欧洲见证了不止一次革命——农业革命和工业革命。农业革命始于英国，这使英国的农业生产率比欧洲其他任何国家都高。英国通过了《圈地法》，根据该法案，富有的领主可以购买大量庄园。这导致许多小规模劳动者前往城市寻找工作赚取工资来谋生。同时这些人也为城市的产业提供了劳动力，从而引发工业革命。

英国的农业革命

1811—1818年　埃及穆罕默德·阿里占领阿拉伯半岛的大部分地区；第一个沙特帝国终结。

1811—1832年　法国数学家埃瓦里斯特·伽罗华提出了群论。

1812—1815年　美国与英国发生战争。

- 雅各布·格林和威廉·格林出版了德国民间故事集《格林童话》。

1812—1870年　英国作家查尔斯·狄更斯的生平。

1813年　英国小说家简·奥斯汀创作《傲慢与偏见》。

1815年　英国把爪哇归还给荷兰人。

1817年　詹姆斯·门罗就任美国第五任总统。

- 德国哲学家黑格尔撰写《哲学科学全书纲要》。

东南亚

在印度尼西亚苏门答腊岛的戈莫和泰河地区发现的仪式座椅

在19世纪，东南亚一直是英国、法国和荷兰的殖民地。1799年，荷兰政府接管荷属东印度公司对印度尼西亚群岛部分地区的统治。在接下来的一百年里，荷兰控制了整个群岛，包括苏门答腊岛和巴厘岛。现代印度尼西亚的边界就是在这个时期确立的。1824年，英国开始为控制缅甸而战，最终于1886年将其纳入印度帝国。英国还逐渐占领了马来亚半岛，到1874年，牢牢控制了今天的马来西亚。通过加强中央权力对地方酋长的管理和开放通往欧洲的贸易路线，泰国在稳定和强大的君主政体下得以保持独立自由。法国殖民越南、老挝和柬埔寨，在1887年宣布成立法属印度支那联盟。

殖民化对东南亚的人口和经济产生了巨大影响。在马来西亚拥有技术职位的印度和中国移民受到英国人青睐，而马来西亚的普通民众则被视为农民。教育政策加深了种族分歧。在柬埔寨，法国人喜欢越南人甚于当地人，而英国人则鼓励印度人和中国人移民到缅甸，这一政策导致的政治分歧一直延续到现代。长期以自给农业为基础的缅甸经济急剧转向出口经济。印度尼西亚实施一项名为“耕种制”的政策，迫使农民种植出口作物。尽管这项政策在出口方面取得了成功，但造成了当地的饥荒和贫困。同时在殖民地市场销售欧洲商品削弱了当地传统工艺，例如印度尼西亚蜡染和伊卡特织品生产大受影响。殖民国家为控制当地而经常发动战争，进一步破坏了该地区的稳定和发展。

1817—1835年

1817—1818年　第一次塞米奴战争发生在佛罗里达州塞米奴印第安人部落和美国军队之间。

1818年　美国从西班牙手中购得佛罗里达州。

1819年　波马尔二世在南太平洋的社会群岛制定第一部法典。

1820年　美国的《密苏里妥协案》在自由州和蓄奴州之间建立了平衡。

•英王乔治四世重建温莎城堡。

1821年　苏格兰哲学家、经济学家詹姆斯·穆勒撰写《国富论》。

1821年　拿破仑在流亡期间去世。

不过，在殖民统治时期，古迹和文献得到了仔细研究、保存和修复。例如，吴哥窟在19世纪中期被发现，越南的商族宗族遗址于1885年引起公众关注；摄影有助于记录这些古迹，吴哥窟于1866年首次被拍摄；从19世纪中叶开始，殖民政府开始开放博物馆，并发起考古调查。

许多传统在19世纪继续蓬勃发展。宗教意识依旧保守，西方化的影响相对较小。许多当地宫廷支持纺织品、金属制品、珠宝和陶瓷等手工艺。印度的手稿绘画基本上保留着传统的风格，尽管有人认为企业、学校的绘画受到了欧洲的影响。19世纪初期，东南亚大陆深受中国文化的影响。然而，随着殖民国家扩大控制权，该地区的精英文化变得日益西化。例如，在缅甸，欧洲画风主宰了山达穆尼塔的壁画（1849—1850），而曼德勒的独特僧院孔雀寺（1857）则融合了欧洲与本土的建筑结构和图案；爪哇画家拉登·萨利赫（约1807—1880）被视为印度尼西亚现代艺术之父，他于1829年前往欧洲学习绘画；西方艺术对越南的影响要晚得多，一些当地画家在19世纪晚期开始创作油画；泰国虽然是独立的，但在此期间，社会上层仍然青睐西方舶来品，马古大帝（1851—1868在位）时期的泰式建筑融入了希腊风格和中国陶瓷艺术，在接下来的半个世纪以及20世纪初期，摄影、自然主义绘画和雕塑主导了泰国宫廷艺术。

虽然这一时期的绝大多数人口是穆斯林、佛教徒或基督徒，但东南亚也是多种原住民的家园，他们与波利尼西亚人、密克罗尼西亚人和其他太平洋群岛的居民有着共同的语言、艺术和文化。尽管生活在相隔数百甚至数千英里之外的孤立飞地中，该地区的原住民在艺术和文化方面表现出惊人的相似性，这表明他们拥有共同的祖先。其中一个最引人注目的相似之处在于他们对人体形态的概念，典型的人体形态是坐或蹲伏，腿部靠近身体，手或前臂放在膝盖上。

来自印度尼西亚苏拉威西岛的皇冠

1821—1848年　奥地利首相梅特涅建立了一个奥地利领导下的德意志联盟。

1823年　美国宣布门罗主义，要求欧洲列强不干涉美洲事务；作为回报，美国保证不插手欧洲列强的事务。

1830年　法国革命，国王查理十世被路易·菲利普取代。

1830—1934年　南非布尔人穿过奥兰治河向内陆大规模迁徙。

1833年　瑞典发明家阿尔弗雷德·诺贝尔诞生，后来的诺贝尔奖以其命名。

1835年　巴黎凯旋门建成。

机械时代开始

位于伦敦海德公园的水晶宫，为1851年博览会而建

“工业革命”一词描述了许多发明和发现带来的重大变化，这些发明和发现使新技术、新机械和新的生产方式得以发展。机械被用来补充或替代人工。例如，风、水、人和动物的动力在一定程度上被蒸汽动力替代。蒸汽发电需要煤，导致煤的需求大幅增加。利用电力是另一个重要的进步。机床和零件标准化，工厂成为生产中心。铁路带来交通变革，将城市和偏远地区连接起来。制造铁、玻璃和钢的新方法被开发出来。1851年在伦敦举行的博览会上，人们展示了许多新技术，并因此而感到自豪。

工业革命始于18世纪的英国，于19世纪末传播到欧洲其他国家、美国和日本。新生产方式的巨大潜力促使人们从注重农业转向注重资本积累。市场营销和管理技能，以及银行和保险业应运而生。

凭借前所未有的大规模生产能力，工业需要大量的原材料和销售市场。这两个因素导致欧洲列强开始夺取殖民地。在19世纪，卡尔·马克思在他的长篇著作《资本论》中对资本主义经济学做了最好的分析。

从肯萨尔摩尔看到曼彻斯特正在冒烟的烟囱

1836—1840年

1836年　得克萨斯州脱离墨西哥独立。

1837年　德国教育家弗里德里奇·福禄倍尔建立第一所幼儿园，包括运动和游戏的教育场所。

•维多利亚成为英国女王。

1837—1839年　英国工人阶级宪章运动。

1839年　奥斯曼土耳其帝国开启现代化计划。

1839—1842年　在古巴海岸的船只上发生的一场起义——“阿米斯塔德号”起义，引发关于奴隶制的辩论。

在19世纪，科学家和医生发明新的生物医学设备和仪器。1816年，法国医生雷奈克发明听诊器。1895年，德国物理学家伦琴发现X射线。

农民通过学习了解新技术和新信息，提高农作物产量。

卡尔·马克思

童工

到19世纪初，机器在很大程度上已经取代了体力劳动者。工厂遍布各地，由于机器操作方便，儿童就可以胜任，而且比成人劳动力廉价，于是工厂主开始使用儿童作为工人。1810年，美国大约有200万童工，每周工作50~70小时，报酬却很少。

童工

教师、教会和工人团体都大声疾呼反对童工。狄更斯的小说《雾都孤儿》就揭露了雇用童工的罪恶。

英国是第一个采取措施反对雇用童工的国家。从1802年起，一系列法律提高了允许儿童工作的年龄，缩短工作时间，并普遍改善工作条件。

工人阶级

一个新的阶级——工人阶级出现了。工业工人，包括儿童，他们经常在条件恶劣的情况下长时间工作，工资很低。为了表示抗议，以及反对机器本身，英国发生捣毁机器的卢德运动（1811—1812）。渐渐地，工人们联合起来组成工会，要求缩短工作时间、提高工资待遇。

• 第一次英国-阿富汗战争，英军惨遭屠杀。

1839—1906年　法国画家保罗·塞尚的生平。

1840年　《怀唐伊条约》在新西兰签署。

• 卡美哈美哈三世在夏威夷实行君主立宪制。

• 英国推出邮票，并很快得以普及。

1840—1889年　佩德罗二世统治巴西，并实行改革。

1840—1917年　法国雕塑家奥古斯特·罗丹的生平。

当人们蜂拥到城市工作时，新的观念伴随着新的社会关系出现了。欧文（1788—1858）设想了一个合作社会，马克思（1818—1883）和恩格斯（1820—1895）则在《共产党宣言》中分析了阶级斗争。

19 世纪的发明

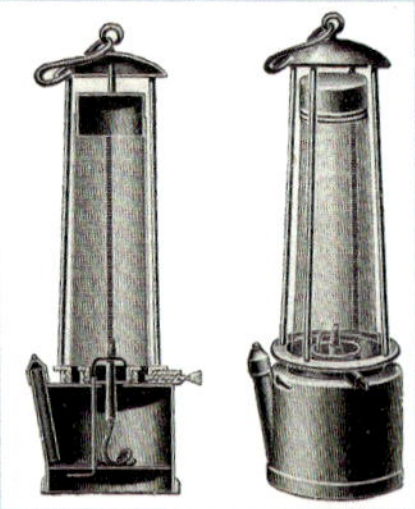

汉弗莱·戴维发明的安全灯

1800年　意大利人亚历山德罗·伏特（1745—1827）发明早期电池。

1804年　法国人雅卡尔（1752—1834）发明提花织布机，用来生产有精致图案的纺织品。

1810年　第一个锡罐问世。

1814年　英国人斯蒂芬森（1781—1841）发明铁路机车。

1815年　英国人汉弗莱·戴维（1778—1829）发明矿工用的安全灯。

1829—1830年　法国人蒂莫尼耶（1793—1857）发明缝纫机。

1832年　英国人威廉·斯特金（1783—1850）发明电动马达。

1836—1837年　美国人摩尔斯（1791—1872）、英国人惠斯通（1802—1875）发明电报/莫尔斯电码。

1849年　美国人沃尔特·亨特（1796—1859）发明安全别针。

1855年　德国人罗伯特·本生（1811—1899）发明光谱仪、频谱分析、燃气燃烧器。

亚历山大·贝尔

1876年　美国人亚历山大·贝尔（1847—1922）发明电话。

托马斯·爱迪生

1879年　德国人卡尔·奔驰（1844—1929）发明汽车发动机（双缸）。

1883年　美国人托马斯·爱迪生（1847—1931）发明电灯泡。

1893年　德国人鲁道夫·狄赛尔（1858—1913）发明柴油发动机。

1895年　意大利人伽利尔摩·马可尼（1874—1937）发明无线电报。

1843—1850 年

1843—1872年　毛利人和英国人在新西兰作战。

1844—1926年　意大利医生卡米洛·高尔基的生平；他识别出两种类型的神经细胞。

1845—1949年　英国吞并印度旁遮普邦。

• 马铃薯歉收后，爱尔兰出现灾难性饥荒。

1845—1918年　德国数学家乔治·康托尔的生平；他提出集合论。

1846年　德国天文学家约翰·加勒发现海王星。

1846—1848年　美国-墨西哥战争，美国获得了部分领土。

1847年　英国人夏洛蒂·勃朗特创作《简·爱》。

索科托哈里发国

位于尼日利亚北部的埃米尔索科托宫

富拉尼人，原本是游牧民族，1804年开始从尼日利亚北部向外扩张，并在塞内加尔和喀麦隆之间建立王国。奥斯曼·本·福迪奥领导富拉尼圣战（1804—1808），并将该地区的豪萨人国家整合成一个政治和宗教合一的索科托哈里发国，也称富拉尼帝国，直到1903年被英国人击败。

英国接受索科托苏丹为正式统治者。因为苏丹在1906年证明了自己对英国的忠诚。当时索科托的宗教狂热分子发动起义，目的在于把白人驱赶出境，苏丹主动放弃起义的领导人，将之判处死刑，并在索科托的市场处决。

今天的索科托州于1976年2月3日成立，是尼日利亚的一部分。索科托市是索科托州的首府。作为前索科托哈里发国的中心，索科托市主要居住着穆斯林，也是尼日利亚伊斯兰教的重要学习中心。

各国事件

艾哈迈迪是一位穆斯林，于1818年在马西纳（今马里地区）建立王国。1862年，伊斯兰学者哈吉·奥马尔征服马西纳并创立托克怀帝国，该帝国在19世纪末被法国吞并。

1834年，法国人从土耳其人的间接统治下夺取了阿尔及利亚。苏菲·阿卜杜勒·卡迪尔（1808—1883）组织了一场反抗法国人的起义，虽然没有成功，但他仍然是阿尔及利亚历史上的英雄人物。

•萨克雷创作了一部描绘英国社会的小说《名利场》。

1848年　马克思和恩格斯发表《共产党宣言》。

1848—1916年　弗朗西斯·约瑟夫一世统治时期，他是奥地利最后一位哈布斯堡皇帝；1867年起他为匈牙利国王。

1850年　四个澳大利亚殖民地从英国获得一些权力。

•英国诗人阿尔弗雷德·丁尼生创作完成《纪念》。

19世纪50年代　出现非洲黑人新闻学和世俗文学。

埃塞俄比亚在三位强大的皇帝——特沃德罗斯二世（1855—1868在位）、约安内斯四世（1872—1889在位）、孟尼利克二世（1889—1913在位）——的统治下复兴。1840年，阿曼苏丹赛义德·伊本·苏丹将苏丹国转移到桑给巴尔岛。这样做是为了巩固阿曼对斯瓦希里海岸的控制，也有助于恢复与西方列强的贸易关系。最终，美国、法国和英国在该岛上设立领事馆。

1875年，苏格兰自由教会在麦克利尔角建立利文斯顿使命会。该会的宗旨在于教授西方农业和制造技术。来自英国的商人和工匠受雇于此。

1878年，比利时国王利奥波德二世赞助对刚果河流域的勘探。1880年，法国控制刚果北部地区。1884年，柏林会议导致非洲的分裂。

马里的巴马科

1851—1866年

1851年　拉玛四世就任泰国国王，并实行改革。

1852年　法国路易·波拿巴成为皇帝，称拿破仑三世。

1853—1878年　梅顿国王统治缅甸。

1854年　英国数学家乔治·布尔发明布尔代数。

•弗洛伦斯·南丁格尔在克里米亚战争期间组织护理工作。

1855年　英国小说家伊丽莎白·加斯克尔创作《南北》，揭示工厂的现实状况。

1858年　追求爱尔兰独立的芬尼运动开始。

1861年　俄国废除农奴制。

奴隶贸易：范围

虽然这些数字存在争议，但一些历史学家估计，在1650—1900年，至少有2800万来自非洲大陆西部和中部的非洲人被欧洲商人作为奴隶卖到大西洋彼岸。例如，1860年，约有3万名非洲人被带到古巴岛；1858—1861年，可能有150艘船只从事这项贸易。

这一时期的奴隶贸易被称为“黑人大屠杀”。尽管阿拉伯人组织的奴隶贸易早在公元7世纪就已开始。据估计，截至1911年，欧洲商人出口的非洲奴隶数量在1400万至2000万人之间。

马赫迪战争

马赫迪战争

阿曼总督穆罕默德·阿里领导下的埃及宣称独立，并扩大对苏丹（1819）和中东部分地区的影响。在埃及统治苏丹期间，实行高税率，奴役年轻人。埃及获得对所有苏丹贸易的绝对控制权，但这破坏了原住民的生计，阻碍了当地的贸易。许多苏丹男子和男孩在从苏丹腹地到阿斯旺的征募过程中，死于长途跋涉。阿里作为埃及总督的任期于1848年结束，但埃及统治下的苏丹人民的苦难却没有结束。于是，苏丹拒绝继续接受埃及的统治。在19世纪70年代，穆罕默德·艾哈迈德宣称自己是马赫迪（意为“引导者”），并煽动了一场反抗埃及和英国的起义。经过长期的斗争，马赫迪派设法获得了控制权，但在1898年又被英国人赶下台。1885年6月，穆罕默德·艾哈迈德去世。由于内部纷争，马赫迪运动最终解散。这促使英国人于1896年返回苏丹，霍雷·肖基奇纳担任英埃联军指挥官。在最后的战斗中，艾哈迈德的继任者被杀，马赫迪国家结束。

1861—1865年　美国内战，导致美国奴隶制的终结。

1862年　法国侵占印度支那。

1864—1870年　巴拉圭与阿根廷、巴西和乌拉圭作战。

1865年　惠灵顿成为新西兰的首都。

•刘易斯·卡罗尔创作《爱丽丝梦游仙境》。

•英国外科医生约瑟夫·李斯特发现防腐剂。

•美国总统亚伯拉罕·林肯遇刺身亡。

1866年　普鲁士和奥地利之间爆发七周战争。

对非洲的争夺

随着欧洲的探险家们不断冒险深入非洲，他们的国家也为控制这片大陆展开了激烈的斗争。英国于1814年占据开普殖民地。开普省的荷兰布尔人为摆脱英国人的控制，与祖鲁人和班图族人发生冲突。他们首先在纳塔尔定居，建立德兰士瓦共和国（1852）和奥兰治自由邦（1854）。

当塞西尔·罗德斯（1853—1902）把英国的权力扩大到开普殖民地时，比利时国王利奥波德二世（1835—1909）占领刚果（扎伊尔）。1880年前后，所谓的“非洲争夺战”开始。在柏林会议（1884—1885）上，欧洲列强决定了他们各自在非洲大陆的势力范围。1899—1902年爆发了英国-布尔战争，英国占领布尔人的土地，但也做了一定的让步。到19世纪末，非洲大部分地区都被欧洲列强所瓜分，只有埃塞俄比亚和利比里亚是独立的。

奴隶贸易：废除

1822年，美国殖民协会为获得自由的奴隶，建立非洲利比里亚殖民地。19世纪，西方国家相继禁止奴隶贸易。

1794年法国国民大会宣布废除奴隶贸易；但直到1848年才最终废除。

1807年英国船舶禁止从事奴隶贸易；1833年后奴隶制在英国被废除。

1808年美国禁止进口奴隶；1865年美国废除奴隶制。

1814年荷兰威廉一世禁止他的臣民从事奴隶贸易。

美国扩张

1800年，美国由13个殖民地组成。3年后，这个新国家从法国手中买下被称为路易斯安那州的大片领土，疆域从密西西比河向西延伸到落基山脉。之后美国逐渐获得更多的领土，新的定居者向西迁移。南部各州希望继续蓄奴，于是脱离美国，引发内战（1861—1865），南部联邦战败。到1900年，美国发展到45个州。

1867—1879年

1867年　美国从俄国手中购买阿拉斯加。

•瑞典化学家阿尔弗雷德·诺贝尔发明炸药。

1868—1910年　拉玛五世使泰国现代化。

1869年　苏伊士运河开通。

1869年　甘地出生。

1870年　法国人朱尔斯·凡尔纳撰写《海底两万里》，他被认为是现代科幻小说的鼻祖。

1870—1871年　普法战争。

19世纪70年代　祖鲁人反抗英国的战争爆发。

1870—1888年　安东尼奥·古兹曼统治委内瑞拉，并开始改革。

消灭美洲原住民

成群的野牛被消灭了。野牛曾经是美洲原住民在大草原上赖以生存的主要支柱。许多原住民死于欧洲殖民者带来的疾病。1830年的《印第安人迁移法》迫使印第安部落迁往西部的保留区，成千上万的人死在迁徙途中。苏族人是组成原住民反抗斗争的主体，在1876年的小比格霍恩战役中他们击败乔治·卡斯特率领的美国军队。1890年，在翁迪德尼（位于南达科他州）大屠杀中，200名手无寸铁的男人、妇女和儿童被美军杀害，美洲原住民的抵抗就此结束。

苏族人的幽灵舞

艺术与文学

温斯洛·霍默（1836—1910）和托马斯·伊金斯（1844—1916）是伟大的美国画家。著名的文学家包括马克·吐温（1835—1910）、赫尔曼·麦尔维尔（1819—1891）、哈丽特·斯托（1811—1896）、纳撒尼尔·霍桑（1804—1864），还有诗人沃尔特·惠特曼（1819—1892）和华兹华斯·朗费罗（1807—1882）。

奥杜邦

1838年，艺术家、自然历史学家约翰·詹姆斯·奥杜邦（1785—1851）出版《美洲鸟类》，书中共有435幅手工彩色画。1831—1839年，他与苏格兰自然学家威廉·麦吉利夫雷一起撰写关于鸟类特征的《鸟类传记》。

1871—1940年　法国第三共和国。

1872年　美国的第一个国家公园黄石公园建立。

1874年　本杰明·迪斯雷利第二次出任英国首相。

1874—1891年　大卫·卡拉卡瓦王子统治夏威夷。

1876年　德国音乐家约翰奈斯·勃拉姆斯创作了他的第一部伟大的管弦乐作品《第一交响曲》。

•贝尔发明电话。

1877—1878年　俄国-土耳其战争，一些巴尔干国家获得自由。

1879—1884年　智利、秘鲁和玻利维亚参与太平洋战争。

加拿大联邦

与此同时，加拿大抵制美国的入侵，并于1867年成为大英帝国的自治领。此时，它是新斯科舍省、新不伦瑞克省、魁北克省（下加拿大）和安大略省（上加拿大）的联邦。横贯大陆的加拿大太平洋铁路的开通，有助于殖民地的扩张和广阔地区的统一。

加拿大太平洋铁路

玻利瓦尔

南美的解放

到1830年，西班牙和葡萄牙的殖民枷锁被打破，南美洲的大多数国家都获得了独立。著名的革命领导人包括智利、阿根廷和秘鲁的圣马丁（1778—1850），以及委内瑞拉的玻利维亚创始人玻利瓦尔（1783—1830）。革命、冲突和边界争端仍在继续。

欧洲人殖民澳大利亚、新西兰

1868年之前，一直是犯人才被从英国运到澳大利亚，此后富裕的定居者也开始移居到那里。绵羊养殖开始。1809—1821年，总督麦考瑞改善了澳大利亚的经济。到19世纪末，澳大利亚由6个殖民地组成，这6个殖民地同意联合起来组成联邦。

1840年，英国殖民者在新西兰建立殖民地，并建立惠灵顿镇。殖民者与当地毛利人酋长签订条约，给予毛利人土地权和英国公民身份。但英国殖民者不遵守条约，并由此引发战争。

奥杜邦画的白色猎鹰

1880—1888年

1880年　法国吞并塔希提岛。

1881年　凯末尔出生。

1882年　沙皇亚历山大二世被暗杀。

•德国、奥地利、意大利结成三国同盟。

1883年　俄国珠宝商、金匠彼得·卡尔·法贝热制作精美的珠宝工艺品。

•南非白人奥利芙·施赖纳的小说《一个非洲农场的故事》，探讨种族和性别关系。

•印尼喀拉喀托火山喷发，造成爪哇和苏门答腊成千上万人死亡。

1884—1885年　柏林会议；欧洲列强和美国划定在非洲的势力范围，没有邀请非洲国家参加。

当代漫画，表现了欧洲列强对1912—1913年巴尔干地区动荡局势的紧张情绪

20世纪初，高度工业化使美国得以迅猛发展，并超过欧洲任何一个国家。在欧洲，德国已经发展成为一个领先的工业国家，在生产生铁和钢方面超过英国。在亚洲，日本已经发展成为一个强国，在1904—1905年的战争中它击败沙皇俄国。尽管世界格局正在发生迅速变化，但欧洲继续主导世界事务。第一次世界大战始于欧洲，实际上涉及了整个世界。

在第一次世界大战之前，欧洲还发生过几次战争。随着青年土耳其党人的崛起和属国民族主义的发展，奥斯曼帝国面临着严重的内部问题。1911—1912年的意大利-土耳其战争以意大利的胜利告终，意大利占领了奥斯曼帝国的三个省，这三个省后来成为利比亚。奥斯曼帝国的失败引发了1912年和1913年两次巴尔干战争。第一次巴尔干战争，保加利亚、希腊、黑山和塞尔维亚（巴尔干联盟）进攻奥斯曼帝国并取得一些胜利。第二次巴尔干战争，保加利亚进攻塞尔维亚和希腊，黑山、罗马尼亚和奥斯曼帝国后来加入了对抗保加利亚的行列。阿尔巴尼亚脱离奥斯曼帝国获得独立，塞尔维亚成为一个更强大的国家。

巴尔干战争没有直接导致第一次世界大战，但在欧洲内部造成动荡的局面。

科学与技术

在此期间，科学技术继续发展。普朗克的量子理论（1900）、爱因斯坦的狭义相对论（1905），以及玻尔的原子结构理论（1913—1915）都是最显著的科学进步。第一架飞机起飞，汽车开始大规模生产。弗洛伊德提出潜意识和精神分析理论，并于1899—1900年出版《梦的解析》。

爱因斯坦

弗洛伊德

玻尔

1885年　印度国大党成立，领导独立运动。

•加拿大太平洋铁路建成。

1886年　美国劳工联合会成立。

•德国哲学家弗里德里希·尼采撰写《超越善恶》，拒绝传统的基督教道德观。

1886—1900年　法国艺术中的新印象主义运动时期。

1887年　科堡的费迪南德成为保加利亚国王。

1888年　著名的瑞典文学家斯特林堡（1849—1912），创作包括《朱莉小姐》在内的很多现实主义戏剧。

1888—1918年　威廉二世统治德国。

诺贝尔奖的历史

诺贝尔奖章

瑞典发明家、实业家阿尔弗雷德·诺贝尔是诺贝尔奖的创始人。在诺贝尔去世后，诺贝尔基金会成立，以履行其遗嘱并管理其基金。

诺贝尔奖每年颁发五个年度奖项，奖给“那些在前一年中，为人类带来最大利益的人”。诺贝尔奖分设物理学奖、化学奖、生理学或医学奖、文学奖和和平奖。这些奖项被普遍认为是世界上最具声望的。奖项的颁发始于1901年12月10日，也就是诺贝尔逝世五周年时。

遵照诺贝尔的遗嘱，不同的学院评定不同的奖项。斯德哥尔摩的瑞典皇家科学院评定物理、化学和经济学奖（译者注：1968年增设），卡罗林斯卡学院评定生理学或医学奖，瑞典文学院评定文学奖，总部设在奥斯陆的挪威诺贝尔委员会评定和平奖。诺贝尔基金会拥有基金的合法权利和管理职能，但有关奖项的评定依赖于上述的这四个机构。

爱因斯坦

阿尔伯特·爱因斯坦是出生于德国的理论物理学家。他曾经是一名医科学生，后受到朋友马克斯·塔尔穆德的影响，后者向他介绍了高等数学和哲学。在16岁时，爱因斯坦对亚伦·伯恩斯坦的儿童科学系列《自然科学》（1867—1868年物理科学畅销书）很感兴趣，在书中作者想象沿着电线内传输的电流骑行。这个想法在爱因斯坦的脑海中徘徊了10年：如果你可以沿着光束跑，那么光束会是什么样子？如果光是一种波，则光束应该是静止的，就像冻结波一样。但即使年龄还小，他也知道光束不是静止的，所以这是矛盾的。爱因斯坦在16岁时写下了他的第一篇“科学论文”——《磁场中以太的状态调查》。1905年通常被称为爱因斯坦的“奇迹年”，他撰写的四篇重要论文改变了现代物理学的进程。他发展了相对论，这是现代物理学的两大支柱之一。他最著名的等式是质量-能量等价公式$E=mc^2$。物理学界忽视了爱因斯坦的论文，直到他得到马克斯·普朗克的注意。马克斯·普朗克是当时最有影响力的物理学家，也是量子理论的创始人。

1890—1901年

1890年　日本举行第一次选举。

1893年　新西兰成为第一个赋予妇女选举权的国家。

•捷克音乐家德沃夏克以美洲原住民为主题创作《e小调第九交响曲》（或译为《自新世界》）。

1894年　伦敦塔桥建成。

1894年　廷巴克图被法国人占领。

1894—1995年　中日甲午战争；日本占领朝鲜。

1895年　保加利亚总理斯特凡·尼科洛夫·斯坦博洛夫被暗杀。

1896年　埃塞俄比亚人在阿杜瓦战役中击败意大利人。

1921年，爱因斯坦荣获诺贝尔物理学奖，是因为他对光电效应的贡献，而不是因为他的相对论理论。在演讲中，爱因斯坦选择谈论相对论而不是光电效应。19世纪有两个物理学的支柱——牛顿的运动定律和麦克斯韦的光学理论。爱因斯坦意识到它们是矛盾的，其中一个肯定是错误的。第一次世界大战结束后，两支远征队被派去验证爱因斯坦关于太阳附近星光偏转的预测，一支前往西非海岸的普林西比岛，另一支前往巴西北部的索布拉尔，以观察1919年5月29日的日食。11月6日，皇家学会和皇家天文学会的联席会议在伦敦宣布结果，证明爱因斯坦是正确的。很快，爱因斯坦成为继艾萨克·牛顿之后世界著名的物理学家，也可以说是20世纪最有影响力的物理学家。

弗洛伊德

奥地利神经学家西格蒙德·弗洛伊德是精神分析学的创始人。精神分析学包括临床治疗法，在这一方法中，探索精神病理学需要患者和精神分析师进行对话。1873年，在阅读了一篇歌德关于自然的论文之后，弗洛伊德选择医学作为未来的职业。他后来毕业于维也纳大学医学院。众所周知，《梦的解析》是弗洛伊德最重要的作品。

弗洛伊德根据自己的梦和患者的描述得出结论，梦对理解心理至关重要。弗洛伊德认为，所有的梦，包括噩梦，都为个人在现实中无法实现的愿望提供了实现机会。当欲望与社会禁令相冲突时，梦通过实现那些无法企及的欲望来缓解内心的压力。因此，梦必须解析才能被理解，不仅仅是因为它们实际上是被禁止的欲望，以一种扭曲的方式体验。1904年，弗洛伊德出版了《日常生活的精神病理学》，书中他探究了一些看似微不足道的问题，比如口误或笔误，误读或忘记人名。根据弗洛伊德的说法，这些问题也是精神状态的症状，因此可以进行分析解读：与梦不同，这些症状是有意识的情绪表现，而不是压抑情绪。

尼尔斯·玻尔

丹麦理论物理学家尼尔斯·玻尔1885年出生于哥本哈根。他对原子结构和原子辐射的研究有助于对量子理论的现代理解。他是20世纪早期少数物理学家之一，这些物理学家的工作彻底改变了人们对物质和现实本质的科学理解。

•第一届现代奥运会在希腊举行。

1898年　美国赢得美西战争，在加勒比和太平洋地区夺取领土。

•古巴独立。

•美国吞并夏威夷。

1900年　中国爆发义和团运动。

•俄国占领满洲（直至1904年）。

•新西兰侵占库克群岛（1901年正式吞并）。

1900年　马克斯·普朗克提出量子理论。

1901年　澳大利亚联邦成立。

•首次颁发诺贝尔奖。

•英国吞并西非的阿桑特。

•美国占领菲律宾。

电子直到1897年才被发现，之后不久欧内斯特·卢瑟福（1871—1937）证明了电子在围绕带正电的原子核旋转时携带有负电荷。然而，既然相反的电荷相互吸引，就无法解释为什么电子没有坍缩到原子核上，特别是当它们失去能量的时候。

玻尔认为，电子根据自身包含的能量大小分布于原子核周围的轨道上。他还“量化”了原子，即应用马克斯·普朗克的小量子能量理论推测出：如果一个电子接收到一定量的能量，它会跳到一个外轨道，当它下降到一个较低的轨道时会失去一个量子，但它永远不会超出最内层的轨道。

在运动的过程中，玻尔确定电子本身以光的形式辐射一个量子的电磁能量。他提出电子从不同轨道或能级开始，也就解释了为什么它们发出的光具有不同的频率。

1937年，玻尔提出核能和核弹的创始理论。他认为原子核不是单个粒子，而是一种复合结构，只能通过能量结合在一起，因此可能会分裂或发生裂变。

第二次世界大战期间，玻尔在纳粹占领的丹麦，他把德国人正试图分裂原子的消息告诉了盟军。这促使美国研制自己的原子弹。玻尔和他的家人从丹麦被解救出来后，他加入了制造原子弹的曼哈顿计划，尽管他一直致力于和平利用核能。

1962年玻尔在哥本哈根去世。

奥地利大公弗朗茨·费迪南和妻子苏菲

第一次世界大战爆发

第一次世界大战（1914—1918）的根本原因是列强在欧洲和其他地方争夺土地和资源。欧洲分裂为对抗的两大联盟——“三国协约”和“三国同盟”。协约国包括英国、法国和俄国，日本、美国和西班牙附属于该集团。另一边是德国、奥匈帝国和意大利组成的三国同盟，不过意大利后来改变了立场。战争的触发因素是奥地利和塞尔维

1901—1905年

20世纪早期　英国数学家卡尔·皮尔逊（1857—1936）为统计理论做出贡献。

1901—1971年　美国爵士音乐家路易斯·阿姆斯特朗的生平。

1902年　爱尔兰民族主义政党新芬党成立。

•法国小说家安德烈·纪德创作《背德者》，探索个人自由。

1903年　英国接管非洲的索科托哈里发国。

•莱特兄弟试飞第一架飞机。

•第一支蜡笔由木炭和石油制成。

•塞尔维亚国王亚历山大被暗杀。

亚之间的冲突，源于塞尔维亚民族主义的兴起。塞尔维亚希望联合塞尔维亚人和克罗地亚人，建立一个独立的南斯拉夫国家，包括曾属于奥地利的波斯尼亚。1914年6月28日，奥地利大公弗朗茨·斐迪南在访问波斯尼亚的萨拉热窝时被一名塞尔维亚民族主义者枪杀。

奥匈帝国的外交大臣贝赫托尔德认为这是一个羞辱塞尔维亚的机会，最终可能会提高奥匈帝国在巴尔干地区的威信。德国皇帝威廉二世已经向他保证，如果奥匈帝国对塞尔维亚发动战争，德国将给予支持。

1914年7月19日，奥地利向塞尔维亚发出最后通牒，并且他们将依靠德国阻止俄国干预。7月24日，俄国声明不允许奥匈帝国进攻塞尔维亚。

塞尔维亚几乎接受了奥匈帝国的所有要求，除了两项。尽管塞尔维亚表示愿意将问题提交国际仲裁，但奥匈帝国立即与其断绝了外交关系并下令进行部分动员。与此同时，德国外交部继续鼓励贝赫托尔德，并最终说服奥地利皇帝弗朗茨·约瑟夫授权对塞尔维亚发动战争。7月28日宣战。第二天，奥匈帝国的炮兵开始轰炸贝尔格莱德。

西奥多·罗斯福

西奥多·罗斯福是美西战争中的著名英雄。在战争期间，他是骑兵团的一名中校。

参议员汤姆·普拉特需要一位英雄来转移人们对纽约州丑闻的关注，于是在1898年接受罗斯福作为共和党候选人竞选纽约州长。罗斯福获胜并且在任职期间表现优秀。

罗斯福于1901年成为美国总统。他的政策倾向于小企业而非大型垄断企业，他称自己的行动旨在实现劳资双方的“公平交易”。他把这作为1904年的竞选口号，并在连任后将“公平交易”一词扩展到其他可以帮助普通公民的项目计划中。他还扩建了森林保护区和国家公园。1906年，他因成功调停1904—1905年的日俄战争而获得诺贝尔和平奖。罗斯福担任总统直到1909年3月。

1904—1909年　伊斯梅尔·蒙特斯任玻利维亚总统，并在任职期间进行改革。

1904—1990年　行为心理学派的代表B. F.斯金纳的生平。

1905年　加拿大成立艾伯塔省和萨斯喀彻温省。

•在俄国，反抗沙皇尼古拉二世的起义导致宪政改革。

1905年　爱因斯坦提出狭义相对论。

1905—1906年　英属新几内亚转归澳大利亚所有，更名为巴布亚领地。

作为总统，罗斯福认为，理想的政府是充当国家不同经济力量，最好是资本和劳动力之间的最终仲裁者。他认为，政府应该保证公平对待每个人，而不应该偏袒任何人。

第一次世界大战

奥地利向塞尔维亚宣战之后，俄国调集军队支持塞尔维亚，德国向俄国（1914年8月1日）和法国（1914年8月3日）宣战。德国在进攻法国途中入侵比利时并围攻列日市。这导致英国卷入战争，其他大国也很快加入进来。欧洲国家纷纷从殖民地撤回军队投入战争。战争中使用了机枪、坦克、飞机轰炸和毒气。伤亡人数高于之前的任何战争：约1000万士兵死亡，2100万人受伤，约800万人被俘或失踪。平民死亡人数约为1000万。

一艘1914年的战舰

1905—1908 年

1905—1907年　马吉起义，反抗德国在东非的殖民统治。

1906年前后　第一种合成树脂胶木被发明出来。

1906年　新教五旬节运动始于美国。

•古巴被美国占领。

•穿过阿尔卑斯山的辛普伦铁路隧道建成，连接瑞士和意大利，12英里长，是当时最长的铁路隧道，直到1993年英吉利海峡隧道开通才打破这一纪录。

1906年　法国和西班牙控制摩洛哥。

1907年　新西兰独立。

这场长达4年的战争以同盟国（德国、奥地利、匈牙利、土耳其和保加利亚）的惨败告终。1918年11月11日达成停战协议，签署了一系列和平条约，虽然目标是实现持久和平，但德国因遭受屈辱而导致军国主义和民族主义的增长。战争的另一个结果是把德国和意大利的非洲殖民地转移给了法国或英国。印度等一些亚洲殖民地获得了更多的自治权，正如战争期间所承诺的那样。

第一次世界大战的积极成果是建立国际联盟，这是第一个旨在维护世界和平的国际性组织。

在战争爆发时，协约国比同盟国拥有更多的人口、工业和军事资源，能够轻松进入海洋与中立国家进行贸易，特别是与美国的贸易。

德国和奥地利的内部通信资源，使他们能够以最短的路线将军队转移到前线的重要地点。

由于德国高效的铁路网络，它可以在四天半的时间内，将其军队的八个师同时从西部战线转移到东部战线。

Daily

Daily Net SALE Six Times as Large as That of Any Penny Lon

WEDNESDAY, AUGUST 5, 1914 LONDON MANCHESTER

GREAT BRITAIN DECLARES WAR ON GERMANY

The following announcement was issued at the Foreign Office at 12.15 a.m.

'OWING to the summary rejection by the German Government of the request made by His Majesty's Government for assurances that the neutrality of

SUMMARY REJECTION OF BRITISH ULTIMATUM

Britain had sent an ultimatum to Germany which expired at midnight.

This was due to Germany's refusal to leave Belgium neutral and her invasion of that country.

The German Ambassador went to 10 Downing Street at 12.10am to receive his travel papers. He looked a broken man.

Sir Edward Goschen, the British Ambassador in Berlin, demanded his

Historic d

一份1914年报纸的头版头条新闻

- 库利奇采用现有技术制造钨丝灯。
- 玛丽亚·蒙台梭利提出蒙台梭利幼儿教育法。
- 法国物理学家皮埃尔·外斯提出铁磁性理论。
- 44国参加的国际和平会议在荷兰海牙召开。

1908年　奥地利吞并波斯尼亚和黑塞哥维那。

- 比利时占领非洲刚果。
- 亨利·福特生产出第一辆T型车。
- 中东地区发现石油。
- 土耳其发生青年土耳其党人革命。

新武器的发明和现有武器的改良，在战争的部署和实施中发挥了至关重要的作用。在战争期间，机枪和速射野战火炮领域发生突破性的进展。一架机枪每分钟可以发射600发子弹，射程超过900码。这一时期出现了改进的后膛加载装置和制动器。当机枪与速射火炮一起使用时，对防御有明显的优势。

第一次大规模使用化学武器是在第一次世界大战期间

法德军队在法德、法比边境的最初冲突统称为边境之战。这场战役从1914年8月14日持续到9月6日第一次马恩河战役开始，是此次战争中规模最大的战役，超过200万士兵参与其中。

德国战时外交伟大的成就之一是土耳其作为德国盟友参加战争。自1909年以来，德国一直在青年土耳其党控制下的土耳其拥有主导影响。德国军事训练员遍布土耳其军队，而青年土耳其党领袖恩维尔·帕斯萨则认为与德国的联盟是保护土耳其利益的最佳方式，特别是有助于抵御俄国的威胁。他鼓励大维齐尔赛义德·哈利姆·帕萨签署秘密条约。根据条约，如果德国支持奥匈帝国对抗俄国，土耳其承诺站在德国一边。

EXTRA The Citizen EXTRA

PEACE!

WORLD WAR ENDS; ARMISTICE SIGNED;
KAISER IS OUT; GERMAN REVOLUTION

ARMISTICE SIGNED AT MIDNIGHT TAKES EFFECT 6 A.M. TODAY; NEWS IS OFFICIAL

GLORIOUS ANNOUNCEMENT FLASHED FROM WASHINGTON AT THREE A.M. THIS MORNING; TERMS KNOWN LATER

WASHINGTON, Nov. 11.—The world war will end this morning at 6 o'clock, Washington time, 11 o'clock Paris time. The armistice was signed by the German representatives at midnight.

This announcement was made by the State Department at 3 this morning. Terms not issued till 8 o'clock today.

WASHINGTON, Nov. 11.—Armistice

GREAT ARMY CHIEFS WHO DOWNED THE HUN!

OTTAWA BEGINS CELEBRATE ANEW ALLIED VICTORY

"PEOPLE'S GOVERNMENT" HAS TRIUMPHED IN GERMANY, MOST OF COUNTRY ENDORSES CHANG

REVOLUTION SUCCEEDS; GENERAL STRIKE

第一次世界大战于1918年11月11日结束

1909—1911 年

1909年　美国探险家罗伯特·皮里到达北极。

- 出生于俄国的数学家赫尔曼·闵可夫斯基提出四维时空理论。

1910年　南非联盟成立。

- 德国人冯·齐柏林发明第一艘飞艇。
- 葡萄牙发生革命。
- 印度圣哲室利·阿罗频多，是一位唯心论者、哲学家、民族主义者，在印度的本地治里创立静修所。
- 德国物理化学家威廉·奥斯特瓦尔德获得诺贝尔化学奖，他发明了生产硝酸的方法。

艺术、文学与音乐

这一时期，基于艺术家自己视野的现代个人主义风格开始流行。表现主义、未来主义、野兽派和立体主义也是一些新的趋势。达达主义源于对战争的拒绝，并寻求新的主题和方法，旨在震惊和丑化。建构主义在苏联发展起来，具有三维和“动态”的结构。

在文学中，意识流风格由马塞尔·普鲁斯特倡导，并由詹姆斯·乔伊斯推动。艾略特、庞德、叶芝和里尔克都是著名诗人。诗人威尔弗雷德·欧文和萨松直接从战争中得到启发。爵士乐融合不同的传统，但主要是非洲裔美国人的传统，在美国开始发展。

许多战争艺术家对战争造成的死亡和破坏进行严酷而逼真的视觉描绘。例如，当我们看内维森的画作《光荣之路》，能感觉到鲜明的讽刺意味；保罗·纳什1917年的画作《梅宁路》描绘的是毁灭的比利时风景。

第一次世界大战文学也提出了一系列的观点。鲁珀特·布鲁克所著的以战争为主题的十四行诗组诗《一九一四年》，在战争初期非常流行，许多英国人都被这些诗歌的英雄情感所感动，特别是其中的《士兵》。

在战争爆发前的几年里，作家摆脱了形式和意象的传统套路，把他们的写作题材带到了最前沿。

维拉·布里顿志愿当了一名护士，在她的回忆录《青年作证》中记录了她战争期间的生活和工作经历。女艺术家们还记录了其他的平民现实。例如工厂里的女工，她们在军队里做着男性腾出来的工作，而这些男性要参与到对战争至关重要的生产中去。

为了表彰个人的牺牲，英国政府向因战争而死亡的军人家属发放了青铜纪念章和证书。1920年11月11日，还专门举行庄严的仪式为英国两个最著名的公共战争纪念碑——爱德华·路德白厅纪念碑和威斯敏斯特教堂无名战士碑揭幕。

艺术家胡安·格里斯（1887—1927）创作的立体派风格画作（1912）

1910年　伊戈尔·斯特拉文斯基创作《火鸟》。

1910—1913年　罗素（1872—1970）和怀特海（1861—1947）完成关于逻辑和数学的三卷本《数学原理》。

1911年　伊戈尔·斯特拉文斯基创作《彼得鲁什卡》。

1911年　中国爆发辛亥革命。

- 首家好莱坞工作室成立。
- 挪威人罗尔德·阿蒙森抵达南极。
- 摩洛哥成为法国保护国；法国把法属刚果的部分领土割让给德国。

第一次世界大战：主要战场

法国阿拉斯　1914年9—10月，1915年7月，法国对德国；1917年4—5月，英国、加拿大和澳大利亚军队对德国；1918年3月，英国对德国；1918年8—9月，英国和加拿大军队对德国。

法国阿登　1914年8月，法国对德国。

弗里斯兰群岛赫耳果兰湾　1914年8月，英国对德国（海战）。

法国马恩河　1914年9月，法国、英国对德国；1918年7—8月，德国对法国。

比利时伊普尔　1914年10—11月，英国、法国、比利时对德国；1915年4—5月，比利时、法国、英国、加拿大对德国；1917年7—11月，英国对德国（又称帕森达勒战役）。

加利波利战役　1915—1916年，英国、法国对奥斯曼帝国、德国。

法国凡尔登　1916年2—12月，法国对德国。凡尔登战役是第一次世界大战中持续时间最长、代价最高的一场战役，于1916年2月开始，德国袭击法国的凡尔登镇，此后一年中的大部分时间战斗都在进行。

索姆河战役中的英国战壕

丹麦日德兰半岛　1916年5—6月，英国对德国（海战）。日德兰战役是第一次世界大战中规模最大的海战，这实际上是英国和德国舰队唯一一次遭遇战。

日德兰半岛的海战混乱而血腥，共有250艘舰船和约10万人参与作战。德军摧毁盟军旗舰“皇家海军狮子号”，随后，“皇家海军不倦号”和“皇家海军玛丽女王号”巡洋舰也被德军炮弹击中弹药仓而爆炸。

1912—1916 年

1912年　新墨西哥州和亚利桑那州成为美国新州。

1912年　非洲国民大会在南非成立，旨在促进公民权利。

- 英国远洋班轮“泰坦尼克号”沉没，大约1500人丧生。
- 波兰出生的美国生物化学家卡西米尔·冯克发现维生素及其在人体中的功能。

1912—1913年　巴尔干战争。

1913年　伊戈尔·斯特拉文斯基创作《春之祭》。

1913年　青年土耳其党人在土耳其发动政变。

- 南非为白人保留87%的土地。
- 印度的拉宾德拉纳特·泰戈尔获得诺贝尔文学奖。

法国索姆河　1916年7—11月，英国、法国和盟国对德国。为了在西线上取得对德国人的决定性胜利，英国和法国军队在索姆河附近发起联合作战。这是许多英国人对第一次世界大战最痛苦的记忆。

奥地利卡波雷托　1917年10—12月，德国、奥匈帝国对意大利。

法国阿尔新　1918年9—11月，法国、美国对德国。

布鲁西洛夫攻势　1916年6月4日—9月20日，以领导作战的俄国指挥官阿列克谢·布鲁西洛夫命名的布鲁西洛夫攻势是俄国最成功的一次进攻，也是第一次世界大战中最成功的突破行动。布鲁西洛夫通过发动瞬间的猛烈炮击在敌军薄弱环节炸开缺口，配合部队进攻。

这次进攻既是为了帮助凡尔登战场上的法国人，更是为了减轻整个西部战线的压力。俄军的进攻把奥匈帝国军队从意大利前线拉开，给本已紧张不堪、士气日益低落的奥匈军队施加了更大的压力。

澳新军团日：加利波利战役

加利波利战役的目的是让盟军舰艇通过达达尼尔海峡，占领君士坦丁堡并最终迫使土耳其退出战争。但事实证明，土耳其人比盟军预期的更具抵抗力。澳大利亚派遣了超过33万名志愿者参加战争。1915年4月25日，澳大利亚和新西兰陆军军团（“澳新军团”）抵达加利波利，在与土耳其军队的战斗中遭受了最惨重的损失。将军伊恩·汉密尔顿部署英国第29师在海勒角登陆，澳新军团在伽巴帖培北部，即后来被称为澳新军团湾的地方登陆。这两次登陆很快被顽强的奥斯曼军队所遏制，英国人和澳新军团都无法前进。澳新军团日（4月25日）一直是澳大利亚和新西兰的法定假日，以纪念在这场战争和其他战争中死去的将士。

1913—1915年　尼尔斯·玻尔提出原子结构理论。

1913—1921年　伍德罗·威尔逊任美国总统。

1914—1918年　第一次世界大战。

1914年　德国向俄国宣战。

1914年　英国和法国占领西非的德国殖民地。

•巴拿马运河开放。

1915年　意大利和保加利亚加入第一次世界大战。

1916年　从莫斯科到符拉迪沃斯托克的5175英里长的西伯利亚大铁路建成完工。

•麦加的侯赛因·伊本·阿里宣称自己是汉志地区国王和穆斯林世界的哈里发。

•罗马尼亚加入第一次世界大战。

在第一次世界大战期间，革命和争取独立的斗争仍然在世界各地进行。最剧烈的变化发生在中国和俄国。

孙中山

孙中山

清王朝统治下的中国，保守且抗拒变革。孙中山是投身于推翻满清政府和建立共和国的许多先行者之一。

1905年，孙中山在日本东京创立同盟会，以三民主义——民族主义、民权主义和民生主义为指导思想。1911年辛亥革命爆发，1912年1月1日中华民国成立，孙中山被任命为临时总统。3月，他被前湖广总督袁世凯取代。虽然君主制结束了，但中国并没有在政治上统一起来。

孙中山出生于广东省香山县的一个贫困农民家庭，他最初受到西方思想影响是在檀香山留学期间。作为一名学生，他先是在一所英国传教士学校学习了三年，后又在美国瓦胡岛学院学习了一年。

孙中山的政治学说体现在他的三民主义中。民生主义包括节制资本和平均地权。他在国家重建计划中阐明了基本的议会程序。孙中山不相信传统的中国说法“知易行难”。他为中国工业化提出了宏伟的计划，该计划由他亲自制订，没有工程师或经济学家的帮助。

孙中山的追随者很支持他，但其学说并非他唯一的吸引力，所有当代文献都证明他是一个有魅力的人，能容忍别人的弱点，终生献身救国。与政治对手相比，孙中山对西方的了解是无人能及的，他被视为中国现代化的象征。

1917—1920年

1917年　拉斯·塔法里（海尔·塞拉西）就任埃塞俄比亚的摄政王。

• 俄国革命。

• 《贝尔福宣言》承诺为犹太人提供家园。

1918年　委内瑞拉的油田开采。

• 萨洛特成为汤加女王。

• 英国30岁以上女性获得有条件选举权。

1919年　爪哇克卢德火山爆发，造成1.6万人死亡。

• 飞机首次飞越大西洋。

• 印度发生札连瓦拉庄园大屠杀。

• 全球流感疫情导致数百万人死亡。

俄罗斯的艺术与文化

这是一个特别高产的艺术创作时期，其中很大一部分是受到俄国革命的启发。亚历山大·勃洛克（1880—1921）创作他最伟大的诗作《十二个》，描述一支由耶稣基督领导的红军巡逻队。伊凡·蒲宁（1870—1953）撰写基于俄罗斯生活的现实主义故事和小说，并在1933年成为第一位获得诺贝尔文学奖的俄罗斯人，尽管当时马克西姆·高尔基（1868—1936）也许是最著名的作家。马雅可夫斯基（1893—1930）探索诗歌的新诗体。谢尔盖·狄亚基列夫（1872—1929）鼓励和复兴芭蕾舞，并与瓦斯拉夫·尼金斯基（1890—1950）和安娜·巴甫洛娃（1881—1931）等舞蹈家创建俄罗斯芭蕾舞团（1909—1929）。音乐家伊戈尔·斯特拉文斯基（1882—1971）还专门为谢尔盖·狄亚基列夫创作芭蕾舞剧。

斯克里亚宾、拉赫玛尼诺夫和伊戈尔·斯特拉文斯基是20世纪初俄罗斯三大音乐家。斯克里亚宾是一位钢琴家，他将神秘主义渗透到他的音乐中，发展出一种未来主义的表达方式，并以此创作了一种等同于当时的象征主义文学的音乐。拉赫玛尼诺夫也是一位钢琴家，他因协奏曲而闻名，其最著名的作品是为钢琴和管弦乐队创作的《帕格尼尼主题狂想曲》（1954）。斯特拉文斯基是科萨柯夫的学生，他为俄罗斯芭蕾舞团创作了《火鸟》（1910）、《彼得鲁什卡》（1911）和《春之祭》（1913）。

瓦斯拉夫·尼金斯基

1919—1923年　德国魏玛共和国。

1920年　美国女性获得选举权。

- 在印度，圣雄甘地（1869—1948）领导反对英国的非暴力不合作运动。
- 第一个广播电台在美国宾夕法尼亚州匹兹堡开始广播。
- 德国右翼发动卡普政变。

1920—1933年　美国禁酒时期。

俄国革命

1894—1917年，俄国由专制的沙皇尼古拉二世统治。1906—1911年，首相斯托雷平推行土地改革，试图改善农民和工人的条件，但普遍的动乱和对变革的渴望持续存在并加剧。俄国参加第一次世界大战，又造成进一步的经济问题。与此同时，革命党的力量在增长。布尔什维克和孟什维克是两个主要的政党，两者都信奉马克思主义思想和革命理论，但由列宁领导的布尔什维克（意思是“多数派”）坚持要求农民和工人参与其中，而孟什维克（意思是“少数派”）则只强调与中产阶级的合作。

列宁于1917年10月26日在第二次苏维埃代表大会上发表讲话

1921—1923 年

1921年　阿尔伯特·爱因斯坦获得诺贝尔物理学奖。

•瑞士精神病学家荣格撰写完成《心理类型》，建立分析心理学学派。

•《尼斯达特条约》签署，瑞典把波罗的海省割让给俄国。

1921—1928年　新经济政策在苏联经济自由化时期采用，后被斯大林取消。

1922年　福德一世就任埃及国王，在英国保护下实行名义上的独立。

到1917年，沙皇与大多数俄国民众之间的关系已经破裂。1917年3月和11月（俄历2月和10月）分别发生了两次革命。尼古拉二世退位，俄国君主制结束，临时政府成立。11月，临时政府被布尔什维克推翻，俄国成为世界上第一个社会主义国家。十月革命后，在俄国领土上建立了四个社会主义共和国：苏俄、南高加索、乌克兰和白俄罗斯。但是，对于布尔什维克或共产党来说，实现对整个俄罗斯的控制并不容易，因为有几种竞争力量在较量。

苏俄退出第一次世界大战，并根据《布列斯特-里托夫斯克和约》（1918年3月）失去了西部的一些领土，包括波兰、格鲁吉亚和芬兰。布尔什维克与名为“白军”的混合势力（以保皇势力为基础，也包括孟什维克）发生内战，外国军队支持孟什维克。1920年底，布尔什维克建立政权，新国家的建设开始。四个新成立的社会主义共和国于1922年共同组成了苏维埃社会主义共和国联盟（苏联），后来又有其他共和国加入。列宁领导党和整个国家直到1924年去世。

沙俄政府中腐败和低效普遍存在，包括偶尔解散议会，甚至将不满情绪扩大到温和派。在沙俄的统治下，许多少数民族变得越来越不安定。

沙俄政府在应对第一次世界大战的挑战中表现出的无能是引起本国民众不满的最重要原因。由于装备不良且领导不力，俄军在对抗德军的战役中遭受了灾难性的损失。这场战争表明：一方面，俄国已无力对抗中欧和西欧的军事力量；一方面，战争严重扰乱了俄国的经济。革命已迫在眉睫。

1917年的俄国革命是具有国际意义的事件。这场革命使西方文化的价值观面临严峻的挑战。贸易和工业的基本原则同样受到挑战。完善的政府体系受到考验。这场革命揭示了社会、经济和政治制度的局限性。整个世界都开始重新审视西方的民主价值观。

俄国革命对工人阶级产生了诱人的吸引力，这使资本家感到恐慌。革命声称劳动人民除了枷锁之外，没有什么可失去的。革命把各国工人联合起来，反对资产阶级。这场革命最重要的是提出了马克思主义的重要性。

俄国革命对世界各地殖民地国家的人民产生了重大影响，使他们重新认识到自己的政治权利，并激励民族自决运动的发展。

•英国广播公司电台首播。

•爱尔兰自由邦成立。

•爱尔兰作家詹姆斯·乔伊斯撰写文学经典《尤利西斯》。

•诗人T.S.艾略特创作完成《荒原》。

1923年　日本关东大地震摧毁了横滨和京都，大约14万人丧生。

•美国加勒特·摩根发明T形柱交通信号灯。

第一次世界大战已经结束，和平条约已经签署，但世界仍然因战争破坏性的影响而处于困境。欧洲国家不得不接受人员伤亡和财产损失的悲惨局面。为满足战争需求而发展起来的工业正在衰退。随着士兵复员，失业率上升，通货膨胀加剧。这是一个动荡和过渡的时期。俄国革命为数百万在经济困难中挣扎的人们带来了希望。也许正因为如此，共产主义运动和工会活动崛起。大罢工不时发生，各地骚乱频繁。亚洲和非洲的欧洲殖民地正在寻求独立和变革。

富兰克林·罗斯福
（1882—1945）

战争期间欧洲国家从美国借贷巨额资金。美国本身相对没有受到战争的影响，一直保持经济繁荣，直到1929年爆发了一场严重的经济危机——大萧条。大萧条的影响很快蔓延到世界各地。1933年，美国总统富兰克林·罗斯福推出“新政”，以振兴美国经济，采取的措施包括政府临时接管银行，帮助农民和刺激工业发展等。

在1929年之前欧洲国家已经面临经济危机，其中德国不得不进行大规模赔偿，导致经济崩溃。1923年，通货膨胀率的上升使德国马克变得毫无价值。德国寻求强有力的领导，以及重申权力的愿望，导致法西斯纳粹党领袖阿道夫·希特勒的崛起。

法国已被战争拖得筋疲力尽，经济停滞不前，而政治不稳定又导致政府内阁频繁更替。

英国国内也是问题频发，包括爱尔兰骚乱、工业衰落、1926年工人大罢工，还有大萧条时期严重的失业问题。尽管如此，英国安然度过，民主制度毫发无损。然而，值得注意的是工党的崛起，在这一时期工党两次上台组阁。

道路建设计划是美国“新政”的一部分

1924—1927 年

•阿道夫·希特勒在慕尼黑发动“啤酒馆暴动”，最终失败。

1924年　拉姆齐·麦克唐纳领导英国第一届工党政府。

•德国小说家托马斯·曼的主要著作《魔山》出版。

1925年　美国著名小说家斯科特·菲茨杰拉德创作《了不起的盖茨比》。

西班牙是君主立宪制国家，阿方索十三世于1885年开始统治，但普里·德里维拉将军在1923年夺权成为独裁者。同样受经济危机的影响，西班牙深受失业问题的困扰。这是一个软弱而不稳定的国家，社会主义者、共产主义者等激进团体与天主教会、军队、企业主等保守派之间存在着严重的分歧。1931年阿方索退位，共和国宣布成立。然而，1936—1939年爆发了一场激烈的内战，以右翼民族主义的胜利而告终。这是法西斯分子和共和派之间的战争。法西斯分子由弗朗西斯科·佛朗哥将军领导。其他法西斯国家，如德国和意大利，向西班牙法西斯提供士兵、金钱和设备。苏联提供金钱和物资帮助共和派。美国、法国和英国等民主国家和国际联盟保持中立，没有支持西班牙共和政府。法西斯分子在1939年赢得战争，西班牙共和国结束。佛朗哥随后控制西班牙政府建立独裁政权，并对希特勒和墨索里尼很友好。

1934年，阿道夫·希特勒和贝尼托·墨索里尼在威尼斯

意大利经济在战争期间一直处于紧张状态，它也没有从战后条约中受益。经济困难导致1919—1922年意大利换了五届政府。与此同时，1919年，墨索里尼成立意大利法西斯党。1922年，意大利国王伊曼纽尔三世邀请墨索里尼组建内阁，后者逐渐取得独裁权力。

“啤酒馆暴动”中的慕尼黑玛利亚广场

1926年　约翰·罗杰·贝尔德在英国发明电视系统。

•奥地利物理学家埃尔温·薛定谔发明数学理论波动力学。

•美国奥林匹克游泳选手格特鲁德·埃德勒成为第一位横渡英吉利海峡的女性。

1927年　堪培拉成为澳大利亚联邦首都。

在德国，从第一次世界大战中退伍的军人组成纳粹党，希特勒加入该党，并很快成为其领导者。1923年，希特勒在慕尼黑试图发动啤酒馆暴动未遂之后，被捕入狱9个月。

在监狱里，希特勒写了《我的奋斗》一书，书中概述其纳粹党的目标。在1923年至1930年期间，纳粹党的影响很小，但随着大萧条袭击德国，纳粹党上台。1933年，纳粹党在议会选举中赢得票数最多，希特勒成为德国总理。

希特勒将德国的经济问题归咎于犹太人、共产党人，以及将第一次世界大战的赔偿强加给德国的严厉措施。1933年他停止支付赔偿金，并违反《凡尔赛和约》，开始建立军队。

1933年德国国会大厦发生火灾，趁此机会纳粹加强对国家的控制。希特勒将火灾归咎于共产党人，并实施剥夺个人权利和自由的"紧急措施"。希特勒对犹太人的迫害开始了。1934年，希特勒以元首或他所称的第三帝国（即第三德意志帝国）"领导人"的身份取得独裁权力。

艺术与设计

20世纪20年代，几位建筑师对国际建筑风格进行革新，在各自的领域中产生了巨大的影响力。德国人瓦尔特·格罗皮乌斯（1883—1969）就是其中之一。还有荷兰人奥德和法国人勒·柯布西耶。格罗皮乌斯最有名的是他的玻璃幕墙结构，此结构横跨钢梁，形成建筑骨架。

瓦尔特·格罗皮乌斯设计的"三月死难者纪念碑"（1921），纪念在魏玛抵抗卡普政变中遇难的9名工人

1928—1929 年

- 美国人查尔斯·林德伯格乘坐单翼飞机飞越大西洋。
- 第一部长篇电影《爵士歌手》完成配音。

1928年　英国人亚历山大·弗莱明发现青霉素。

- 《牛津英语词典》第一版十卷本完成。
- 阿尔巴尼亚总统艾哈迈德·索古加冕为国王，即著名的佐格一世。
- 英国所有21岁以上的女性享有选举权。

1919年，格罗皮乌斯在德国魏玛创建的包豪斯学校，引领了建筑和室内设计的新潮流。格罗皮乌斯的其他建筑作品有位于德国阿尔费尔德的法古斯工厂（建于1911），以及位于美国马萨诸塞州哈佛大学的研究生中心（建于1949—1950）。所有这些作品都表明格罗皮乌斯对整洁的室内空间的关注。

德国德绍市的包豪斯建筑

奥德给建筑增添了更圆润流畅的几何形状。勒·柯布西耶对钢筋混凝土的自由处理更感兴趣，他增加了模块化比例的概念，以便在作品中呈现人性化。在他著名的国际风格作品中，有一座建于1929—1931年的位于法国普瓦西的萨伏伊别墅。

工业设计、商业印刷、平面设计和新式家具也开始发展。在20世纪20年代，超现实主义拒绝传统的艺术形式，寻求象征主义和潜意识的灵感。装饰艺术风格采用程式化和装饰性的自然几何形式。在20世纪30年代和40年代，国际风格从其在德国和法国的基地扩展到北美、南美、斯堪的纳维亚、英国和日本。

建于1928—1930年的纽约克莱斯勒大厦的装饰艺术尖顶

1928—1929年 雷马克创作的《西部战线静悄悄》，以一名德国士兵的视角描述第一次世界大战。

1929年 美国天文学家埃德温·哈勃提出宇宙膨胀理论。

•首届奥斯卡颁奖典礼在美国举行。

•萨摩亚爆发反新西兰起义。

•纽约证券交易所崩溃，引发经济大萧条。

约瑟夫·斯大林

战争使日本在经济上受益，因为它向盟国和亚洲国家出口了大量物资。然而，1921年之后，欧洲的生产开始复苏，日本的出口受到影响。日本也经历了1929年的经济危机。1932年，强大的军队实际上接管了日本的政权。

1924年列宁逝世后，约瑟夫·斯大林于1929年在苏联掌权。共产党的重要成员成为苏联新的当权者。

在土耳其，年轻的将军凯末尔公开谴责战后签署的《塞夫勒条约》，该条约使土耳其遭受了巨大损失。1923年，他通过谈判，达成更有利的《洛桑条约》。最后一位奥斯曼苏丹退位，凯末尔成为土耳其共和国的第一任总统。他促使国家现代化，政教分离，遏制伊斯兰教在社会和法律中的作用。

凯末尔

"我们在世界上看到的一切，都是女性的创造性工作。"

——穆斯塔法·凯末尔·阿塔图尔克

凯末尔是土耳其民族主义者，也是现代土耳其共和国的创建者。

1930—1934年

1930年　印度爆发由圣雄甘地领导的公民不服从运动。

•热图利奥·瓦加斯就任巴西总统，自1937年起实行独裁统治。

1931年　102层的帝国大厦在纽约落成。

•从安哥拉到莫桑比克的跨非洲铁路建成。

穆斯塔法是阿里·黎萨的儿子，1881年初出生于奥斯曼帝国的萨洛尼卡（今希腊塞萨洛尼基）。一位老师给他起名凯末尔，意思是“完美的人”，据说是因为他的数学能力超强。12岁时，他选择了军事生涯，先是上了一所军事高中，随后是军事学院，1905年毕业后进入奥斯曼帝国军队，成为一名上尉。

穆斯塔法·凯末尔·阿塔图尔克

凯末尔加入了青年土耳其党，这是一个旨在推翻奥斯曼苏丹绝对君主制的团体，要求恢复暂停的宪法。1908年，青年土耳其党人领导的革命推翻苏丹阿卜杜勒·哈米德二世，转而支持他的兄弟穆罕默德五世，后者作为奥斯曼帝国第一个多党制政府的名义领袖开始统治国家。

凯末尔参加了1912年的第一次巴尔干战争和1913年的第二次巴尔干战争，并成为第一次世界大战中的民族英雄。虚弱的奥斯曼帝国加入同盟国一方。凯末尔率领加里波利的奥斯曼帝国防御，击退了敌军的登陆。

但1918年德国、奥匈帝国和奥斯曼帝国在第一次世界大战中战败后，胜利者开始瓜分奥斯曼帝国。次年，即1919年5月，凯末尔抵达安纳托利亚接管军队。在那里，他和另一部分人发动民族主义革命。他们的行动挫败了希腊侵占土耳其的企图，并得以重新谈判第一次世界大战后和平协议的某些条款，从而确保土耳其作为一个国家的领土完整。

1932年　美国人阿梅莉亚·埃尔哈特成为第一位飞越大西洋的女飞行员。

1932—1935年　玻利维亚和巴拉圭之间爆发查科战争。

1933年　富兰克林·罗斯福就任美国总统。

1934年　从伊拉克基尔库克到利比亚的黎波里的石油管道开通。

1921年，凯末尔在安卡拉成立临时政府。次年，奥斯曼苏丹国正式结束。1923年，土耳其共和国成立，凯末尔出任总统。作为一个世俗民主国家，土耳其在凯末尔的领导下实现了改革和现代化。

凯末尔实行的重要改革有：解放妇女，引入拉丁字母、西方历法和基于西欧法典的法律体系，实行工业化，废除宗教政府机构。1935年，土耳其引入姓氏，凯末尔以阿塔图尔克为姓，意为“国父”。穆斯塔法·凯末尔·阿塔图尔克于1938年11月10日在土耳其去世。他的陵墓俯瞰着安卡拉。

战争的积极结果

福利计划得到扩大，更多的群体被赋予选举权。许多妇女在战争年代开始工作，她们的社会和经济地位得到改善。电话和电报传遍了全世界，汽车生产增加，商业航班开始运营，洗衣机等消费品在欧洲普及。

雪铁龙汽车于20世纪30年代开始生产

1936—1940 年

1936—1939年　西班牙内战。

•现代建筑的标志流水别墅，由弗兰克·劳埃德·赖特建造。

1937—1945年　中国全面抗日战争。

1938年　匈牙利人乔治·比罗发明圆珠笔。

1938年　“土耳其之父”凯末尔因肝硬化去世。

1939年　美国小说家约翰·斯坦贝克创作《愤怒的葡萄》。

1939年　罗伯特·孟席斯当选澳大利亚总理。

殖民地

英国，这个拥有殖民地最多，统治着加拿大、澳大利亚、新西兰和南非等地的国家，承诺将逐步赋予其殖民地独立。与此同时，南爱尔兰赢得自治权（1922），埃及获得半独立（1922），伊拉克实现独立（1931）。第二殖民大国法国，以及其他大多数殖民者都压制民族主义运动。

媒体

20世纪30年代，其他语言的文学作品被翻译成英文。平装书涌现，更多的报纸发行。但最伟大的媒体革命是广播和电影。收音机在发达国家广泛使用，它使得全世界都可以听到不同地区的音乐。不过，新闻广播只是在第二次世界大战期间才流行起来的。

电影《战舰波将金号》海报

艺术电影和大众电影出现。在前者中，苏联导演谢尔盖·爱森斯坦（1898—1948）执导的《战舰波将金号》（1925）被认为是杰作。而查理·卓别林（1889—1977），一位定居美国的英国人，被认为是前卫电影最伟大的演员。

国际联盟

国际联盟成立于1920年1月10日，旨在维护世界和平，鼓励国际合作。20世纪20年代国际联盟调停多次冲突，取得了一些成绩。包括芬兰和瑞典之间关于奥兰群岛的争端（1921），上西里西亚的冲突（1921），梅梅尔港（后更名克莱佩达港）归属立陶宛事件（1923），以及保加利亚和希腊之间的冲突（1925）。然而，国际联盟无法解决20世纪30年代的危机。例如，它无法阻止日本入侵中国东北（1931），或意大利入侵阿比西尼亚（1935）。最终，国际联盟无法阻止第二次世界大战的爆发。该联盟于1946年解散，但为其继任组织——联合国奠定了基础。

1939年　第二次世界大战：澳大利亚、比利时、加拿大、新西兰和南非是最初向德国宣战的众多国家中的几个。

1940年　英国科学家发明雷达。

•温斯顿·丘吉尔就任英国首相。

•第二次世界大战：英法部队从法国敦刻尔克撤离。

第二次世界大战

第二次世界大战的种子萌生于第一次世界大战后的和平条约，以及随后几乎影响到全世界的经济危机。直接原因是德国阿道夫·希特勒（1889—1945）领导的纳粹实行的扩张政策。1933年，希特勒被任命为德国总理。1934年，他成为德国元首。希特勒在恢复民族自豪感，重建德国经济和军队方面赢得民众的欢迎，可是他使国家陷入专注于所谓“雅利安人”的种族优越感并攻击犹太人的病态。

战前事件

盟国领导人“三巨头”：（左起）英国丘吉尔、美国罗斯福和苏联斯大林

希特勒在签署防御协议的同时说服欧洲大国相信他的和平目的。1936年，德国和意大利正式签署著名的《罗马-柏林轴心协定》，德国及其盟友因此被命名为“轴心国”。1936年，德国又和日本签署《反共产国际协议》。同年，希特勒的军队占领法德边境的非军事区莱茵兰。1938年3月，希特勒将奥地利与德国合并。1938年9月，英国和法国允许希特勒占领捷克斯洛伐克的苏台德地区。为了避免战争，同盟国（英国和法国）几乎没有反对德国在捷克斯洛伐克和立陶宛的扩张——这种“绥靖政策”被认为是导致战争的主要因素。

1939年9月1日，第二次世界大战爆发的第一天，波兰维隆市在燃烧

德国和苏联一致同意瓜分它们之间的波兰领土。1939年9月1日，德国军队入侵波兰。为了保卫波兰，法国和英国于9月3日向德国宣战。第二次世界大战爆发。

1941—1943 年

•美国作家欧内斯特·海明威创作《丧钟为谁而鸣》。

1941年　美国化学家格伦·西博格发现化学元素钚；1951年他获得诺贝尔奖。

•第二次世界大战：德国将军欧文·隆美尔袭击在非洲的英军；德国战舰“俾斯麦号”在大西洋沉没。

•埃塞俄比亚重新获得独立。

1941—1979年　伊朗国王穆罕默德·礼萨·巴列维在位。

过程

1944年6月6日，诺曼底登陆日，即盟军船只靠近诺曼底海岸准备登陆，入侵德国占领下的法国

战争持续了6年。1941年6月，希特勒撕毁《苏德互不侵犯条约》，入侵苏联，转折点随之而来。1941年12月，日本轰炸美国海军基地珍珠港，导致美国参战。从1942年中期起，轴心国开始不断遭受失败。希特勒于1945年4月自杀，德国于5月投降，同年8月，日本也无条件投降。

奥地利毛特豪森集中营的囚犯，集中营于1945年5月5日被美国军队解放

代价

61个国家参加了第二次世界大战，至少有1.1亿人被动员起来服兵役。军费开支巨大，仅美国就耗费了3410亿美元。交战双方共计1900万军事人员在欧洲战场死亡。日本屠杀了大约596.4万人。此外，盟军平民死亡约4400万，轴心国为1100万，另有2100万人流离失所。

在战争期间，犹太人遭受了一项有计划的种族灭绝行动。他们在集中营或条件极端恶劣的关押地被枪杀、毒气熏死或用其他手段杀害。到战争结束时，已有600万犹太人被杀。

广岛和长崎核爆

战争随着当时最新最恐怖的武器——原子弹的使用而结束。1945年8月6日和9日，美国飞机在日本广岛和长崎各投下一枚原子弹，分别造成约8.4万人和4万人死亡。大量人员受伤，那些暴露在辐射下的人们受到严重的健康损害。尽管美国认为这是结束战争的一种手段，但它仍然是战争中最具争议的行动。

最著名的广岛蘑菇云图像，是埃诺拉，盖伊驾驶B-29轰炸机投下原子弹几分钟后拍摄的

1942年　印度爆发反抗英国殖民统治的“退出印度运动”。

•第二次世界大战：美国军队轰炸东京；德国在埃及的阿拉曼战役中战败。

•印度国民军建立。

•苏联人德米特里·肖斯塔科维奇，在德国围困列宁格勒期间创作了《第七交响曲》。

1943年　法国作家让·保罗·萨特撰写哲学名著《存在与虚无》。

第二次世界大战使欧洲国家筋疲力尽。德国和意大利被摧毁，世界权力中心转移到美国。英国在经济上和军事上已经消耗殆尽，无力再维持其殖民统治，而与此同时殖民地也在争取独立。此外，世界观念正在转变，各国的自治权被接受。

法国、荷兰、西班牙和葡萄牙逐渐放弃了它们的海外殖民地。在战争期间，日本从欧洲殖民国家手中夺取了缅甸、马来亚、新加坡、荷属东印度群岛和印度支那等领土。这些国家已经看到欧洲霸权的神话被摧毁，并且不希望回到殖民统治下。在东方，印度、以色列和越南是新独立国家的典型代表。

印度与巴基斯坦

尼赫鲁（1889—1964）和圣雄甘地（1869—1948）领导了印度的独立斗争

1947年，英国同意印度独立，根据宗教差异并将其分为印度和巴基斯坦两个国家。巴基斯坦国土不是连成一体，其东西两部分被印度领土分割开来。这一局面导致了野蛮的骚乱不断发生，一边是印度教徒和锡克教徒，另一边是穆斯林。难民们疯狂地试图越过边界以到达安全地带，其间大约有100万人被杀，1000万人流离失所。这两个新国家从创立之初就彼此怀有敌意。

后殖民主义意识形态

历史、小说和电影以新的方式表达独立和斗争、分裂和纷争的主题。

爱德华·赛义德（1935—2003），一位重新审视西方历史，特别是中东历史的重要知识分子

1944—1946年

•第二次世界大战：盟军从意大利手中夺回非洲的黎波里；苏联军队赢得库尔斯克战役；墨索里尼辞职。

1944年　第二次世界大战：盟军开始重新征服欧洲和亚洲；英美军队进入罗马；法国抵抗运动帮助巴黎获得解放。

•奎宁的合成标志着疟疾治疗领域的突破。

•出生于乌克兰的美国生化学家赛尔曼·瓦克斯曼发现链霉素。

•第一座核反应堆建成。

圣雄甘地

“以眼还眼只会让整个世界失明。”

——圣雄甘地

莫罕达斯·卡拉姆昌德·甘地，更广为人知的名字是圣雄甘地，印度独立运动的主要领导人之一，他于1869年10月2日出生在独立前英属印度的波尔班达尔。他是非暴力主义的信徒，并领导了影响全世界人民的“非暴力不合作运动”。他是一名律师，曾为英国统治下的家乡和南非的印度人争取权利。1948年，甘地被一名狂热分子刺杀。

甘地和他的妻子卡斯图巴·甘地（1922）

甘地的父亲卡拉姆昌德·甘地曾在波尔班达尔和印度西部的土邦担任首相。他的母亲是一位定期禁食的虔诚信徒。虽然甘地在对印度教毗湿奴神的崇拜中长大，但后来他皈依耆那教。耆那教是一种古老的印度宗教，主张非暴力、禁食、冥想和素食主义。

孩童时，甘地害羞胆怯，是一个很普通的学生。13岁时，他与一位商人的女儿卡斯图巴结婚。

1885年，甘地的父亲去世。1888年，甘地前往伦敦学习法律。在伦敦的3年间，他成为一名素食主义者，并加入伦敦素食协会；他阅读各种圣典，以便了解更多关于世界宗教的知识。

1945年　第二次世界大战：美国军队攻入德国。

•世界犹太复国主义者大会召开。

•贝尼托·墨索里尼被杀。

•联合国建立，有51个创始成员国。

1945—1981年　牙买加雷鬼歌手和歌曲创作者鲍勃·马利的生平。

1946年　约翰·莫齐利和约翰·埃卡特发明第一台电子计算机。

1891年，当甘地回到印度时，他的母亲已经去世。甘地本打算开始律师执业，但在他接的第一个案件开庭询问证人时，却因临阵怯场而砸锅。他偿还了客户的费用，并立即逃离法庭。在他试图寻找就业机会的过程中，甘地获得一份去南非工作一年的机会。在他的第二个孩子出生后，1893年4月甘地启程前往南非的德班。

1902年，圣雄甘地的妻子卡斯图巴·甘地及其四个儿子在南非

甘地一到达南非，就震惊地看到印度人在英国人统治下遭受的偏见和种族隔离。

第一次出现在德班法庭时，甘地被要求取下他的头巾，他拒绝了，然后离开了法庭。他甚至被纳塔尔广告商报称为“不受欢迎的客人”。

甘地生命中的一个转折时刻发生在1893年6月7日。在前往比勒陀利亚的途中，一名白人质疑甘地在头等火车车厢中的存在，尽管他持有车票。这次经历激起了甘地投身与“种族偏见”做斗争的热望。从那天晚上开始，这个身材矮小行事低调的人，变成一股为社会自由而战的强大力量。

1894年，甘地在南非帮助创立纳塔尔印度人大会，以统一当地人

甘地于1894年创立纳塔尔印度人大会，来对抗种族隔离。随着一年的工作合同即将到期，他着手准备返回印度。然而，在纳塔尔立法议会之前，甘地得知一项法案将剥夺印度人的投票权，他被说服留下，并领导反对

1947—1948 年

- 胡安·庇隆就任阿根廷总统。
- 意大利共和国成立。
- 美国在马绍尔群岛的比基尼环礁测试新型原子弹。
- 瑞士出生的美国物理学家费利克斯·布洛赫研发核磁共振分析技术，用于医学诊断（磁共振成像或MRI）。

1947年　美国物理学家埃德温·赫伯特·兰德发明宝丽来相机。

该法案的斗争。尽管甘地没有成功，但他博得了全世界的同情。

在1896年末和1897年中短暂游览印度之后，甘地带着他的妻子和两个儿子回到南非。甘地的律师业务蓬勃发展。他在南非期间继续关注世界宗教。1906年，为回应德兰士瓦政府对印度人权利的新限制，甘地提出非暴力不合作抗议哲学，他称之为“萨蒂亚格拉哈”。1913年，他和许多印度人因为抗议而被拘留。

1905年，南非约翰内斯堡，甘地（中）和他的秘书索尼亚·施莱辛女士，以及同事波拉克先生在他的律师事务所前

1915年，甘地回到印度，加入印度国大党（印度独立运动的主要组织），开始领导反对英国政府的非暴力抗议活动。1919年，随着《罗利特法》的通过，独立运动与英国之间的紧张关系加剧。该法案允许警方在未经审判的情况下逮捕任何涉嫌颠覆的人并拘禁两年。为了反对该法案，甘地组织了非暴力不合作运动。但和平抗议活动在一些地区演变成暴力，最终导致旁遮普邦阿姆利则惨案的发生。在那里，手无寸铁的抗议者和宗教朝圣者被英属印度军队开枪射杀。

至少有379名印度人被杀，超过1000人受伤。大屠杀导致英国出台新的“最小武力”政策，但为时已晚。印度民族主义者的愤怒促使甘地领导了1920年至1922年的不合作运动。甘地于1920年成为印度国民大会的领导人，呼吁大规模的非暴力抵抗，敦促抗议者辞去与英国殖民政府有关的任何职务，例如警察、公务员、法院或学校职员，要求抵制英国商品，尤其是布料，转而使用当地生产的布料。

•苏联人米哈伊尔·卡拉什尼科夫发明AK-47突击步枪。

•根据杜鲁门主义，美国承诺向任何抵制共产主义的国家提供援助。

•美国的马歇尔计划为有需要的国家提供经济帮助。

•晶体管被发明出来。

•《关税与贸易总协定》（GATT）由23个国家签署。

1948年　印度领导人圣雄甘地被刺杀。

这次运动取得了巨大成功，但暴力再次出现，22名警察遇害，运动宣告结束。

甘地领导著名的“食盐进军”运动

甘地接下来的抗议是迄今为止最重要的一次。在19世纪，英国殖民政府对印度盐征收高额税，以鼓励销售英国盐。《食盐专营法》还规定从海里取盐是违法的。20世纪20年代，食盐税进一步提高，因此甘地于1930年组织了“食盐进军”运动，与他的追随者一起从艾哈迈达巴德步行240英里到达古吉拉特邦海岸。在24天的行进中，成千上万的人和国际媒体加入了他们的行列。抵达海岸后，甘地通过从海水中提取盐来反对《食盐专营法》。

非暴力抗议吸引了成千上万的人参加反对英国的运动，甘地也因此赢得了全世界的关注。他在1930年被《时代》杂志评选为年度人物。他还没来得及在盐场外开始非暴力不合作抗议就被捕了，总共有至少6万人因违反《食盐专营法》而被捕。

1931年甘地被释放。1934年，他退出国大党，专注于改善教育和减轻贫困等社会问题。贾瓦哈拉尔·尼赫鲁接任国大党主席。

在第二次世界大战期间，为了反抗英国的殖民统治，甘地发起“退出印度运动”。最终，在战争结束后，1945年英国开始就印度独立的条件进行谈判。甘地坚决反对按照宗教划分国家，但还是无法阻止巴基斯坦与印度的分离。

1948年1月30日，78岁的甘地被印度教狂热分子纳图拉姆·戈塞斯刺杀，原因是甘地对穆斯林的支持令他感到愤怒。甘地的和平抗议方式激励着世界各地的民权活动人士，包括美国的马丁·路德·金、南非的纳尔逊·曼德拉。

1948—1952年

1948年　缅甸、锡兰（今斯里兰卡）脱离英国获得独立。

•以色列建国；成千上万巴勒斯坦人流离失所。

1949年　东印度群岛（今印度尼西亚）脱离荷兰获得独立。

•康拉德·阿登纳成为第二次世界大战后成立的西德政府首任总理。

越南

1968年燃烧中的越共帐篷

在第二次世界大战期间日本占领该地区之前，印度支那（老挝、柬埔寨和越南）受法国统治。胡志明（1890—1969），一个共产主义者，组建了越南劳动党，并于1945年宣布越南独立。随即越南与法国的战争爆发，1954年5月法国在奠边府战败。老挝和柬埔寨获得独立，但美国决心阻止共产主义蔓延，全面介入越南的局势。越南被一分为二，北越是胡志明领导的共产党政权，南越成立了独立的政府。一场内战在南越开始，越共游击队在北越支持下，试图将南北统一起来。美国投入军队和武器，参与了对越共的战斗。土地遭到破坏，成千上万的平民丧生。最后，舆论迫使美国撤军，越南于1976年正式统一。

胡志明（1890—1969）

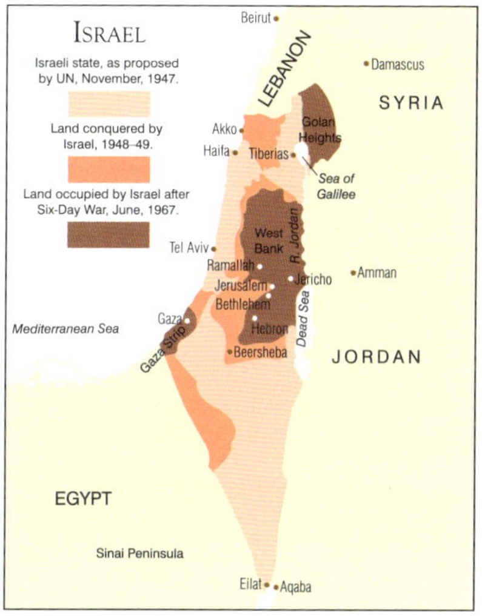

以色列

从1917年开始，遭受了几个世纪迫害的犹太人，掀起复国运动。他们的故土巴勒斯坦已经成为英国实行委任统治的阿拉伯国家，但犹太人开始在那里定居。第二次世界大战后，巴勒斯坦被划分为阿拉伯人和犹太人分别控制的两部分。当英国人于1948年5月15日撤离时，第一次阿以战争立即爆发。在接下来的几年中还发生了若干战争，敌对状态一直持续到今天。

•独立的爱尔兰共和国宣布成立。

•苏联测试它的第一枚核弹。

1951年　欧洲经济共同体成立。

•利比亚脱离意大利获得独立。

•日本、美国和其他48个国家签署和平条约。

•美国作家塞林格创作的《麦田里的守望者》赢得赞誉。

1952年　英国女王伊丽莎白二世加冕。

独立带来了许多问题。殖民地的边界跨越了不同种族的领土，因此，随着殖民势力的撤退，人们的忠诚转向自己的部落和群体，而不管国界。虽然有些国家能够建立良好的政府和健全的经济体系，但有些国家却发生了军事政变和内战。独立后，人们对移民的普遍不满，使成千上万的亚洲人在20世纪60年代后期不得不离开非洲。在拥有大量白人定居者的罗得西亚和南非，不允许黑人独立。

津巴布韦诞生

罗伯特·穆加贝

北罗得西亚于1964年获得独立，成为赞比亚，由伊恩·史密斯的白人少数政府领导的南罗得西亚于1965年宣布脱离英国独立，但未获得国际承认。经过长期的内战，南罗得西亚于1980年在罗伯特·穆加贝的领导下独立，成立津巴布韦共和国。政治群体和族裔群体之间的内部问题和冲突仍在继续。

后殖民的非洲文学

在非洲有53个不同的国家，文学极其多样化，作者用英语、法语、葡萄牙语以及非洲语言写作。尼日利亚剧作家沃莱·索因卡（1934— ）是第一位获得诺贝尔文学奖的非洲人。白人定居者也撰写了大量作品，例如J.M.库切（1940— ），原籍南非，现在是澳大利亚公民，2003年获得诺贝尔文学奖。

沃莱·索因卡

1953—1959年

1953年　新西兰的埃德蒙·希拉里和尼泊尔的丹增·诺盖首次登顶珠穆朗玛峰。

•DNA被发现。

•埃及宣布建立共和国，脱离英国获得自由。

1955年　阿根廷总统胡安·佩隆被推翻。

1956年　埃及政府接管苏伊士运河。

•摩洛哥和西班牙属摩洛哥，脱离法国和西班牙获得独立。

南非的种族隔离

1931年，南非联盟脱离英国独立。其白人人口分为讲荷兰语的人和讲英语的人。1948年，南非国民党上台执政并实行种族隔离政策：黑人和白人在政治和社会方面完全分离，白人在国家中占主导地位，政府试图将黑人迁入单独的“家园”。1961年，南非成立共和国，但种族隔离仍在继续。纳尔逊·曼德拉领导了黑人权利运动，最终导致非洲人国民大会在1994年的首次多种族选举中获胜。

南非种族隔离时期的告示牌

纳尔逊·曼德拉

纳尔逊·曼德拉于1918年出生在南非特兰斯凯，1943年当他还是一名学生时就投身政治。他加入了黑人权利组织非洲人国民大会，于1944年成为其青年联盟的创始成员之一。作为黑人权利运动的领导者，曼德拉被监禁近27年。1993年，他与南非最后一任白人总统克勒克一起获得诺贝尔和平奖。1994—1999年，曼德拉担任南非总统。

F.W.德·克勒克（1936— ）

- •突尼斯脱离法国获得独立。
- •苏丹脱离英国获得独立。

1957年　马来西亚和黄金海岸（加纳）脱离英国获得独立。

- •苏联第一颗卫星“斯普特尼克1号”被送入太空。

1958年　法属西非（几内亚）获得独立。

- •美国首次颁发格莱美奖。

1959年　菲德尔·卡斯特罗成为古巴领导人。

第二次世界大战造成了巨大的破坏。战后人们努力维护和平，以免发生类似的战争，特别是因为灾难性的核战争创造出一种令人恐惧的新可能性。虽然此举在某种程度上保持了稳定，但战争仍难避免：1945—1983年，发展中国家在100多场战争和军事行动中，大约有1900万~2000万人丧生。

社会主义国家及其阵营

1945—1985年的冷战时期，整个世界充满了敌意和猜疑。主要参与者美国和苏联，实际上并没有真正打过一场仗，而是在各种问题上采取对立。以苏联为主导力量的共产主义正在蔓延。1945—1948年，东欧国家波兰、匈牙利、罗马尼亚、保加利亚、南斯拉夫、阿尔巴尼亚和捷克斯洛伐克成为社会主义国家。第二次世界大战后，德国最初在盟军之间被分为四个占领区，但在1949年变成了两个：德意志联邦共和国（西德）和德意志民主共和国（东德）。在亚洲，朝鲜（1948）、中国（1949），以及北越（1954）相继建立了社会主义政权。

两个主要的防御联盟形成。1949年，英国、法国、比利时、荷兰、卢森堡、美国、加拿大、葡萄牙、丹麦、爱尔兰、意大利和挪威组成北大西洋公约组织，西德在1955年加入。苏联不久做出回应，在1955年成立华沙条约组织，成员包括其欧洲的共产主义卫星国。

美国迅速对潜在的共产主义国家采取对抗行动，参加朝鲜战争（1950—1953）和越南战争（1965—1975）。苏联希望东欧卫星国能够遵循它所制定的政策，从而导致了1968年对捷克斯洛伐克的入侵。

分隔东西柏林的柏林墙的一部分

1960—1962年

1960年　喀麦隆脱离法国和英国获得独立。
•尼日利亚和塞浦路斯脱离英国获得独立。
•刚果脱离比利时获得独立。
•法属西非（马里和塞内加尔）获得独立。
•流行音乐团体披头士乐队成名。

1961年　坦噶尼喀（1961）和桑给巴尔（1963）相继脱离英国获得独立，1964年统一为坦桑尼亚。
•约翰·肯尼迪就任美国第35任总统。
•美国入侵古巴的猪湾。

解冻、缓和及苏联解体

1953年，斯大林去世后，敌对行动有所减少，但紧张局势在20世纪50年代后期重新抬头。1961年东德建立柏林墙，把柏林市的西德部分隔开。1962年，苏联在可对美国实施有效打击的古巴部署核导弹，引发古巴导弹危机，几乎导致一场核战争。从1969年开始，苏联和美国试图通过战略武器限制谈判（SALT）限制武器储备，从而开启了一段缓和时期。然而，1979—1980年苏联入侵阿富汗，再次加剧了紧张局势。

戈尔巴乔夫（1931— ）

米哈伊尔·戈尔巴乔夫于1985年成为苏联领导人，他试图通过更民主的政府和向市场经济迈进来改变国家。1989年和1990年的选举带来了一些民主，但削弱了共产党的权力。1988—1989年，苏联从阿富汗撤出。戈尔巴乔夫还放松了对东欧卫星国的控制。苏联与美国、西方的关系明显改善，巨大的变化席卷了整个区域。柏林墙于1989年开放，东德和西德在第二年重新统一。到1991年年底，苏联解体，取而代之的是独联体，它由许多前苏联的加盟共和国组成。

冷战文艺

冷战催生了大量的书籍和电影。伊恩·弗莱明（1908—1964）创作了英国特工詹姆斯·邦德，约翰·勒卡雷（大卫·约翰·摩尔·康威尔的笔名，1931— ）的小说描述了黑暗的间谍世界。德国问题和苏联问题也成为话题。

1999年获得诺贝尔文学奖的甘特·格拉斯，撰写了多部包括德国统一主题在内的小说和非小说类作品

•苏联的尤里·加加林是第一个进入太空的人。

1962年　英国摇滚音乐团体滚石乐队成立。

•阿尔及利亚脱离法国获得独立。

•乌干达脱离英国获得独立。

•卢旺达和布隆迪脱离比利时获得独立。

1962年　美国人约翰·斯坦贝克获得诺贝尔文学奖。

•第一颗通信卫星“电星1号”发射升空。

•古巴导弹危机。

随着世界从第二次世界大战中复苏，旨在维护和平和加强国家间合作的各种国际组织应运而生，有些组织是区域性的。最雄心勃勃的是联合国，它要拥抱地球上的每个国家。

联合国

“联合国”这个名称是由美国总统富兰克林·罗斯福于1942年1月提出的，最早在1942年1月的《联合国宣言》中使用。当时正值第二次世界大战，26个国家的政府承诺继续与轴心国作战。

埃莉诺·罗斯福手持西班牙文版的《世界人权宣言》

1945年10月24日，联合国成立。在处理国际事务中，联合国尽管并非总是成功，但发挥了重要作用。它提供维和力量，帮助新国家摆脱殖民主义，鼓励裁军，以及防止核扩散。联合国总部位于纽约市曼哈顿。联合国的主要目的之一是“促进和鼓励尊重所有人的人权和基本自由，不分种族、性别、语言或宗教”，成员国承诺采取“联合和单独行动”来保护这些权利。它有几个二级组织，如开发计划署和儿童基金会。联合国因为在全世界发挥的作用而获得2001年诺贝尔和平奖。然而，其安理会常任理事国（美国、俄罗斯、英国、法国和中国）有权否决联合国的决议，导致其成员之间存在一些不平衡和不平等。

位于美国纽约的联合国总部

1963—1967年

1963年　肯尼亚脱离英国获得独立。

•30个非洲国家联合起来组成非洲统一组织。

•约翰·肯尼迪遇刺身亡。

1964年　美国通过《民权法案》，以结束基于种族、肤色或宗教的歧视。

•马耳他、尼亚萨兰（马拉维）、北罗得西亚（赞比亚）、英属圭亚那（圭亚那），脱离英国获得独立。

•马丁·路德·金获得诺贝尔和平奖。

•代表巴勒斯坦阿拉伯人权利的巴勒斯坦解放组织成立。

1964—1991年　肯尼思·卡翁达就任赞比亚第一任总统。

联合国倡议

1947—1949年　说服荷兰同意印度尼西亚独立。

1956年

•苏联向匈牙利派兵；安理会要求其撤军的呼吁被苏联否决。

•要求以色列撤出埃及；但被法国和英国否决。

1960—1964年　派遣1万名士兵帮助稳定新近独立的比利时属刚果。

1966—1980年　由于种族隔离政策，对罗得西亚实施经济制裁。

1974年　在塞浦路斯维持希腊族和土耳其族的和平。

1979—1988年　苏联占领阿富汗；否决安理会要求其撤军的决议。

2003年　安理会支持美国领导的伊拉克政府。

英联邦

英联邦成立于1931年，由一群忠于大英帝国的国家组成。后来，随着更多殖民地独立，"大英"（British）这个词被删除了。英联邦促进成员国之间的合作与友谊，鼓励人权与善政。1965年，英联邦秘书处在伦敦成立，负责组织和协调英联邦的活动。英联邦与其他国际机构不同：它没有正式的章程或规定；成员对彼此没有法律或正式义务；成员是由共同的传统、制度、经历及经济利益维系在一起的。

英联邦事件

1961年　南非因种族隔离政策受到谴责而退出英联邦；1994年重新加入。

1971年　第一届英联邦政府首脑会议（CHOGM）通过《新加坡宣言》，包括和平与合作、自由、免于种族歧视；1991年宣言又增加了民主、善政、人权。

1977年　《格伦伊格尔斯协定》加强了反对种族主义的承诺。

1989年　马来西亚环境可持续性宣言。

1995年　承诺处理违反共同原则的人。

1965年　冈比亚脱离英国获得独立。

•宇宙大爆炸理论得以发展。

•美国极简主义和概念艺术家索尔·勒维特开始创作他的"开放立方体"雕塑。

1966年　巴苏陀兰（莱索托）和贝专纳（博茨瓦纳）脱离英国获得独立。

•美国外科医生德巴基研发人工心脏。

1967年　以色列和阿拉伯国家之间发生"六日战争"。

•亚丁（也门）脱离英国独立。

•英国天文学家乔瑟琳·贝尔·博内尔和安东尼·休伊什发现脉冲星。

不结盟运动

不结盟运动是一个致力于代表发展中国家利益和愿望的国际组织。不结盟运动包括100多个成员国，总人口占世界人口的一半以上。许多亚洲和非洲国家拒绝加入两个冷战集团中的任何一个，于是在1961年成立了由25个国家组成的不结盟运动。主要领导人是印度的尼赫鲁、南斯拉夫的铁托、埃及的纳赛尔、加纳的恩克鲁玛、几内亚的塞古·杜尔和印度尼西亚的苏加诺。不结盟运动的基本目标是不受冷战势力的任何压力独立做出决定。冷战结束后，不结盟运动重新确定了反映现代需求的目标。21世纪不结盟运动面临的挑战之一是在后冷战时代重新评估其身份和宗旨。该运动继续倡导国际合作、多边主义和民族自决，但它也越来越强烈地反对世界经济秩序的不平等。

不结盟运动的创始成员国领导人，从左到右依次为：尼赫鲁（印度）、恩克鲁玛（加纳）、纳赛尔（埃及）、苏加诺（印度尼西亚）和铁托（南斯拉夫）

1967—1972年

•英国工程师亨斯·菲尔德开发出计算机断层X射线成像扫描（CT扫描）。

1967—1970年　尼日利亚内战。

1968年　法国数学家雷内·托姆创立突变理论，揭示了渐进式变化如何引发突变性变化。

1968年　毛里求斯和斯威士兰脱离英国获得独立。

•西班牙几内亚（赤道几内亚）获得独立。

尼赫鲁

尼赫鲁

贾瓦哈拉尔·尼赫鲁于1889年出生在印度安拉阿巴德市。1919年，尼赫鲁听到英国准将雷金纳德·戴尔吹嘘札连瓦拉庄园大屠杀——这是被称为阿姆利则惨案的一个插曲——当时戴尔领导的英国军人对被困在札连瓦拉庄园内一群手无寸铁的印度人（包括妇女和儿童）持续射击约10分钟，造成369人死亡，不少于1200人受伤。在听到戴尔的话后，尼赫鲁决定与英国人作战。这一事件改变了他的人生道路。

尼赫鲁加入印度国大党，并于1928年当选为国大党总书记。他深受圣雄甘地的影响。1947年8月15日，印度脱离英国独立后，尼赫鲁成为印度第一任总理。

铁托

铁托

铁托元帅于1953年成为南斯拉夫总统。他是一位伟大的领导者，在第二次世界大战后重建了南斯拉夫。直到1980年去世，他为他的国家带来了团结，成功地维持了南斯拉夫联邦不同民族之间的和平。

铁托于1892年5月25日出生于克罗地亚萨格勒布附近的约瑟普·布罗兹，该地当时是奥匈帝国的一部分。

第一次世界大战期间铁托被俄国军队俘虏，并被关进战俘营，在那里他成为一名共产主义者。他回到南斯拉夫后，当共产主义被禁止时，便以铁托作为别名。

•英国摇滚乐队“齐柏林飞艇”成立。

•马丁·路德·金被暗杀。

1969年　伍德斯托克音乐和艺术博览会在美国伯特利举行，有6万人参加。

•美国宇航员尼尔·阿姆斯特朗和埃德温·奥尔德林是第一批登月的人。

1972年　美国通过《平等机会法案》。

•谢赫·穆吉布·拉赫曼就任孟加拉国的第一任总理。

铁托一直从事着地下工作，在第二次世界大战期间，他领导共产党游击队抵抗德国对南斯拉夫的占领。1945年铁托当选为南斯拉夫总理。

在斯大林去世后，铁托努力联合一批"不结盟"国家。在他的领导下，南斯拉夫与阿拉伯国家保持友好关系，并且是联合国的活跃成员之一。

欧盟

欧盟（EU）由28个欧洲国家组成，负责管理共同的经济、社会和安全。欧盟最初仅限于西欧，在21世纪初向中欧和东欧进行了强有力的扩张。1965年（正式在1967年），各种欧洲组织合并成立了欧洲经济共同体（EEC），这是一个旨在加强经济合作的组织。1993年，它更名为欧盟。欧元是欧盟成员国的共同货币单位。

欧盟成员国地图，包括自2004年、2007年和2013年以来的欧盟新成员国，欧洲自由贸易联盟成员国及其首都和欧洲主要城市

2016年3月22日，英国首相特蕾莎·梅援引《里斯本条约》第50条，通知欧洲理事会英国有意脱欧。她致信欧洲理事会主席唐纳德·图斯克，这预示着英国退出欧盟的法律程序开始。

1972—1976年

1972年　尼加拉瓜首都马那瓜被地震摧毁，成千上万的人丧生。

1973年　110层的西尔斯大厦在美国芝加哥开业，它是当时最高的建筑。

•智利总统萨尔瓦多·阿连德被暗杀。

1974年　几内亚（几内亚比绍）脱离葡萄牙获得独立。

•美国水门事件导致总统尼克松辞职。

1975年　莫桑比克和安哥拉脱离葡萄牙获得独立。

总的来说，资本主义国家在1950—1973年经历了一个“黄金时代”。虽然有社会福利和保障体系的支撑，但无家可归者和失业者的数量仍有所增加。

美国经济

1968年，美国学生走上街头抗议越南战争

在战争期间，美国没有遭受经济损失，国防生产反而重振工业并提供了新的就业机会。飞机制造和航运业蓬勃发展。此外，战争激发了技术和科学创新，从而改善了人们的生活方式。到1945年，美国占世界工业生产的近三分之二，国内生产总值高于其他任何国家。从1948年4月开始，美国马歇尔计划在4年内为西欧提供了130亿美元的援助，帮助振兴该地区经济。

杜鲁门总统试图引入福利计划，但国会只批准了社会保障福利和提高最低工资。美国不得不处理民权问题和越南战争，以及战争加剧的经济问题。在1973—1975年、1981—1982年和1990—1991年美国经济经历了几次衰退，随后在20世纪90年代进入长期的增长和发展阶段。

马丁·路德·金（1929—1968），非洲裔美国民权领袖

美国总统杜鲁门

- 红色高棉接管柬埔寨，他们的领袖是波尔布特。
- 比尔·盖茨和保罗·G.艾伦创建微软公司。
- 美国、加拿大和35个欧洲国家签署《赫尔辛基协定》，承认第二次世界大战的边界，并承诺保持友好关系。

1976年　美国作家亚历克斯·哈利根据自己的家族史完成小说《根》，探索了黑人的经历。

- 超音速协和飞机首航，从伦敦飞往巴林。

英国经济

为了从第二次世界大战的影响中恢复过来，工党政府开始实行经济改革和产业国有化。非殖民化加剧了经济问题，但尽管经济增长缓慢，政府仍实施了福利政策。撒切尔夫人时代（1979—1990）又实施了主要经济部门的私有化，国家的作用有所减弱。在20世纪80年代，英国经历了经济繁荣，但随之而来的是社会冲突和失业的增加。

撒切尔夫人（1925—2013）

俄罗斯改革

苏联通过计划经济迅速重建自己。随着经济增长变缓，米哈伊尔·戈尔巴乔夫在20世纪80年代中期开始实行经济改革。1991年苏联解体后，经济急剧下滑。实际GDP在1990—1996年下降了40%，通货膨胀和失业率上升。到20世纪90年代末，经济开始趋于稳定。

世界经济体系

战后世界的复杂性需要新的合作方式。

甚至在第二次世界大战结束之前，一种货币管理方法就已实施，该方法于1945年开始运转，这就是布雷顿森林体系。它为国际货币体系的运作制定了规则和条例。所有货币都与美元挂钩，美元又与黄金挂钩，因此存在固定的汇率制度。此时还创建了国际货币基金组织和世界银行。1971年，美元与黄金之间的联系被削弱，世界转向浮动汇率制度。

世界贸易组织（WTO）于1995年1月1日成立，这是一个监督和开放世界贸易的国际实体。

石油输出国组织（OPEC）成立于1960年。它曾经可以操纵世界石油价格，但现在由于在其他许多地方都发现了石油，它的影响力变弱。然而，该组织的12个成员来自中东、亚洲、非洲和南美洲，占世界石油储量的三分之二，因此仍然在石油经济中扮演着重要角色。

1977—1981 年

1977年　英国生物化学家弗雷德里克·桑格、保罗·伯格和沃尔特·吉尔伯特共同开发DNA测序技术；1980年他们被授予诺贝尔化学奖。

1978年　路易斯·布朗——第一个“试管”婴儿出生。

•以色列和埃及签署《戴维营和平协议》。

1979年　伊朗霍梅尼革命推翻国王统治，建立伊斯兰共和国。

•萨达姆·侯赛因就任伊拉克总统。

位于东京的新宿是日本重要的商业中心之一，一些大型企业的总部设在这里

作为一个社会主义国家，中国曾深受苏联的影响，但很快走上了自己的发展道路。土地再分配、合作社和人民公社促进了农业生产力水平的提高。1978年后，改革开放逐步展开。到2000年，中国已发展成为一个主要的经济大国，是世界上增长迅速的经济体之一。

美国基金帮助日本恢复被战争破坏的经济，20世纪70年代末日本发展成为世界第二大经济体。中国香港、新加坡、韩国和中国台湾是20世纪60—90年代发展最快的经济体，被称为“亚洲四小龙”。20世纪90年代以后的泰国、马来西亚、印度尼西亚和印度是又一批快速发展的亚洲经济体。然而，1997年的亚洲金融危机波及泰国、韩国和日本，并在全世界产生了重大影响。

1945年，拉丁美洲（南美洲、中美洲以及一些加勒比岛屿）经济落后。许多经济体都依赖于少量产品，而人口增长和政府不稳定也造成了诸多问题。许多国家的工农业为外资所占有而导致资金流失。然而，随着新举措的实施，情况开始好转。例如，委内瑞拉于1976年将其石油工业国有化，并创建巨大的炼油和营销系统。在20世纪80年代，债务危机影响了拉丁美洲的大部分地区。从20世纪90年代开始经济出现良好的增长，但该地区的不平等现象依然相当普遍。

战争和政变阻碍了非洲的经济增长。1996年在赤道几内亚等一些国家发现了石油，引发经济高速增长，但这并没有转化为人类的全面发展。

食品

总的来说，世界粮食产量开始增长。从1961年到2000年，人均可摄取卡路里量增加了24%，个别国家的增长速度迅猛：最高的是中国（73%），然后依次是印度尼西亚（69%）、韩国（44%）、美国（32%）、泰国（27%）、意大利（26%）和印度（20%）。然而，最富有的五分之一人口的消费量是最贫穷的五分之一人口的16倍。8.4亿人仍然营养不良。

•签署《第二阶段战略武器限制条约》（SALTⅡ）。

•巴基斯坦总统兼总理佐勒菲卡尔·阿里·布托（1971—1977在位）被处决。

•天花在世界范围内已经被消灭。

1980年　伊拉克向伊朗宣战。

•在波兰，团结工会在莱赫·瓦文萨领导下成立。

1981年　IBM推出世界上第一台个人电脑。

•艾滋病首次在美国纽约和加利福尼亚被发现。

不平等持续存在

1997年，全世界有13亿人口每天的生活费不足1美元。虽然全球财富和收入有所增加，而且健康、教育和营养标准也有所改善，但这些并没有惠及世界上的贫困人口。世界上最富有的五分之一人口的总收入是最贫穷的五分之一人口的74倍。巨大的不平等现象渗透到生活的各个方面。

印度孟买的一个贫民窟。尽管从20世纪90年代开始，印度成为世界上经济增长速度迅速的国家之一，但在1999—2000年，估计有26%的人口处于贫困线以下。相比之下，卢森堡（左图）是世界上人均收入最高的国家

法国总统德斯坦（1974—1981在位）在朗布依埃主办了首届八国集团（当时的六国）峰会

国际组织

许多国际组织成立。77国集团（G77）成立于1964年，由77个发展中国家为促进共同的经济利益而发起；八国集团（G8）由工业发达的八个国家组成。该集团于1975年成立时为六国，1976年加拿大加入，1997年俄罗斯加入。八国集团占世界人口的14%，却占世界总产值的60%；二十国集团（G20）成立于1999年，由19个国家以及欧盟组成。还有其他几个区域组织，如1967年成立的东盟（东南亚国家联盟）。

1982—1986年

1982年　秘鲁作家马里奥·巴尔加斯·略萨创作《世界末日之战》，这是一部关于巴西历史的经典之作。

•人类首例植入人工心脏手术在美国犹他州完成。

•音频光盘首次在商业上推出，后用于保存电子数据。

1983年　美国芝加哥推出首款现代手机。

1984年　印度总理英迪拉·甘地被暗杀。

激进的变革席卷了整个科学和技术领域，人们的生活取得了巨大的进步。然而，资源分配不均和基础设施的缺乏，使这些实惠无法普及到整个人类。

生产流程

农业生产力增长，主要归功于更好的机械、肥料以及包括转基因作物在内的新植物品种的开发。

亨利·福特的工厂通过流水线将制造业生产工序分割为若干个环节，从而提高工业产出，但劳动力必须具备更多的技能和很好的适应能力。在批量生产系统中，每个工人在最终产品中所占的份额更大，从而实现产品更大的差异性。公司也立足国际化视野，在劳动力成本较低的国家开办工厂，并将服务行业外包，实行弹性工作制和居家办公模式。

电子产品激增

彩色电视、个人电脑、笔记本电脑、手机、互联网、电子邮件、视频会议、微波炉……消费者对电子产品的需求迅速增长。1980—1995年，全球每1000人的电视机数量从121台增加到225台，几乎翻了一番。视频开始用于教学。计算机化彻底改变了运输、金融和银行业务、股票市场、信用卡购物以及工业中的机床控制。1970年，世界上只有5万台计算机，到2000年，已经超过5亿台。1995年，有5000万人使用互联网，到2000年，已增加到4.5亿人。但是，91%的互联网用户属于发达国家。

新材料

纳米技术、极小器件的发展，催生了微芯片。新型高强度材料研制成功。混凝土、木材和玻璃以光纤等新形式被重新发明。仿生学是另一个新兴领域，它探索自然界的各个方面，例如某些海贝的强度，并试图以物质形式对其进行再造。

1985年 微软公司推出视窗操作系统软件。

1986年 美国无人太空飞船“旅行者2号”首次飞越天王星，1989年飞越海王星。

•苏联和平号空间站发射升空。

•菲律宾总统费迪南德·马科斯被推翻，由科拉松·阿基诺接任。

•乌克兰切尔诺贝利核电站事故造成32人死亡，数千人受到辐射污染。

航空

1945年，能够载运400名乘客的飞机闻所未闻。25年后，波音747大型喷气式飞机拥有了这种能力。到1976年，像协和这样的超音速飞机达到1450英里/小时。然而，超音速客机并不经济，后来停产，因此客机的平均巡航速度为540～570英里/小时。1969年人类登陆月球，太空探索继续进行。

波音747客机在1969年被认证为商用飞机

医学

在过去的50年中，基因研究表明：所有可遗传的特征都是由被称为脱氧核糖核酸（DNA）的化学物质携带的。从20世纪90年代开始，基因工程取得突破，脑成像是另一个有助于医疗保健的领域。

华生与克里克一起发现了DNA的双股螺旋结构

2000年以来医学诺贝尔奖获得者

2000年　阿尔维德·卡尔森、保罗·格林盖德、埃里克·坎德尔（瑞典、美国、奥地利）：发现神经系统信号传导机制。

2001年　利兰·哈特韦尔、蒂莫西·亨特和保罗·纳斯（美国、英国、英国）：发现细胞周期的关键分子调节机制。

2002年　悉尼·布雷内、罗伯特·霍维茨、约翰·苏尔斯顿（英国、美国、英国）：发现器官发育和程序性细胞死亡过程中的基因规则。

1988—1996年

•美国轰炸利比亚的政府所在地和军事基地。

1988年　廷巴克图被联合国教科文组织列为世界文化遗产。

1993年　以色列总理伊扎克·拉宾与巴解组织主席亚西尔·阿拉法特签署《中东和平协议》。

1994年　萨帕塔民族解放运动在墨西哥爆发。

•卢旺达内战，死亡人数估计为80万。

•英吉利海峡下面连接英国和法国的海底隧道建成。

•南非首次举行多种族选举。

2003年　保罗·劳特布尔和彼得·曼斯菲尔德（美国、英国）：发现核磁共振成像。

2004年　理查德·阿克塞尔和琳达·巴克（美国）：发现气味受体和嗅觉系统的组织。

2005年　巴里·马歇尔和罗宾·沃伦（澳大利亚）：发现幽门螺杆菌及其对胃炎和消化性溃疡病的致病机理。

2006年　安德鲁·菲尔和克雷格·梅洛（美国）：发现RNA(核糖核酸)干扰机制。

2007年　马里奥·卡佩奇、奥利弗·史密西斯、马丁·埃文斯（美国、美国、英国）：发现通过使用胚胎干细胞在小鼠身上实现基因变化的原理。

2008年　哈拉尔德·楚尔·豪森（德国）：发现导致宫颈癌的人类乳头状瘤病毒；弗朗索瓦丝·巴蕾·西诺希和卢茨·蒙塔尼耶（法国）：发现人类免疫缺陷病毒。

2009年　伊丽莎白·布莱克本、卡萝尔·格雷德、杰克·绍斯塔克（美国）：发现端粒和端粒酶保护染色体的机理。

2010年　罗伯特·爱德华（英国）：推进体外受精的发展。

2011年　布鲁斯·巴特勒、朱尔斯·霍夫曼、拉尔夫·斯坦曼（美国、卢森堡、加拿大）：发现先天性免疫系统的作用。

2012年　约翰·格登和山中伸弥（英国、日本）：发现成熟细胞可以重新编程为多能细胞。

2013年　詹姆斯·罗斯曼、兰迪·谢克曼、托马斯·苏德霍夫（美国、美国、德国）：发现细胞内部囊泡运输调控机制，囊泡是人体细胞中的主要运输系统。

2014年　约翰·欧基夫、迈·布里特·莫泽、爱德华·莫泽（美国、美国、挪威）：发现构成大脑定位系统的细胞。

2015年　威廉·坎贝尔、大村智和屠呦呦（爱尔兰/美国、日本、中国）：发现蛔虫引起感染的新疗法和疟疾的新疗法。

2016年　大隅良典（日本）：发现细胞自噬机制。

1995年　全球定位系统全面投入使用。

1995年　《代顿和平协议》结束了始于1991年的波斯尼亚-克罗地亚-塞尔维亚战争。

•美国物理学家首次观察到玻色-爱因斯坦凝聚态，这是一种预计在低温下呈现的物质状态。

•被称为顶级夸克的亚原子粒子被发现。

1996年　第一只克隆动物多利羊出生。

医疗突破

- 在人类多能干细胞的帮助下，严重的肠神经疾病已经得到研究。
- 洛克菲勒大学的科学家已经确定微生物基因组中哪些基因能够产生抗生素化合物，然后将这些化合物合成，可望发现两种有前景的新抗生素。
- 科学家现在可以从干细胞中培养肺部3D模型，这为研究呼吸道疾病开创了新的方法。
- 洛克菲勒大学的科学家们使用一种名为“光造型”的技术，来观察小鼠大脑的神经元在三维空间中实时放电。
- 美洲是世界上第一个正式消灭麻疹的地区。麻疹是一种病毒性疾病，可导致严重的健康问题，包括肺炎、脑肿胀，甚至死亡。这一成就是经过22年的努力，包括在整个美洲大规模接种麻疹、腮腺炎和风疹疫苗的结果。
- 美国食品和药品管理局批准世界上第一个用于1型糖尿病的人工胰腺。
- 美国退伍军人事务部发现强有力的证据，表明越南战争退伍军人的高血压与战争期间接触除草剂有关。退伍军人事务部开发一种发光纳米粒子，有望帮助诊断和治疗膀胱癌。
- 斯克里普斯研究所的科学家创造出第一个“稳定”的半合成有机体。这可以无限期地保留遗传密码中的两个人工碱基X和Y，从而可以通过合成DNA带来全新的生命形式，在医学中有许多潜在的用途。

1997—1999 年

- 伊斯兰政治组织塔利班占领喀布尔。

1997年　香港地区回归中国。

- 托尼·布莱尔领导的工党赢得英国大选。
- 美国宇宙飞船“火星探路者”登陆火星。
- 《京都议定书》签署，旨在减少导致全球变暖的工业排放。

新超声扫描技术：治疗阿尔茨海默病的突破

2015年，昆士兰大学脑研究所（QBI）的研究表明，超声扫描技术可以减少和消除患有阿尔茨海默病的小鼠大脑中的β淀粉样斑块。据推测，这种新疗法可以通过恢复记忆来彻底改变阿尔茨海默病的治疗方法。尽管同样的程序可以在人类身上复制，但在人体测试之前还需要进行相当大的修改。

医学上的更多突破

科学家们通过功能性核磁共振成像（fMRI）观察大脑：功能性核磁共振成像通过观察氧气水平和流向大脑的血流量变化来追踪脑细胞的活动。一个区域的大脑活动越多，消耗的氧气就越多，流向该区域的血液就越多。当患者被要求执行一项简单的任务时，功能性核磁共振成像通过追踪细胞代谢葡萄糖的速度来跟踪被激活的大脑区域。利用这项技术，研究人员正在获得有关抑郁症、脑癌、自闭症、记忆障碍等疾病的有价值信息。

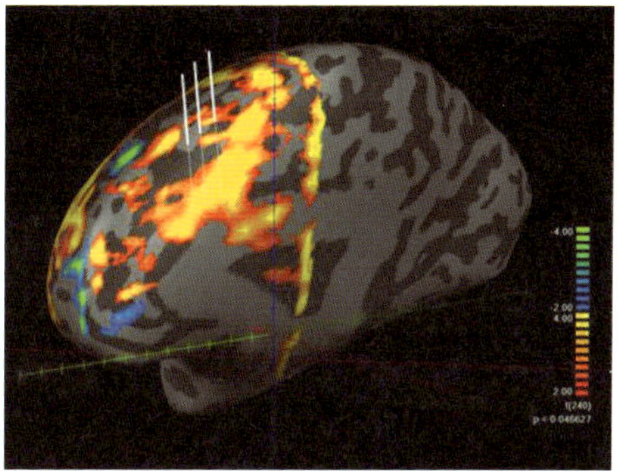

这是一幅功能性核磁共振成像图，其中由黄色到红色的区域代表大脑活动最高，由蓝色到绿色的区域代表大脑活动最低

减少公共场所吸烟：世界各国和美国许多州都出台了公共场所禁烟令。

这些禁令导致二手烟的危害减少，从而降低心脏病发作和死亡的概率。

心脏病死亡率下降40%：近年来，人们开发出一些新药，这些新药通常被用以减缓动脉粥样硬化的继续发展——减缓硬化的蜡状物质的形成，这种物质被称为斑块，会使动脉变窄；此外，心脏搭桥技术也取得了突破。

1998年　世界上最长的悬索桥——明石海峡大桥在日本通车运营。

•签署《耶稣受难日协议》；北爱尔兰议会成立；规范与共和国的关系。

1999年　推出欧元货币。

•美国总统比尔·克林顿在1998年遭弹劾后，被宣判无罪。

•加拿大建立因纽特人的自治州努纳武特。

干细胞研究：欧洲研究人员成功地对两个7岁男孩的骨髓细胞进行了基因操作，然后将改变后的细胞移植回男孩体内；由此，一种致命的被称为肾上腺脑白质障碍或ALD的脑部疾病受到遏制。

此类情况促进了干细胞研究的发展，无论是胚胎干细胞还是成年干细胞。随着人们年龄的增长，“替换零件”变得越来越不可缺少。如今，有可能直接从皮肤细胞制造胚胎样干细胞。此外，正在开发基于干细胞的新药物。角膜缘干细胞在欧洲已被注册为眼烧伤药品，间充质干细胞已被加拿大和新西兰批准用于儿科移植物抗宿主疾病。

癌症的新疗法：20世纪90年代后期，一些对癌症治疗有持久影响的药物被发明。曲妥珠单抗（赫赛汀）是一种乳腺癌靶向药物，这种癌症的特征在于特定的癌基因HER-2。预计将有近25%的患病妇女因赫赛汀受益。

拉帕替尼的发明可防止乳腺癌复发并显著提高患者存活率。格列卫是另一种抗癌药物，它可以延缓一种基因突变，这种基因突变会导致多种癌症患者体内癌细胞生长和繁殖。

联合药物治疗延长艾滋病患者的存活率：高效抗反转录病毒治疗（HAART）已将致命的艾滋病转变为严重的慢性疾病，其存活率可持续数十年。

同样的有效疗法也可用于治疗肺癌、心脏病等其他疾病。

机器人技术革新了外科手术：早些时候，接受肾脏切除手术的患者将留下10英寸长的疤痕，但在2007年，克利夫兰诊所的外科医生通过患者肚脐疤痕的单一切口取出肾脏，其优点是痛苦更小、恢复更快。机器人手术在美国的一些医疗中心也得到了越来越多的应用。

2000—2001 年

- 北约领导的西方国家干预塞尔维亚西南部的科索沃冲突。
- 人类染色体的完整测序首次完成。

2000年　科学家宣布整个人类基因组的草图。

2001年　刚果民主共和国总统劳伦特·卡比拉被枪杀，他的儿子约瑟夫·卡比拉继任。

2000年以来的科技突破

我们几乎在所有事情上都更加依赖于科学和技术。人类对知识的追求使生活的各个领域都受益。与科学相比，宗教、伦理和文化居于次要地位。

• 2000年，狄恩·卡门发明第一台“赛格威”(Segway)平衡车，它由两个轮子组成，是一种电力驱动、具有自我平衡能力的个人用运输载具。平衡车于2001年正式开始投入量产，它采用的动态稳定装置，使其能够在倾斜传感器、陀螺仪和内置芯片的帮助下实现平衡。平衡车以每秒100次的运动速度适应身体运动。第一款模型车没有任何制动器，行驶速度是每小时12英里，速度和方向可以通过手动装置控制。2006年发布的一款临时模型车允许用户通过单片机辅助来调整速度和方向。

• 2001年与苹果公司发明的iPod同样受到关注的另一项重大发明是生物人工肝。肯尼斯·松浦博士和艾林基金会通过设计一种利用动物肝细胞的装置发明了人造肝脏。这项突破性的技术包括机械设备和生物元素的采用，而不是坚持使用机械设备替代器官的传统观念。动物细胞被阻隔在生物人工肝的一层膜后面。因此，虽然细胞可以执行肝脏的所有常见功能，例如过滤血液和消除毒素，但由于细胞不会与人体血液融合，也就不会给人体带来任何反应或伤害。

“赛格威”平衡车

• 盲文手套、纳米面料和避孕贴片都是2002年的科学发明。瑞恩·帕特森利用皮革高尔夫手套发

•阿里埃勒·沙龙当选以色列总理。
•马其顿的阿尔巴尼亚人发生叛乱，经过6个月的战斗，于8月签署和平协议。
•小布什就任美国第43任总统。
•被遗弃的俄罗斯和平号空间站坠落到地球。
•比兰德拉国王及四名家庭成员在尼泊尔被杀。
•美国成为通过劫机实施自杀式恐怖袭击的目标，如众所周知的“9·11”事件。

明了一种装置，可以识别佩戴者的手部动作并将其无线传输到手持式监视器上。这种“盲文手套”虽然不是很有名，但在残障人士的世界中具有足够的重要性。纳米面料是另一项容易被普通人忽视的发明。经过化学处理的纳米面料，可产生大约100万根10英寸长的细纤维，其基本用途是能够防止溢出。美国奥索·麦克尼尔制药公司发明的Ortho Eva避孕贴片，可以每周更换一次，并与避孕药具有相同功效。

2003年发明的丰田混合动力汽车

• 丰田的混合动力汽车是2003年的发明，以自助泊车属性而闻名。这种油电驱动的汽车具有自动停放的功能。自动停放是通过后置摄像头、动力转向和智能停车辅助软件的帮助将汽车引导到停车位。在整个过程中，用户甚至不必触摸、说话或提供任何信息输入。

• 2004年引起广泛关注的两项发明是超声波皮肤穿透设备Sono Prep和Adidas 1。Adidas 1系列的鞋子内置了微处理器，可以自行判断穿鞋者需要什么样的脚部支撑。由罗伯特·兰格发明的Sono Prep是生物技术领域的一项进步，它可以通过超声波给药，而不需要通过注射等常规方式。据说，该装置能将低频超声波引导至皮肤，15秒后可以分割开皮肤中的脂质，使液体得以转移，在接下来的24小时内，皮肤可以恢复到原来的状态。

Adidas 1系列鞋

2002—2003 年

•奈保尔获得诺贝尔文学奖。

•阿富汗成立由哈米德·卡尔扎伊领导的临时政府。

2002年　斯里兰卡叛乱的泰米尔猛虎组织与政府签署停火协议。

•印度古吉拉特邦发生印度-穆斯林骚乱。

• 2005年最受欢迎和最成功的发明是视频网站YouTube。这个赢得无数消费者欢迎的网站是一个视频共享网站，可让用户在全球范围内分享视频。这个由贾德·卡里姆、陈士骏和查德·赫利发明的网站目前是世界上著名的网站之一。

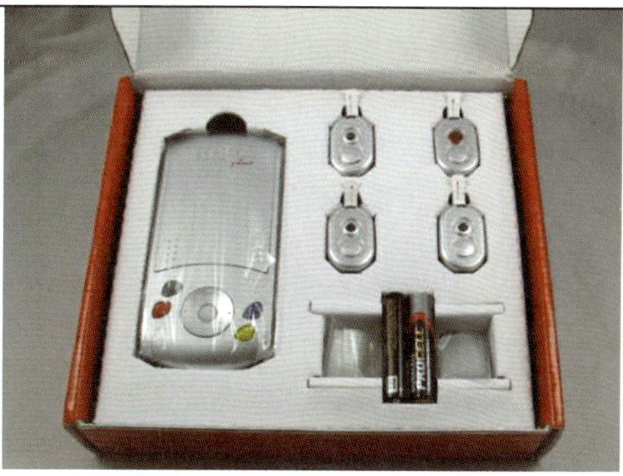

Loc8tor射频发射标签可帮你找到因放置不当而被遗忘的日用物品

• 2006年科学发明的速度略有放缓。尽管发布了许多原型和β测试仪，但市场上的实际产品很少，其中一个产品是Loc8tor定位器。Loc8tor将射频发射标签贴在你最容易忘记放错地方的小物品上，它会通过左右和上下的方向指引，带你到达距离物品一英寸的地方。此时贴在失物上的标签将发挥作用，发出哔哔声来精确定位。

• 2007年最著名的发明是苹果公司的iPhone手机。首次发布时，iPhone是移动技术领域的一项突破，拥有前所未有的传感器技术、全新的操作系统，它实际上是把电脑的操作系统安装在手机迷你的机身内。我们今天所知道的iPhone已经重组了整个移动设备领域，并且成为苹果公司在技术领域的王牌产品。

• 2008年的科学和医学奇迹是个人DNA检测试剂盒。通过唾液测试，DNA试剂盒可以测试你与90多种遗传特征——从脱发到慢性疾病的遗传联系。这项发明早在2007年就向消费者公开发布了。多亏23andMe公司的这项发明，人类基因分型已经可供每个人使用。其好处是可以根据基因而不仅仅是社会、环境和纯技术因素，来追踪你处于特定状态或疾病状况的风险。通过DNA试剂盒进行基因分型，可以确定从600万种不同性状中遗传任何一种性状的概率。这一年另一项引人注目的发明是仿生镜片。来自华盛顿大学的帕尔韦兹发明了一种隐形眼镜，该隐形眼镜使用由太阳能电池供电的微型LED，并使用射频接收器在佩戴者的视野内显示图像、地图和其他数据。

•美国和俄罗斯同意在未来10年内将核武器削减三分之二。
•东帝汶脱离印度尼西亚获得独立。
•单人气球环球首飞。
•印度尼西亚巴厘岛夜总会遭遇恐怖袭击，200多人死亡。
•车臣反政府武装在莫斯科剧院劫持763人，其中116人在救援行动中死亡。

2003年　阿里埃勒·沙龙再次当选以色列总理。

第六感是一种可穿戴的手势界面，可将所有动作转换为数字信息

• 第六感是普拉纳夫·米思特里2009年在美国麻省理工学院媒体实验室发现的，它是一种可穿戴的手势界面，可将所有动作转换为数字信息，能够在任何技术先进的设备（如计算机、移动设备等）中进行处理。十年来，它一直是科幻电影中数字效果的基本技术。第六感由袖珍投影仪和一台与便携式计算机设备相连的相机组成。当投影仪使用表面显示可视数据并将它们用作计算机接口时，相机识别用户的手势和动作。该设备使用来自摄像机的视频流并与软件一起处理，与用户佩戴在指尖的视觉跟踪参考传感器同步。

• 瞬间移动是下一个吸引全世界科学兴趣的大事件，虽然只是在测试阶段，但这种技术可以让眨眼之间移动一段距离成为可能。在不久的将来，电影中的内容可能最终会成为现实。目前，美国马里兰大学联合量子研究所的科学家们已经成功地将信息从一个原子“瞬间传送”到另一个原子，而这些原子是被分别放置在相距一米远的不同容器中的。

瞬间移动是下一个吸引全世界科学兴趣的大事件，尽管它仍处于测试阶段

2003—2004 年

•美国“哥伦比亚号”航天飞机在飞行中解体，7名宇航员全部遇难。

2003年　美国和英国发动伊拉克战争，占领巴格达，抓获萨达姆·侯赛因。

•马哈茂德·阿巴斯当选巴勒斯坦首任总理，几个月后辞职。

•不结盟运动的成员国上升至116个国家。

能源

随着世界能源消耗量的不断增加，核能、天然气、地热能、太阳能和风能成为煤炭、石油、天然气和水力发电的补充。

地热发电站

史蒂芬·霍金

史蒂芬·霍金（1942—2018）这位才华横溢的英国天体物理学家曾尝试发展一种“万有理论”。他的杰出贡献之一就是通过诸如《时间简史》（1988）、《果壳中的宇宙》（2001）、《时间简史（普及版）》（2005），以及与他的女儿一起创作的童书《乔治的神秘宇宙钥匙》（2007）等书籍向普通读者普及科学。

•北非阿尔及利亚发生大地震，2000多人遇难，9000多人受伤。

•利比亚同意就苏格兰洛克比空难支付赔偿金。

•伊朗的希尔琳·艾芭迪因促进妇女和儿童权利获得诺贝尔和平奖。

2004年　西班牙马德里的火车遭到恐怖袭击，200人死亡，1400人受伤。

•来自东欧的7个国家成为北约新成员。

•10个国家成为欧盟新成员。

打击恐怖主义

21世纪的一个决定性方面是“9·11”事件之后的“反恐战争”。2001年9月11日，恐怖分子劫持的两架飞机撞上纽约世界贸易中心的双子塔，第三架飞机撞上五角大楼一角，并在匹兹堡坠毁。这起至少造成3000人死亡的事件，据信是基地组织领导人奥萨马·本·拉登在阿富汗指挥的。2001年10月，美国领导的联军袭击了阿富汗。2003年，以美国为首的军队入侵伊拉克，目的是清除所谓的大规模杀伤性武器。美国、英国和其他几个国家正在帮助伊拉克和阿富汗克服激进思想和恐怖主义。

2001年9月11日，世界贸易中心双子塔遭到袭击

全球化

政治、经济和社会边界正在被突破，世界各国变得越来越相互依赖。这个星球上的城市看起来很相似，都有着高层建筑和“国际”建筑。通过媒体连接和实时电视图像，距离被拉近。数百个政府间国际组织和数千个非政府组织已经成立。贸易和文化交流日益频繁。全球性的外汇和资本市场每天24小时运营。每年有超过五分之一的商品和服务在世界范围内交易。一些跨国公司控制的预算比某些主权国家还多。尽管世界在缩小，但相对而言，随着收入差距的扩大，富国和穷国之间或国家内部的富人和穷人之间的差距变得更大。

2005—2007 年

- 孟加拉国、尼泊尔和印度北部的洪灾，导致数千人遇难，数百万人无家可归。
- 在俄罗斯的别斯兰，学生被车臣叛乱分子劫持；救援中有数名人质遇难。
- 巴勒斯坦领导人亚西尔·阿拉法特去世。
- 苏门答腊海岸发生地震和海啸；印度洋沿岸11个国家中，有20多万人丧生。

2005年　巴勒斯坦举行1996年以来的第一次大选，马哈茂德·阿巴斯当选巴勒斯坦民族权力机构主席。

- 本笃十六世在约翰·保罗二世逝世后成为新教皇。
- 伦敦发生炸弹袭击。
- 连接里海和地中海的巴库·第比利斯·杰伊汉石油管道开通。

丰富的互联网和电子产品

计算机和互联网彻底改变了世界的运行方式

计算机和互联网技术发展迅速。2014年，估计有20亿台个人电脑在使用。新的软件不断被开发，互联网宽带的使用越来越广泛，还出现一系列新社交媒体：YouTube，一个上传视频的共享网站；博客，任何人都可以写作的平台；Twitter和其他微博平台；社交网站，如MySpace和Facebook。2017年，Facebook一家就拥有20亿活跃会员，但趋势每年都在变化。

数字技术几乎应用于各种电子产品：相机、电视、音频播放器（简称MP3/MP4）、便携式媒体播放器，以及带有音乐、视频、相机和互联网设置的智能手机。数据存储能力是日常生活的一个基本方面，设备范围从微型闪存驱动器到具有大容量的硬盘驱动器，再到云存储，后者目前对于个人和企业来说已相当普遍。卫星正被用于生成和传输数据：全球定位系统（GPS）技术越来越多地用于导航和定位。机器人技术正在开发用于医疗和家庭生活。

信息社会

这一术语定义了当今时代，因为信息可以被广泛应用于经济、科学、文化和政治活动。“知识经济”，通过信息的使用和操纵产生财富，将取代制造业和工业成为未来的经济形式。过去几年的信息革命与工业革命一样重要。

遗传研究进展

人类基因组计划始于1990年，至2003年完成对DNA中30亿个碱基对的测序工作。现在可以将DNA拆开，重新组合，甚至从一个生物体移植到另一个生物体中。该计划已确定1800多种疾病基因。2005年人类基因组计划的另一个重要步骤启动，即HapMap计划。HapMap是人类基因组中常见遗传多态位点的目录。克隆、干细胞研究、濒危物种保护，甚至可能复活灭绝物种，都属于遗传学的研究领域。

•卡特里娜飓风导致美国新奥尔良洪水泛滥。

2006年　埃胡德·奥尔默特就任以色列总理。

•孟加拉国的穆罕默德·尤努斯获得诺贝尔和平奖，因为他的格莱珉银行创建了“从底层推动经济发展”的模式。

2007年　罗马尼亚和保加利亚加入欧盟，欧盟扩大到27国。

•尼古拉斯·萨科齐就任法国总统。

2007年　政府间气候变化专门委员会确认全球气候变暖，气温和海平面上升。

•地震和海啸袭击所罗门群岛。

生态和自然资源

由于气温升高，美国最大的阿拉斯加白令冰川自1900年以来已经退缩7.5英里，其他冰川也在逐步消融。其副作用是增加地震的概率

经济增长正在耗尽世界上有限的自然资源。石油、天然气和煤炭等化石燃料仍是主要能源，占2014年能源消耗的81%左右。但开发核能、太阳能和其他无污染的可再生能源，以及提高燃烧率，是未来发展趋势。生物燃料越来越受到关注，尽管生产生物燃料通常会占用种植粮食作物需要的土地。土壤侵蚀和水资源的破坏，也会导致作物减产。各地的森林都在缩减，野生动植物随之减少。1950年世界人口为25亿，现在已超过68亿，预计到2050年将稳定在93亿。这将导致资源的进一步紧张。

在中亚咸海上搁浅的船只，1960—2007年咸海的规模缩小了10%

2008—2009 年

2008年　菲德尔·卡斯特罗在任职49年后辞去古巴领导人职务。

•印度北部的科西河改道，引发洪水，数百人死亡，200多万人流离失所。

•俄罗斯与格鲁吉亚之间发生冲突。

•伊拉克和美国就撤军时间达成一致。

•11名登山者死于乔戈里峰（K2），这是自1986年以来最严重的一次事故。

•泰国反政府抗议活动升级。

气候变化

化石燃料产生大量二氧化碳，导致温室效应和全球变暖。虽然煤炭这种污染最严重的燃料在一些国家（如英国）的使用已大大减少，但在某些国家却有所增加。1973年，人们发现制冷产品和其他产品中使用的氯氟烃（CFCs）不断消耗地球大气层中的臭氧，从而使得过量的紫外线辐射到达地球。后来，氯氟烃的使用减少，但气候变化和全球变暖正日益显著，对地球上的生命构成了真正的威胁。尽管有关这些问题的国际论坛不时召开，但因各国之间的分歧却难以取得重大进展。

右图：巴西新古河源头周围亚马孙热带雨林的鸟瞰图显示，由于来自其周边的农业压力，森林已经消失了不少

下图：中国山西一个小煤矿的入口。中国是世界上最大的煤炭生产国

•八国集团（G8）承诺援助非洲抗击疾病，同意在2050年前将温室气体减少一半。

•美国金融危机导致全球经济衰退。

•恐怖分子在印度孟买杀害173人。

2009年　二十国集团（G20）领导人承诺提供1.1万亿美元用于鼓励世界贸易和刺激发展中国家经济。

•意大利地震影响26个城镇。

•朝鲜进行第二次核试验。

•奥巴马就任美国总统。

所有人的权利

2004年西班牙马德里火车爆炸案中的受害者纪念碑

现代社会关注的一个重要问题是确保个人、社区、国家甚至动物的权利。基本人权还应包括不基于种族、宗教、性别、身体或心理能力以及性取向而歧视的原则。儿童有自己的权利。权利也涉及知识产权、教育和医疗保健。公民自由则包括言论和表达自由。

宗教激进主义和新教派

在一些国家，宗教激进主义呈增长趋势。宗教激进主义者抵制变革，对妇女的自由、教育，以及通常可以带来不同思维方式的任何活动都予以抵制。他们强调严格遵守宗教、社会法律和习俗，有时甚至试图通过暴力手段将这些法律和习俗强加给他人。在西方世界，出现了新的新教教会和新的宗教教派，甚至有“异教”宗教的复兴。

身份政治

民族、宗教和种族身份越来越受到重视，这也许是针对全球化的一种反应，但引发大众情绪的宗教和政治运动已经导致了种族灭绝和战争。政治观察家和知识分子现在认为，应该用更具包容性的政策取代这些身份概念。

2010—2013年

2010年　莫斯科地铁中发生的自杀式爆炸造成40人死亡。

- 美国和俄罗斯同意削减核武库。
- 欧洲空中交通被冰岛艾雅非亚德拉火山喷发的火山灰搅乱。
- 墨西哥湾的石油泄漏威胁着野生动植物的生存和海岸线安全。
- 以色列部队向加沙提供载有援助物资的舰队；9名政治活动家被杀。
- 泰国军队驱散“红衫军”抗议者。
- 热带风暴导致瓜塔马拉市出现一个巨大的下沉坑，该坑吞噬了一座三层建筑。

2011年　新西兰基督城发生6.3级地震。

科学技术

人类继续探索宇宙。私人太空飞行和太空旅游已经开始。生物学研究表明，将来可能会完整地呈现出大脑的概貌。寻找希格斯玻色子——一种难以捉摸的粒子的活动仍在继续。交通创新包括：巨型飞机，如2007年推出的空中客车380商用客机，可搭载850人之多；无人驾驶汽车已经在几个国家的实际交通中进行了测试。

目前法国运行的TGV高速列车，能够达到300英里/小时以上的速度

虚拟世界

随着生活变得更加复杂和紧张，人们在计算机模拟的世界中寻求慰藉。虚拟世界包括网络游戏、基于文本的网络聊天室和网络会议。有一款流行软件叫Second Life（第二人生），其中被称为“居民”的用户可以为自己设置一种逼真的生活，并通过一个虚构的角色与其他“居民”互动。

美国海军使用的虚拟现实（VR）降落伞训练器。VR眼镜可以创建计算机生成的场景，帮助机组人员学习如何使用降落伞

- 突尼斯是“阿拉伯之春”运动的起点。
- 利比亚统治者卡扎菲被杀。
- 本·拉登的死讯发布。
- 海啸袭击日本。
- “好奇号”火星探测器从美国佛罗里达州卡纳维拉尔角发射。

2012年　“好奇号”火星探测器在火星上着陆。

- 伦敦举办奥运会。
- 玛雅历法的当前周期结束。
- 麦加皇家钟塔酒店完工。
- 英国女王加冕60周年。

2013年　该年初激进分子被赶出廷巴克图后，重建工作开始。

- 奥巴马连任美国总统。

进军火星

火星科学实验室及其漫游者“好奇号”是美国航空航天局（NASA）迄今为止最雄心勃勃的火星计划。它的主要任务是探明火星是否适合生命存在。它的另一个目标是更多地了解这颗红色星球的环境。“好奇号”火星探测器于2011年11月26日从佛罗里达州卡纳维拉尔角发射升空，经过一系列的大胆着陆后，于2012年8月6日成功登陆火星。

多年来，“好奇号”在红色星球的表面漫游，成功地收集着信息。但图像显示，它六个轮子中的一个，其上面的锯齿状花纹已经出现破损。很遗憾，这暴露了它的年龄。

至于“好奇号”的主要任务，即确定火星能否有能力维持生命，在“好奇号”登陆火星的第一年就完成了。它发现火星曾经有水和生命所需的化学成分的证据。“好奇号”在最初的三年半任务中，发现一个长期存在的湖泊，为其提供了稳定的环境条件。此外还发现存在大量硅石的证据，这表明火星曾经在很长一段时间是有水的。

“好奇号”火星探测器非常受欢迎。2012年“好奇号”登陆火星时，将近500万人观看了在线流媒体或电视报道，有超过350万人在Twitter上关注它。

“好奇号”火星探测器

2014—2017年

- 85岁的教皇本笃十六世辞职。
- 美国航空航天局（NASA）公布“好奇号”的分析结果。

2014年　马来西亚航空公司370航班失联。

- 苏格兰投票决定继续留在英国。
- 埃博拉病毒袭击西非。
- ISIS（伊斯兰国）宣布成立。
- 俄罗斯占领克里米亚并威胁乌克兰其他地区。

2015年　中国在南海建造人工岛。

- 俄罗斯介入叙利亚冲突。
- 跨太平洋伙伴关系正在形成。

特朗普

特朗普（1946—）

2017年1月20日，唐纳德·约翰·特朗普当选美国第45任总统。在进入政界之前，他是一名商人、房地产大亨和电视名人。

1946年，特朗普出生于纽约皇后区。1971年，他在曼哈顿建立的大型盈利项目中发挥重要作用。1980年，他创建豪华的五星级酒店——君悦酒店（Grand Hyatt）。2004年，特朗普开始主持热播的NBC真人秀节目《学徒》。不久后，他开始将注意力集中在政治上，并在2015年宣布代表共和党竞选美国总统。2017年，特朗普在击败民主党候选人希拉里·克林顿后当选。

特朗普的一些政策

医疗保健：特朗普承诺，将以新举措取代旧的医疗保健立法（奥巴马医改）。不过有人建议，对既存状况患者的保护措施，以及允许父母为其子女投保到26岁的措施应该保留下来。

非法越境：特朗普当选后的一个月，被抓获的越境进入美国的非法移民数量大幅下降。特朗普一直坚称，目前在美国的非法移民不会有获得公民身份的途径，他还表示打算驱逐这些“违法”移民。

北约：特朗普要求北约所有成员国承担适当的财政义务，并保持对北约的支持。此外，在打击恐怖主义方面，特朗普明确了北约的目标。

外交政策：特朗普表示，奥巴马与伊朗达成的旨在防止伊斯兰国家拥有核武器的协议将被修改；在叙利亚发生化学武器袭击之后，特朗普决定向叙利亚发射巡航导弹，这一决定受到了广泛赞誉，因为他设置了坚定的红线，使美国人员面临的风险或被卷入中东冲突的风险降到最低。

•330万年前的原始石器，在肯尼亚的一个湖泊附近干涸的河床中被发现。

2016年　英国公投退出欧盟。

•哥伦比亚达成和平协议。

•巴西和韩国都弹劾他们各自的总统。

•杜特尔特当选菲律宾总统。

•朝鲜进行导弹和核试验。

2017年　特朗普当选美国总统。

•马克龙赢得法国总统大选。